铁路供电培训教材

接触网多平台作业车构造与原理

《接触网多平台作业车构造与原理》编委会　编

中国铁道出版社有限公司

2025年·北 京

内 容 简 介

本书共分八章，包括接触网多平台作业车的车体、柴油机、传动系统、制动系统、电气系统、液压系统、作业车操纵保养以及全面检车程序等内容。本书以提升技能、指导现场实践为出发点，深入浅出地介绍DPT型接触网作业车的基本组成、工作原理、操纵要求和保养标准；强调实践与理论相结合，为读者提供大量的技术标准，便于读者全面掌握DPT型接触网作业车理论知识，更好地服务现场安全作业。

本书适用于新入职大学生及现场操作技能人员、专业技术人员的培训和自学，同时也可作为接触网作业车专业资格性、适应性培训教材。

图书在版编目(CIP)数据

接触网多平台作业车构造与原理 /《接触网多平台作业车构造与原理》编委会编 . -- 北京 ：中国铁道出版社有限公司， 2025.4. --(铁路供电培训教材).

ISBN 978-7-113-31812-3

Ⅰ. U226. 5

中国国家版本馆CIP数据核字第2025JM0882号

书　　名：接触网多平台作业车构造与原理

作　　者：《接触网多平台作业车构造与原理》编委会

责任编辑：魏　娟　　　　**编辑部电话**：(010)51873315

编辑助理：刘雪庭

封面设计：刘　莎

责任校对：苗　丹

责任印制：高春晓

出版发行：中国铁道出版社有限公司(100054，北京市西城区右安门西街8号)

网　　址：https://www.tdpress.com

印　　刷：河北京平诚乾印刷有限公司

版　　次：2025年4月第1版　2025年4月第1次印刷

开　　本：787 mm×1 092 mm 1/16　**印张**：11.75　**字数**：282千

书　　号：ISBN 978-7-113-31812-3

定　　价：82.00元

编 委 会

前　言

随着电气化铁路的迅猛发展，为积极响应“交通强国、铁路先行”的发展理念，在供电专业修程修制改革和接触网“机械化、规模化”检修过程中，接触网作业车因具有安全、高效、便捷的特点，作用发挥日益突显，而接触网多平台作业车(DPT 型接触网作业车)作为主力车型在接触网难检处所的维修中更是发挥着不可替代的作用。为紧随电气化铁路发展趋势，坚持贯彻“安全第一、预防为主、服务生产、促进发展”的方针，更好地发挥 DPT 型接触网作业车的优势，积极培养打造专业技能精湛、操作技能精准的高素质人才队伍，中国铁路广州局集团有限公司组织编写《接触网多平台作业车构造与原理》，旨在为读者提供一套以全面、系统的 DPT 型接触网作业车构造原理、操纵保养为主的技术指南。本书适用于新入职大学生及现场操作技能人员、专业技术人员的培训和自学，同时也可作为接触网作业车专业资格性、适应性培训教材。

《接触网多平台作业车构造与原理》共分八章。第一章“车体”，详细介绍 DPT 型接触网作业车车体及各部件的组成和结构；第二章“柴油机”，介绍潍柴 WP12 柴油发动机的基本原理、主要结构和 BOSCH 电控共轨系统；第三章“传动系统”，介绍传动系统中液力传动箱、分动齿轮箱、车轴齿轮箱和传动轴的结构组成和工作原理；第四章“制动系统”，介绍 JZ-7G 型制动机基本知识及保养、操纵要求；第五章“电气系统”，介绍早期和后期不同批次 DPT 型接触网作业车电气系统电气元件的分布及其控制原理；第六章“液压系统”，介绍液压系统的主要组成、工作原理及应急操作；第七章“作业车操纵保养”，介绍 DPT 型接触网作业车操纵注意事项以及日常保养标准、整备要求；第八章“全面检车程序”，介绍 DPT 型接触网作业车静态和动态检查的流程和标准。

本书秉承“理论指导实践，实践验证理论”的原则，以提升技能、指导现场实践为出发点，深入浅出地介绍 DPT 型接触网作业车的基本组成、工作原理、操纵要求和保养标准；强调实践与理论相结合，为读者提供大量的技术标准，便于读者全面掌握 DPT 型接触网作业车理论知识，更好地服务现场安全作业。

由于编写人员水平有限，书中不当之处在所难免，敬请各位读者提出宝贵意见。同时，在本书的编写过程中参考了相关文献资料，在此对有关作者表示衷心感谢！

编委会

2025 年 1 月

目　　录

第一章　车　　体

DPT 型接触网作业车(以下简称作业车)的车体是车辆上部设备的安装基础和司乘人员及作业人员的工作休息场所。

第一节　车体钢结构

作业车车体钢结构由车架、车棚等组成,如图 1-1 所示。钢结构主要构件采用 Q345B 低合金钢和耐候钢材料,车棚骨架采用冷弯型钢焊接结构,为减轻质量,车棚侧壁立柱及车顶纵梁均采用压型件结构。为提高侧壁外表面的平整度,侧壁蒙皮采用涨拉电磁调平工艺,内壁喷涂防振隔热阻尼胶,以提高其防噪、隔热、抗振、阻燃性能。

一、车　　架

车架是由前、后端部牵引梁,左、右侧梁,两侧梁间的旁承梁,左、右中梁,边横梁及中横梁等部件组焊而成,如图 1-2 所示。

1. 前、后端部牵引梁

前、后端部牵引梁由端梁、端板、上牵引梁、下牵引梁、加强横梁等主要零件组成。通过牵引梁、侧梁、旁承梁、中梁与车架焊成一体以传递车辆纵向牵引力。牵引梁内设有前、后从板座,用以安装车钩,下部设有顶车垫板,以方便车辆掉道后液压复轨器的起复。

2. 侧梁

侧梁为型钢,设有脚踏和可伸长的踏梯。

3. 中梁

中梁为钢板组焊成的箱形结构,是车辆的主要承载梁,具有足够的强度和刚度。中梁上设有动力单元、发电机、横向减振器等部件安装的各种支座。

车架为使车辆坐落在两转向架的 8 只橡胶堆旁承上,设置了 4 个旁承梁。每个旁承梁内设 2 个旁承座。旁承梁与侧梁间设有牵引座梁,下部焊有牵引座,牵引座上设有与转向架连接的挂板、吊装孔、架车座,用于车辆的吊装、检修和起复。

二、车　　棚

车棚主要由前端壁、后端壁、侧壁、顶棚组成,与车架焊成一体,如图 1-3 所示。

1. 前、后端壁

前、后端壁由横柱、立柱、蒙皮组焊成,各柱均为型钢。前壁上设有玻璃孔和大灯孔。前壁中间有 200 mm 的平直部分,上部和下部各向内倾斜一定角度。

2. 侧壁

侧壁由上弦梁、立柱、横杆、蒙皮组焊成。上弦梁为薄钢板轧制的箱形结构。立柱、横杆为

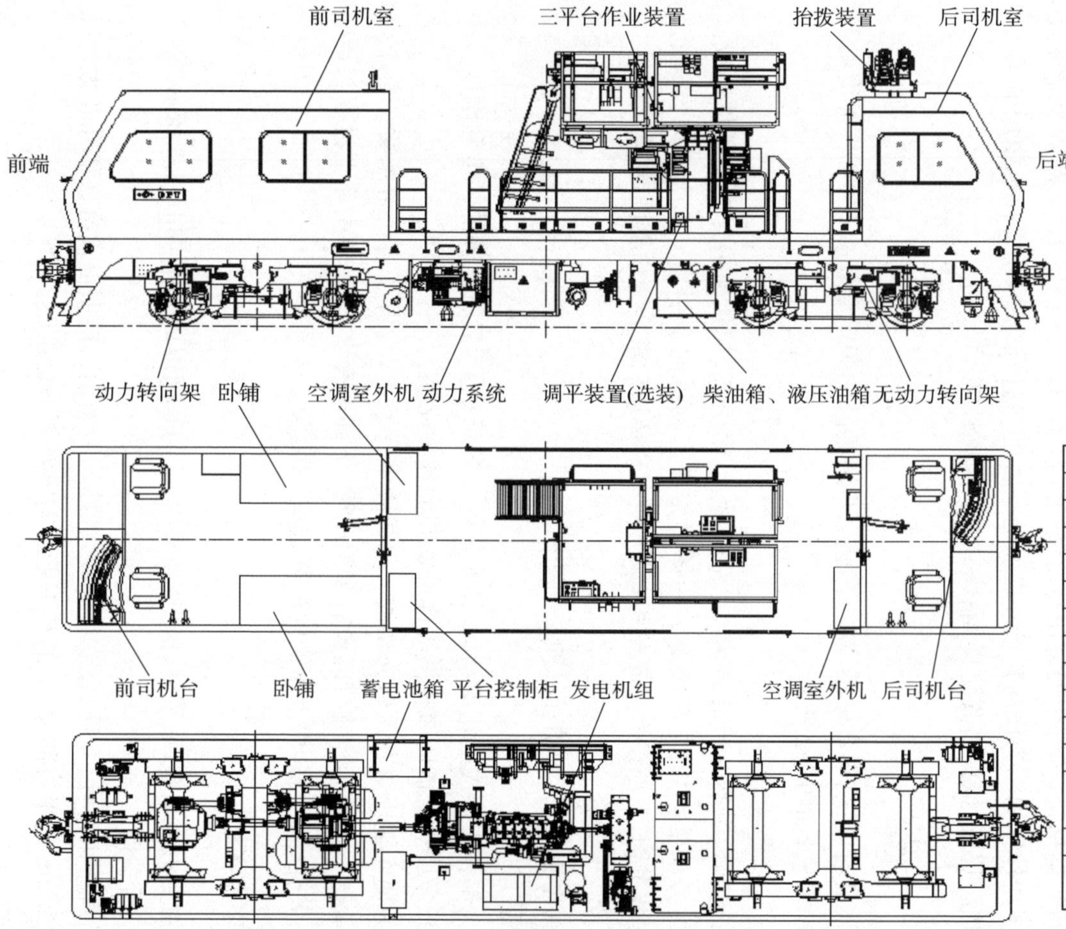

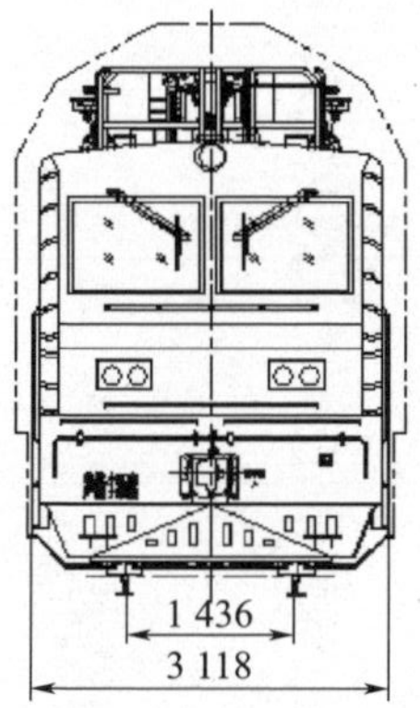

DPT型接触网作业车主要技术参数	
柴油机功率	353 kW
最高运行速度	120 km/h
整备质量	49 t
轨距	1 435 mm
轴列式	B-2
车轮直径	840 mm
转向架轴距	2 400 mm
车辆转向架定距	9 200 mm
通过最小曲线半径	145 m
制动型式	JZ-7G型空气制动及人力制动
传动型式	液力制动
车钩缓冲型式	13B型上作用式车钩及ST缓冲器
车钩中心距轨面高度	880 mm±10 mm
外形尺寸（长×宽×高）	15 930 mm×3 300 mm×4 500 mm

图 1-1　作业车车体钢结构

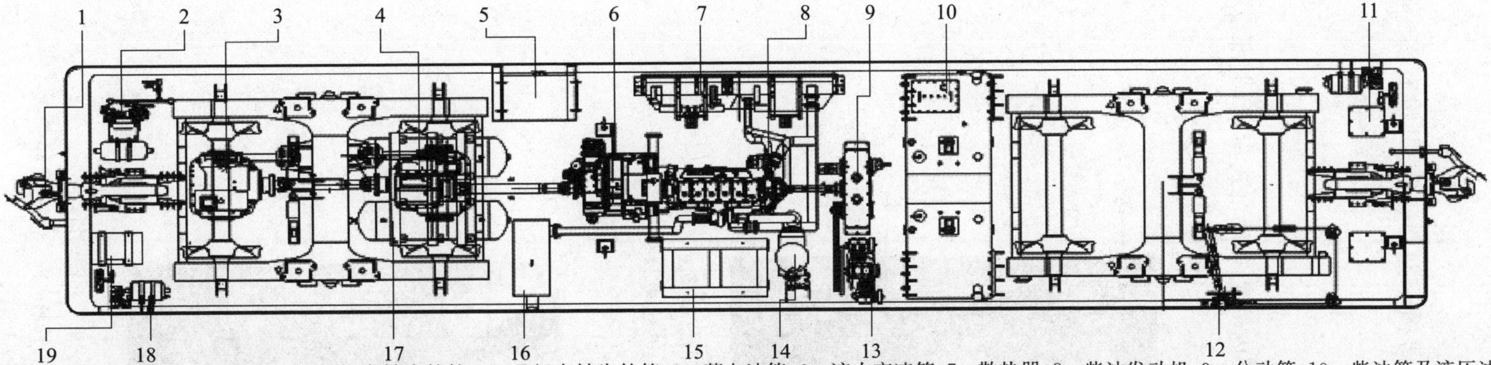

1—车钩及缓冲装置；2—制动阀组；3—Ⅰ级车轴齿轮箱；4—Ⅱ级车轴齿轮箱；5—蓄电池箱；6—液力变速箱；7—散热器；8—柴油发动机；9—分动箱；10—柴油箱及液压油箱；11—液压支腿；12—人力制动；13—空压机；14—发动机空滤器；15—交流发电机组；16—发动机消音器；17—总风缸；18—均衡过充风缸；19—空气净化单元。

图 1-2 车架结构示意

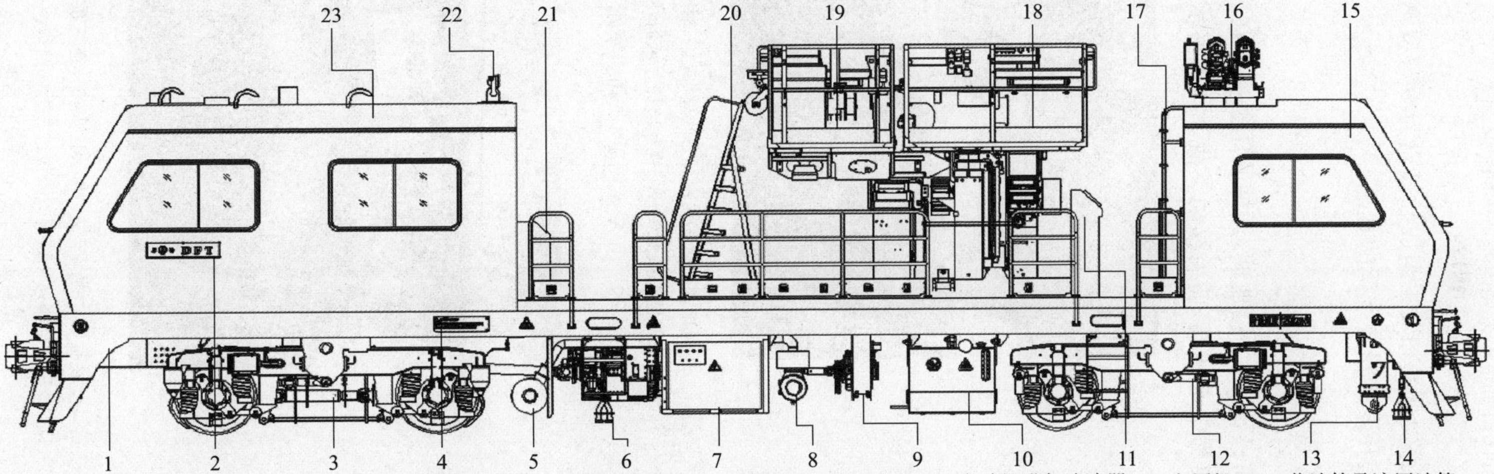

1—车架；2—车型铭牌；3—后转向架；4—制造商铭牌；5—发动机消音器；6—夹轨器；7—发电机组；8—发动机进气滤清器；9—空压机；10—柴油箱及液压油箱；11—调平机构控制台；12—前转向架；13—液压支腿；14—抓轨器；15—Ⅰ端车棚；16—抬拨线装置；17—梯子；18—主平台；19—右侧副平台；20—车梯；21—作业装置控制柜；22—探照灯；23—Ⅱ端车棚。

图 1-3 车棚结构示意

压型件，具有质量轻、强度和刚度大等优点。立柱、横杆和蒙皮均采用耐候钢板。侧壁上开设有安装玻璃的孔，内部填充超细玻璃棉。

3. 顶棚

顶棚由横梁、纵梁和蒙皮组成。横梁为冷弯型钢，纵梁为薄板压型件，梁上开设有多个穿线孔。顶棚上开设有安装空调的孔。

三、司 机 室

司机室前、后窗为夹层玻璃，用橡胶压条嵌装在窗框内，其内侧装有卷帘式窗帘，上部设有雨刮器。侧窗为中空玻璃，前后移动灵活。司机室示意如图 1-4、图 1-5 所示。

1—风扇；2—遮阳卷帘；3—八显灯；4—轴温装置显示器；5—司机台；
6—视频监控摄像头；7—视频监控显示器；8—司机座椅；9—复轨器箱。

图 1-4　司机室示意 1

1—运监显示器；2—发动机转速表；3—空气系统压力表；4—电气元件按钮；
5—JZ-7G 型制动阀；6—风喇叭踏板；7—撒砂踏板；8—受话器；9—控制面板二(柜门内)；
10—油门手柄；11—控制面板一；12—电台送(受)话器；
13—电台人机界面；14—车控系统显示器。

图 1-5　司机室示意 2

室内蒙板及顶部天花板均为专门定制的玻璃钢，美观大方，色调和谐。天花板上装有风扇、顶灯及卷帘盒。

室内前、后设有标准化的操作台，操作台的设计符合人机工程原理，仪表直观、操作自如。标准化操纵台除集成了本车的控制及操纵元件外还预设有电台及监控的安装位置。机车采用JZ-7G型自动制动阀，操纵台面仅有自阀、单阀手柄外露，布置简洁，美观。

室内装有空调，两侧下部装有电取暖器，以保证冬季室内温度不低于5 ℃。

前、后操作台主司机位还各设一个干粉灭火器、一个水基灭火器。

室内地板采用多层结构，最底层为铁地板，铁地板上喷涂阻尼胶，铁地板上为双层木地板（经防腐和阻燃处理），铁地板和木地板之间填充超细玻璃棉，起隔音、隔热、隔振作用。木地板表面粘贴客车用的整体阻燃地板革。

室内设有4副司机座椅，司机椅可调整倾斜角度及前后、高低位置。

车辆前后驾驶室各设有1扇车门，车门为机车车门，采用整体压型件组焊及单密封条结构。所有门窗关闭后车内的噪声不超过85 dB。为保证整车的密封效果，进入车体内部的管线以快速软管接头进行密封。

第二节　车辆前后端面

车辆前端面如图1-6所示。

1—摄像头；2—头灯；3—风挡玻璃；4—摄像头；5—标志灯；6—踏板；
7—DC 24 V输出电源；8—总风管；9—排障器；10—列车管；11—车钩提杆；
12—车钩；13—辐照灯；14—扶手；15—雨刮器；16—警灯。

图1-6　车辆前端面示意

一、牵引缓冲装置

车辆牵引装置主要由车钩、尾销、尾框、从板、缓冲器、尾框托板、冲击座、车钩托梁、钩提杆等组成，如图 1-7 所示。车钩与缓冲器设置在牵引梁内，尾销将车钩与尾框连成一体。

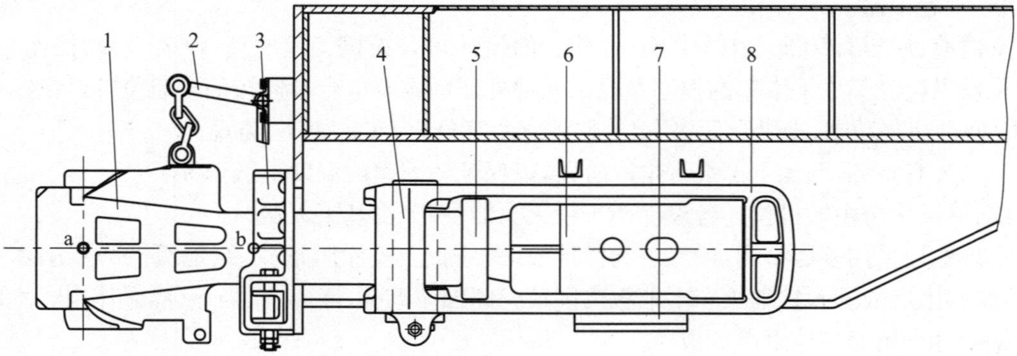

1—车钩；2—提钩装置；3—冲击座及车钩托梁；4—钩尾销；5—前从板；6—缓冲器；7—钩尾框托板；8—钩尾框。

图 1-7　牵引缓冲装置

车钩为 13B 型上作用车钩，材质为 C 级钢。

缓冲器采用 ST 型，是一个吸能元件，当车辆受冲击时，可减少冲击作用力以缓和并衰减车辆间的冲击和振动。

在使用过程中，经常检查车钩及各连接螺栓是否紧固，车钩闭锁、开锁、全开的三态作用是否灵活、可靠，以及检查车钩的磨损情况和检查车钩高度。

为了保证车钩高度，可通过在钩尾框托板与中梁之间、钩尾框与钩尾框托板之间、车钩托梁与冲击座之间增减垫板，调整车钩高度。

二、排 障 器

车辆前、后两端排障器均为左右围板、中部排障器、筋板及连接板组成的焊接结构。排障器上焊有调车踏板，供调车人员站立用。连接板有螺栓孔，通过螺栓孔与车体相连接。排障器下部还设有可调整高度的小排障板，小排障板上设有橡胶扫障板。为使小排障板和扫障板既能顺利排除轨道障碍物又不影响车辆的运用安全，小排障板距轨面的高度应保持在 120 mm，扫障板的高度应保持在 15～20 mm。因设有腰形孔，当踏面磨耗时可调整其高度。

第二章　柴　油　机

柴油机是一种由多机构和多系统组成的复杂机器。柴油机需要完成能量转换、实现工作循环、保证长时间连续正常工作。

第一节　柴油机基本原理

一、柴油机的组成

柴油机一般包括曲柄连杆机构，配气机构，燃料供给系统，进、排气系统，润滑系统，冷却系统，启动系统（电气系统另讲），BOSCH 电控共轨系统。潍柴 WP12 柴油机外形如图 2-1 所示，总体构造如图 2-2 所示。

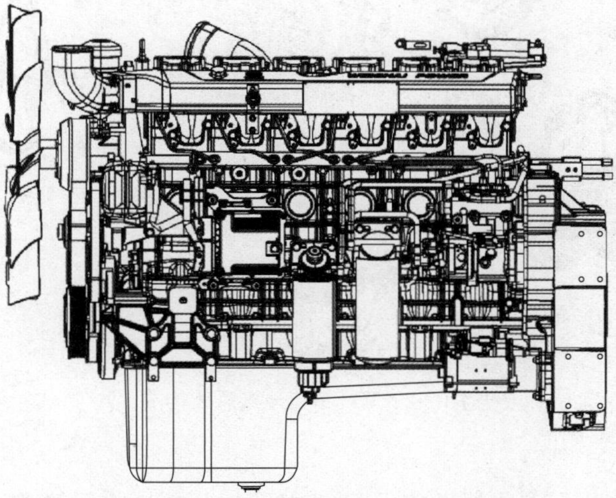

图 2-1　WP12 柴油机外形

（一）曲柄连杆机构

曲柄连杆机构分为机体组、活塞连杆组、曲轴飞轮组，它能将活塞的往复运动转换为曲轴的旋转运动，从而实现热能向机械能的转换，曲轴飞轮组还承担着柴油机功率输出的功能。

（二）配气机构

配气机构分为气门组和气门传动组，它能根据柴油机各缸的工作顺序要求定时向柴油机气缸内提供充足而干净的新鲜空气，并将燃烧后的废气排出气缸体。

（三）燃料供给系统

燃料供给系统主要由柴油箱、低压油管、输油泵、滤清器、高压油泵、高压油管及喷油器等零部件组成。它能按照柴油机工作循环所规定的时间及柴油机负荷情况，向柴油机气缸内喷入适量的柴油。

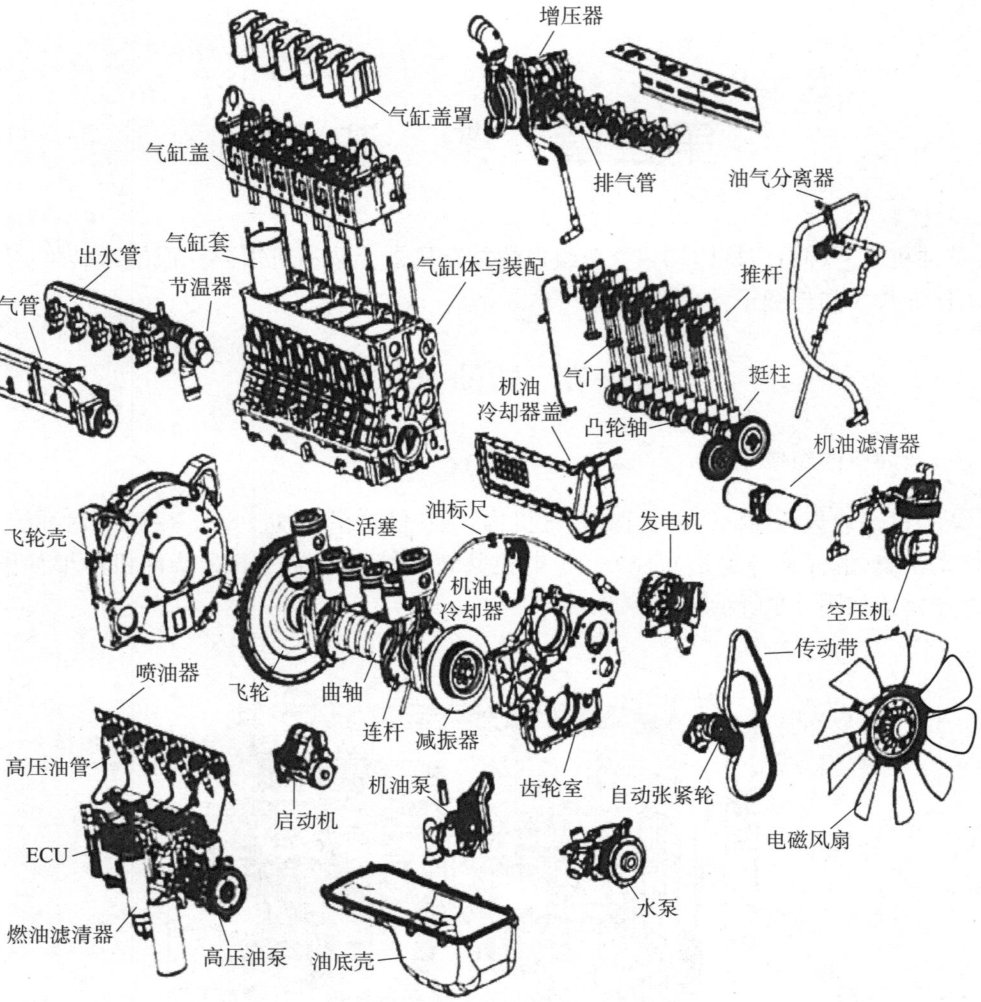

图 2-2　WP12 柴油机总体构造

（四）进、排气系统

进、排气系统的作用是在柴油机进行工作循环时，不断地将新鲜空气送入燃烧室，又将燃烧后的废气排到大气中，保证发动机连续运转。

（五）润滑系统

润滑系统将清洁的润滑油以一定的压力不间断地送到柴油机各摩擦表面或高温零件冷却表面，以减小摩擦阻力和减轻零件的磨损，并带走摩擦时产生的热量和金属屑，以及高温零件的热量，保证柴油机长期可靠工作。

（六）冷却系统

冷却系统对柴油机的高温零件进行适当冷却，以保证其正常的工作温度，这也是保证柴油机长期可靠工作的必要条件之一。

（七）启动系统（电气系统另讲）

启动系统为柴油机的启动提供外部动力，并保证启动的安全性和可靠性。

(八)BOSCH 电控共轨系统

柴油机共轨式电控燃油喷射技术是一种全新的技术,因为它集成了计算机控制技术、现代传感检测技术以及先进的喷油结构于一身。它不仅能达到较高的喷射压力、实现喷射压力和喷油量的控制,而且能实现预喷射和后喷,从而优化喷油特性形状,降低柴油机噪声和大大减少废气的排放量。

二、柴油机基本术语

(一)上止点、下止点及活塞行程

从图 2-3 中可以看出,活塞在气缸中上下移动一个行程,曲轴旋转一周。活塞顶端离曲轴旋转中心最远处,称为上止点。活塞顶端离曲轴中心最近处,称为下止点。上、下止点间的距离 S 称为活塞行程。连杆轴颈中心到曲轴轴颈中心的距离 R 称为曲柄半径。气缸中心线通过曲轴中心线的柴油机,其活塞行程等于曲柄半径的两倍,即 $S=2R$。

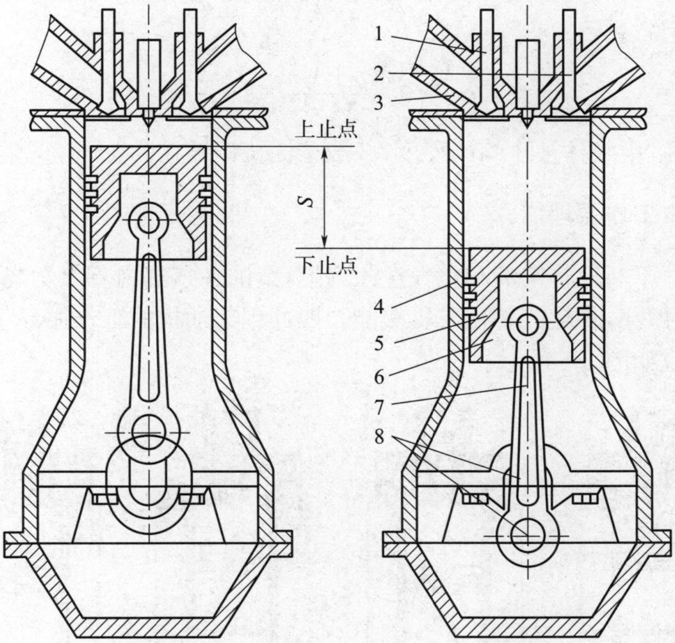

1—排气门;2—进气门;3—气缸盖;4—气缸;5—活塞;6—活塞销;7—连杆;8—曲轴。

图 2-3 往复活塞式柴油机

(二)气缸工作容积

上、下止点所包容的气缸容积称为气缸工作容积,用 V_g 表示。

$$V_g=\frac{\pi D^2}{4\times 10^6}S \tag{2-1}$$

式中 D——气缸直径,mm;

S——活塞行程,mm。

(三)柴油机排量

柴油机所有气缸工作容积的总和称为柴油机排量,用 V_L 表示。

$$V_L = iV_g = \frac{\pi D^2}{4\times 10^6} S_i \tag{2-2}$$

式中　i——气缸数；

V_g——气缸工作容积，L。

柴油机排量表示柴油机做功的能力，在柴油机其他参数相同的前提下，柴油机排量越大，所发出的功率就越大。

(四)燃烧室容积

活塞位于上止点时的气缸容积称为燃烧室容积，也称压缩容积，用 V_c 表示。

(五)气缸总容积

气缸工作容积与燃烧室容积之和称为气缸总容积，用 V_a 表示。

$$V_a = V_g + V_c \tag{2-3}$$

(六)压缩比

活塞从下止点移动到上止点时，气体在气缸内被压缩的程度，即气缸总容积与燃烧室容积之比称为压缩比，用 ε 表示。

$$\varepsilon = \frac{V_a}{V_c} = \frac{V_g + V_c}{V_c} = 1 + \frac{V_g}{V_c} \tag{2-4}$$

压缩比表示气缸中气体被压缩的程度，一般柴油机压缩比为 12～20。

三、柴油机基本工作原理

按照一定规律，不断地将柴油和空气送入气缸，柴油在气缸内着火燃烧，放出热能，高温高压的燃气推动活塞做功，将热能转化成机械能。四冲程柴油机的工作循环包括：进气、压缩、做功和排气四个冲程，如图 2-4 所示。

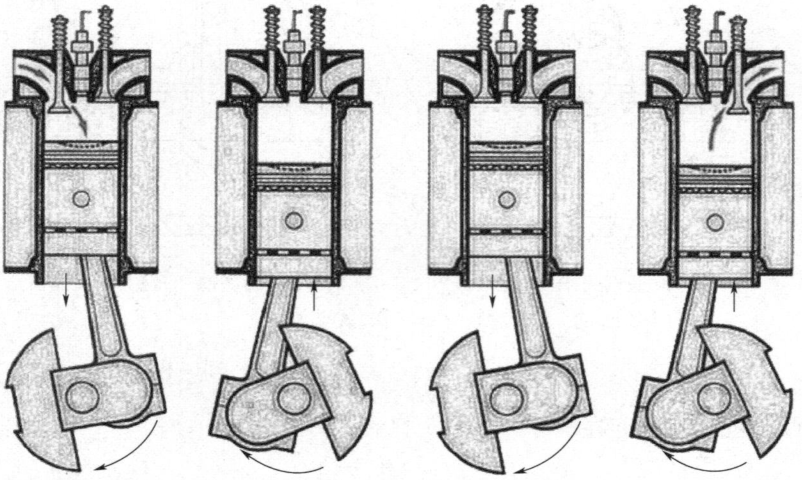

(a)进气冲程　(b)压缩冲程　(c)做功冲程　(d)排气冲程

图 2-4　四冲程柴油机工作原理示意

(一)进气冲程[图 2-4(a)]

在柴油机进气冲程中，被吸入气缸的只是纯净的空气。由于柴油机进气系统阻力较小，残余废气的温度较低，因此进气冲程结束时气缸内气体的压力较高，为 0.085～0.095 MPa。活塞由上止点移动到下止点，即曲轴的曲柄由 0°转到 180°(活塞位于第一冲程上止点时，曲轴的曲柄位置定为 0°)。在这个冲程中，进气门打开，新鲜空气被吸入气缸。

(二)压缩冲程[图 2-4(b)]

因为柴油机的压缩比大，所以压缩冲程终了时气体压力可高达 3～5 MPa。活塞由下止点移动到上止点，即曲柄由 180°转到 360°，在这个冲程中，气缸内的气体被压缩。

(三)做功冲程[图 2-4(c)]

在压缩冲程结束时，喷油泵将柴油泵入喷油器，并通过喷油器喷入燃烧室。因为喷油压力很高，喷孔直径很小，所以喷出的柴油呈细雾状。细微的油滴在炽热的空气中迅速蒸发气化。借助空气的运动，迅速与空气混合形成可燃混合气。由于气缸内的温度远高于柴油的自燃点，因此柴油随即自行着火燃烧。燃烧气体的压力、温度迅速升高，体积急剧膨胀。在气体压力的作用下，活塞再由上止点移动到下止点，即曲柄由 360°转到 540°。在这个冲程中燃气膨胀做功，所以又称为燃烧膨胀冲程。

在做功冲程中，燃烧气体的压力可达 6～9 MPa，做功冲程结束时，压力为 0.2～0.5 MPa。

(四)排气冲程[图 2-4(d)]

排气终了时气缸残余废气的压力为 0.105～0.12 MPa。活塞再由下止点移动到上止点，即曲柄由 540°转到 720°。在这个冲程中排气门打开，燃烧后的废气经排气门排出气缸。

四、柴油机主要技术性能参数

发动机的性能指标用来表征发动机的性能特点，并作为评价各类发动机性能优劣的依据。

动力性指标是表征发动机做功能力大小的指标，一般用发动机的有效转矩、有效功率、转速和平均有效压力等作为评价发动机动力性好坏的指标。

(一)有效转矩

发动机对外输出的转矩称为有效转矩，记作 T_e，单位为 N·m。

(二)有效功率

发动机在单位时间对外输出的功率称为有效功率，记作 P_e，单位为 kW。它等于有效转矩与曲轴角速度的乘积。发动机的有效功率可以用台架试验方法测定，也可用测功器测定有效转矩和曲轴角速度，然后用式(2-5)计算出发动机的有效功率。

$$P_e = T_e \frac{2\pi n}{60} \times 10^{-3} = \frac{T_e n}{9\ 550} \tag{2-5}$$

式中 T_e——有效转矩，N·m；

n——曲轴转速，r/min。

(三)发动机转速

发动机曲轴每分钟的回转数称为发动机转速，用 n 表示，单位为 r/min。

发动机转速的高低，关系到单位时间内做功次数的多少或发动机有效功率的大小，即发动机的有效功率随转速的不同而改变。因此，在说明发动机有效功率的大小时，必须同时指明其相应的转速。在发动机产品标牌上规定的有效功率及其相应的转速分别称作标定功率和标定转速。发动机在标定功率和标定转速下的工作状况称作标定工况。标定功率不是发动机所能发出的最大功率，它是根据发动机用途而制定的有效功率最大使用限度。同一种型号的发动机，当其用途不同时，其标定功率值并不相同。

有效转矩也随发动机工况而变化。因此，发动机以其所能输出的最大转矩及其相应的转速作为评价发动机动力性的一个指标。

（四）平均有效压力

单位气缸工作容积发出的有效功率称为平均有效压力，记作 P_m，单位为 MPa。平均有效压力越大，发动机的做功能力越强。

五、柴油机主要技术性能特点

（一）柴油机功率和转速

潍柴 WP12 柴油机功率范围为 199～353 kW，额定转速为 2 100 r/min。

（二）柴油机主要结构特点

1. 一缸一盖，工作可靠，拆卸方便；
2. 右置共轨系统（从发动机自由端看），便于整车布置；
3. 框架式主轴承结构，整个机体刚度高，有利于整机的可靠性及使用寿命；
4. 中置增压器，系列各机型外形尺寸变化小；
5. 全系列六缸直列，通用程度高，便于整车配套。

（三）柴油机各项主要技术性能参数

以潍柴 WP12·480 柴油机为例，各项主要技术性能参数见表 2-1、表 2-2、表 2-3。

表 2-1　潍柴 WP12·480 柴油机主要技术参数

序号	项目名称	技术参数
1	气缸数	6
2	型式	液体冷却，四冲程，直喷，增压中冷
3	缸径/行程/mm	126/155
4	排量/L	11.596
5	压缩比	17∶1
6	点火顺序	1-5-3-6-2-4
7	冷态气门间隙/mm	进气门 0.4　排气门 0.6
8	配气相位 （气门间隙：进气 0.4 排气 0.6 时）	进气门开，上止点前 20°； 进气门闭，下止点后 34°； 排气门开，下止点前 49°； 排气门闭，上止点后 21°
9	节温器开启温度/℃	83
10	启动方式	电启动
11	润滑方式	压力润滑
12	润滑油容量/L	36
13	冷却方式	水冷强制循环
14	机油压力/kPa	350～550
15	怠速机油压力/kPa	≥100
16	曲轴旋转方向（从自由端看）	顺时针

表 2-2　潍柴 WP12·480 柴油机主要性能参数

项　　目	单　　位	性能参数
发动机型号		WP12·480
每缸气门数	—	4
喷油装置		电控高压共轨
额定功率	kW(ps)	353(480)
额定转速	r/min	2 100
最大扭矩	N·m	1 970
最大扭矩转速	r/min	1 200～1 500
排放水平	—	欧Ⅲ
额定功率时燃料消耗率	g/(kW·h)	≤212
全负荷最小燃料消耗率	g/(kW·h)	192
冷启动—不带辅助启动装置	℃	−10
白烟排放	不透光度	20 s 怠速后≤15%
冷启动—带辅助启动装置	℃	−30
1 m 处噪声	dB(A)	<98
B_{10} 寿命	km	800 000

表 2-3　潍柴 WP12·480 柴油机主要螺栓螺母扭紧力矩和扭紧方法

螺栓螺母名称	螺栓螺母规格	扭紧技术要求	螺栓长度/mm	允许使用次数（包括首次安装）
主轴承螺栓	M18-10.9	140 N·m+210°	169	2
曲轴箱副螺栓	M8-8.8	8 N·m+30°	25,110	2
缸盖主螺栓	M14-10.9	60 N·m+2×120°	185	3
缸盖副螺栓	M12×1.5-8.8	20+10 N·m 用乐泰 262 密封	195,最少超出机体 175	3
缸盖副螺母		25 N·m+2×120°		3
曲轴皮带轮螺栓	M12×1.5-10.9	45 N·m+135°	75	2
扭振减振器螺栓	M10-8.8	15 N·m+30°	30	2
飞轮螺栓	M16×1.5-10.9	105 N·m+270°	120	2
连杆螺栓	M14×1.5-8.8	手动扭紧：115 N·m+90° 自动扭紧：80 N·m+153°	67.5	
空气压缩机紧固螺栓	M10-8.8	40 N·m	1×30 板 2×40 飞轮壳	
空气压缩机齿轮固定螺母（1 缸和 2 缸）	M20×1.5	200+50 N·m		2
惰齿轮螺栓销	M12×1.5-10.9	105 N·m	90	
共轨泵齿轮固定螺母	M24	250+50 N·m		2

续上表

螺栓螺母名称	螺栓螺母规格	扭紧技术要求	螺栓长度/mm	允许使用次数（包括首次安装）
喷油器夹紧螺栓	M8-8.8	8 N·m+90°	50	3
凸轮轴齿轮螺栓	M8-8.8	8 N·m+120°	30	2
活塞冷却喷嘴螺栓	M10	30 N·m	25	
排气歧管螺栓	M10	15 N·m+60°	65	2
水泵螺栓（连接水泵壳—中间壳）	DIN 931；M10-8.8	最大 46 N·m	4×80	
标准 M6 螺栓	8.8	8 N·m	10.9	
标准 M8 螺栓	8.8	22 N·m	10.9	
标准 M10 螺栓	8.8	39 N·m	10.9	
标准 M12 螺栓	8.8	70 N·m	10.9	

注：1. 角度值为扭紧到规定力矩后再扭转的角度。

2. 本机上各部位所用螺栓、螺母的强度等级都有相应要求，相同规格不同强度等级的螺栓、螺母不得任意错装、调换。不允许超过重复使用次数，否则会造成严重后果。

第二节　柴油机主要结构

一、曲柄连杆机构结构

曲柄连杆机构是发动机完成工作循环、实现能量转换的传动机构，其功用是将燃气作用在活塞顶上的力转变为曲轴旋转运动的转矩，对外输出动力。在发动机工作过程中，燃料燃烧产生的气体压力直接作用在活塞顶部，推动活塞做往复直线运动，经活塞销、连杆和曲轴，将活塞的往复直线运动转换为曲轴的旋转运动。其动力大部分经曲轴后端的飞轮输出，传给传动系统乃至行驶系统使车辆运动，另外一小部分通过曲轴前端齿轮或带轮用于驱动发动机其他机构和系统。

曲柄连杆机构由机体组、活塞连杆组和曲轴飞轮组组成，如图 2-5 所示。

（一）机体组的功用及组成

发动机机体组主要由气缸体、气缸盖、气缸盖罩、气缸衬垫、主轴承盖以及油底壳等组成，潍柴 WP12 柴油机采用湿式气缸套。

机体组是发动机的支架，是曲柄连杆机构、配气机构和发动机各系统主要零部件的装配基体。气缸盖用来封闭气缸顶部，并与活塞顶和气缸壁一起形成燃烧室。另外，气缸盖和气缸体内的水套和油道以及油底壳又分别是冷却系统和润滑系统的组成部分。

1. 气缸体

(1)气缸体构造（图 2-6）

气缸体是结构极为复杂的箱形零件，其大部分壁厚均为铸造工艺许用的最小壁厚。

气缸体的构造与气缸排列形式、气缸结构形式和曲轴箱结构形式有关。潍柴 WP12 柴油机采用的气缸排列形式为直列式。

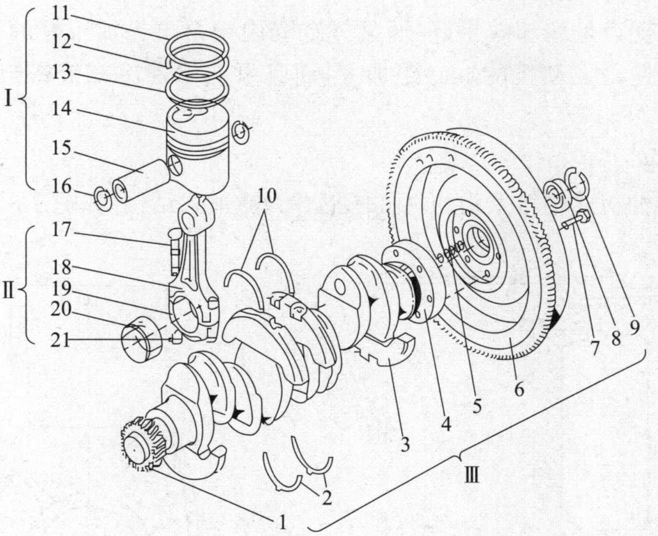

Ⅰ—活塞组；Ⅱ—连杆组；Ⅲ—曲轴飞轮组；1—曲轴定时齿轮；2—下推力片；3—平衡重；
4—曲轴；5—定位销；6—飞轮；7—飞轮螺栓；8—变速器第一轴承；9、16—挡圈；
10—上推力片；11—上气环；12—下气环；13—油环；14—活塞；15—活塞销；
17—连杆螺栓；18—连杆体；19—连杆盖；20—连杆轴承；21—连杆螺母。

图 2-5 曲柄连杆机构组成

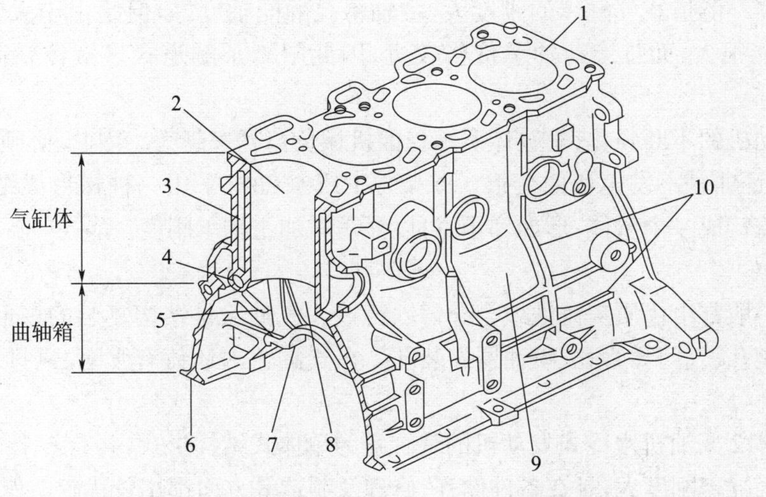

1—气缸体顶面；2—气缸；3—水套；4—主油道；5—横隔板上的加强肋；6—气缸体底面；
7—主轴承座；8—缸间横隔板；9—气缸体侧臂；10—侧壁上的加强肋。

图 2-6 水冷发动机的气缸体

(2)湿式气缸套(图 2-7)

湿式气缸套为壁厚 5～6 mm 的圆筒，上部有凸缘，外壁直接与冷却液接触。由气缸套外壁与气缸体的气缸孔壁共同构成冷却液腔。缸套外圆表面有 2～3 个凸出的圆环带，用来与气缸体进行径向定位，圆环带外侧还有 2～3 道环槽，用来安装耐热、耐油的橡胶密封圈，作为水封。气缸套上部凸缘与气缸孔上平面贴合，作为气缸的轴向定位面。

湿式气缸套的优点是冷却效果好，而且气缸套内壁是事先加工好的，制造和维修非常方便。但湿式气缸套使得发动机的缸心距加大，而且可能出现冷却液密封不严和气缸套锈蚀问题。

(3)曲轴箱结构

潍柴 WP12 柴油机曲轴箱采用的气缸体形式为隧道式结构，如图 2-8 所示。

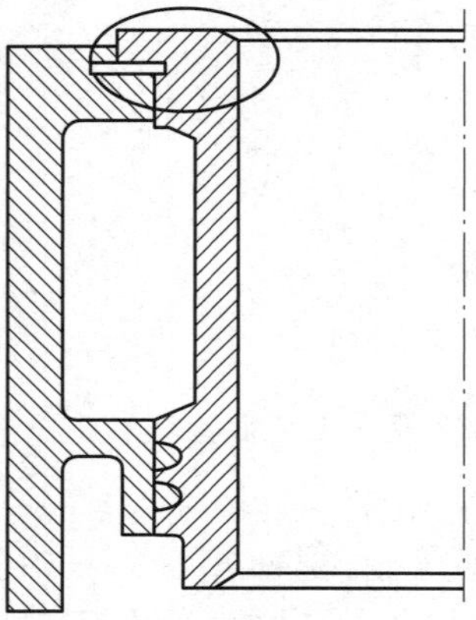

图 2-7　湿式气缸套

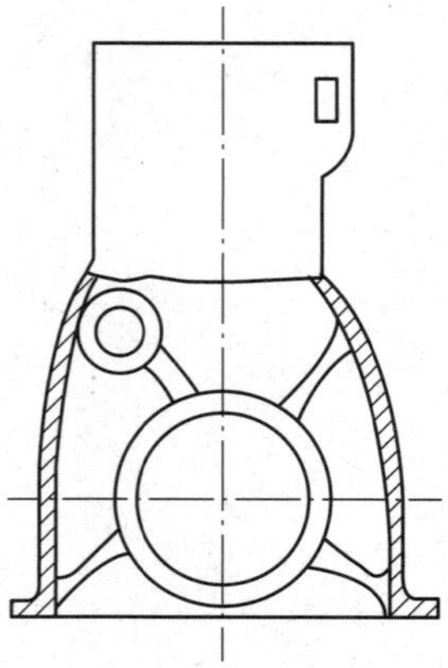

图 2-8　隧道式曲轴箱结构形式

隧道式气缸体是指主轴承孔不剖分的气缸体结构，这种气缸体配以窄型滚动轴承可以缩短气缸体长度。隧道式气缸体的刚度大，主轴承孔的同轴度好，但是由于大直径滚动轴承的圆周速度不能很大，而且滚动轴承价格较贵，因此限制了隧道式气缸体在高速发动机上的应用。

随着发动机的不断强化，气缸体所承受的机械负荷越来越大。因此，必须增强主轴承的支撑刚度，以保证曲轴不发生弯曲变形。潍柴 WP12 柴油机采用一种梯形梁结构，这种结构是把各主轴承盖铸成一个整体，形如梯子，可以显著增加主轴承刚度。

2. 气缸盖

气缸盖一般都由优质灰铸铁或合金铸铁铸造。气缸盖是结构复杂的箱形零件，其上加工有进排气门座孔、气门导管孔、喷油器安装孔。在气缸盖内还铸有水套、进排气道和燃烧室或燃烧室的一部分。

潍柴 WP12 柴油机水冷式发动机的气缸盖为单体式结构形式，共有 6 个气缸盖。

单体式气缸盖刚度大，且在备件储存、修理及制造等方面都比较优越。但是采用单体式气缸盖在缩小气缸中心距方面受到一定的限制，同时气缸盖冷却液的回流需装设专门的回水管，使得结构复杂。

3. 燃烧室

当活塞到达上止点时，气缸盖和活塞顶组成的密闭空间称为燃烧室。燃烧室是凹顶活塞顶部与气缸盖底部所包围的单一内腔，几乎全部容积都在活塞顶面上。燃油自喷油器直接喷射到燃烧室中，借喷出油柱的形状和燃烧室形状的匹配，以及燃烧室内空气的涡流运动，迅速形成混合气，所以又叫作直接喷射式燃烧室。

4. 气缸衬垫

气缸衬垫用以保证燃烧室高压燃气的密封,保证气缸盖与气缸体之间的水孔和机油通孔的密封。它承受气缸盖与气缸体压紧时很大的预压力,承受高温、高压和受燃气、机油和冷却液的腐蚀。一旦气缸衬垫的密封失效,油、水会进入燃烧室或燃气进入冷却液或机油内,使柴油机出现故障,甚至损坏。常用的气缸衬垫有金属—石棉衬垫(图 2-9)和塑性金属组成的金属衬垫两大类。

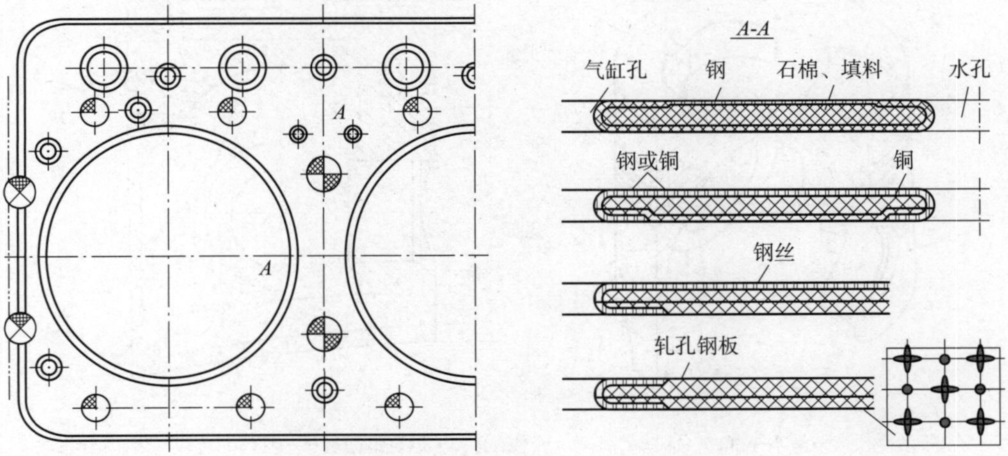

图 2-9　金属—石棉衬垫

5. 油底壳(图 2-10)

油底壳用来收集和储存发动机各润滑处和冷却处流回的机油,散走部分热量,防止机油飞溅,封闭气缸体下部。

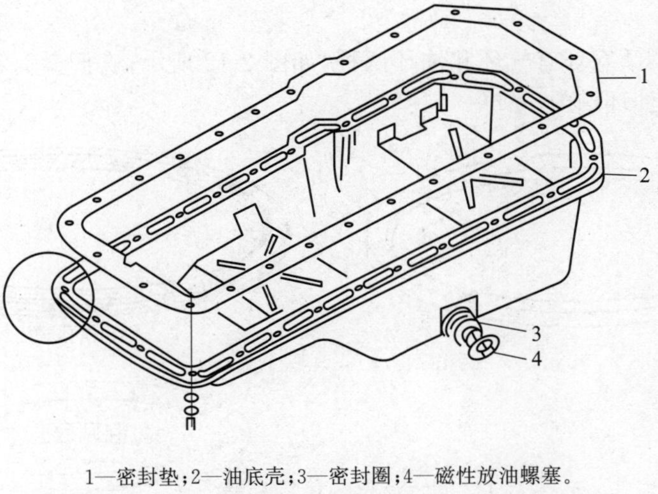

1—密封垫;2—油底壳;3—密封圈;4—磁性放油螺塞。

图 2-10　油底壳

油底壳底部设放油螺塞,有的放油螺塞带磁性,可以吸引机油中的铁屑。

为保证油底壳与气缸体或曲轴箱之间的密封,油底壳的密封凸缘应具有一定的刚度。用薄钢板冲压的油底壳密封凸缘应有特殊的断面形状。

（二）活塞连杆组结构

1. 活塞

活塞的功用：活塞的主要功用是承受燃烧气体压力，并将此力通过活塞销传给连杆以推动曲轴旋转。此外，活塞顶部与气缸盖、气缸壁共同组成燃烧室。活塞的各部名称如图 2-11 所示。

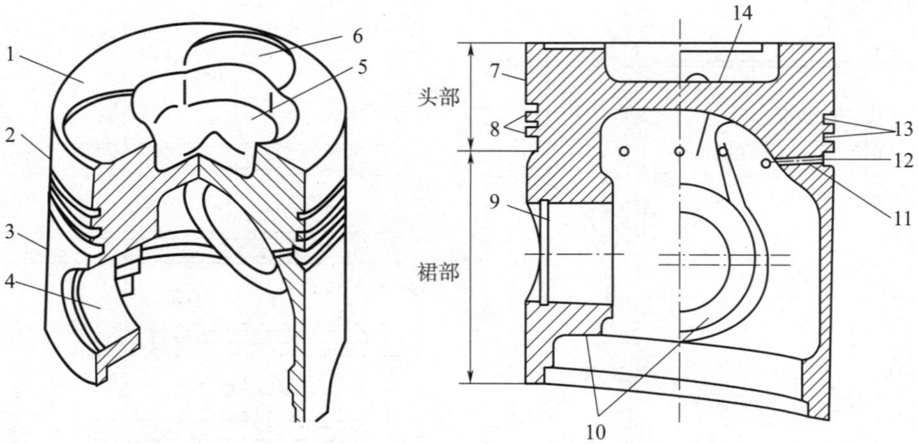

1—活塞顶；2—活塞头部；3—活塞裙部；4—活塞销孔；5—燃烧室凹坑；6—气门凹坑；7—活塞顶岸；8—活塞环岸；9—挡圈槽；10—活塞销座；11—回油孔；12—油环槽；13—气环槽；14—加强肋。

图 2-11　活塞

活塞构造：活塞可视为由顶部、头部和裙部三部分构成。

活塞的冷却：高强化发动机，尤其是活塞顶上有燃烧室凹坑的柴油机，为了减小活塞顶部和头部的热负荷而采用油冷活塞。

2. 活塞环

活塞环的功用：活塞环有气环和油环两种，如图 2-12 所示，它们具有不同的功能，分别装在活塞的气环槽和油环槽内。

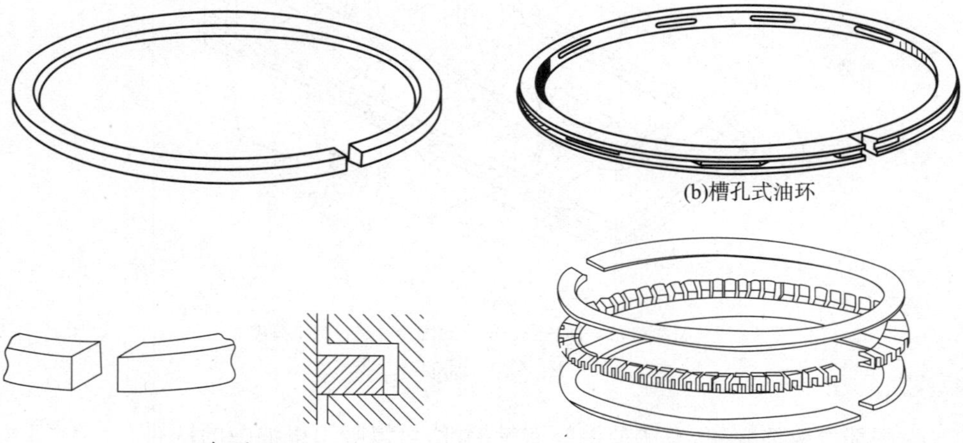

(a)气环　(b)槽孔式油环　(c)刚带组合式油环

图 2-12　活塞环

气环具有密封和导热两大基本功能。

油环的主要功用是刮除飞溅到气缸壁上的多余机油，并在气缸壁上涂布一层均匀的油膜。此外，气环和油环还分别起到刮油和密封的辅助作用。

3. 活塞销

活塞销用来连接活塞和连杆，并将活塞承受的力传给连杆。

活塞销在高温条件下承受很大的周期性冲击负荷，且由于活塞销在销孔内摆动角度不大，难以形成润滑油膜，因此润滑条件较差。

4. 连杆组

连杆组通常由连杆体、连杆盖、连杆螺栓、连杆衬套、连杆轴承等零件组成，如图 2-13 所示。

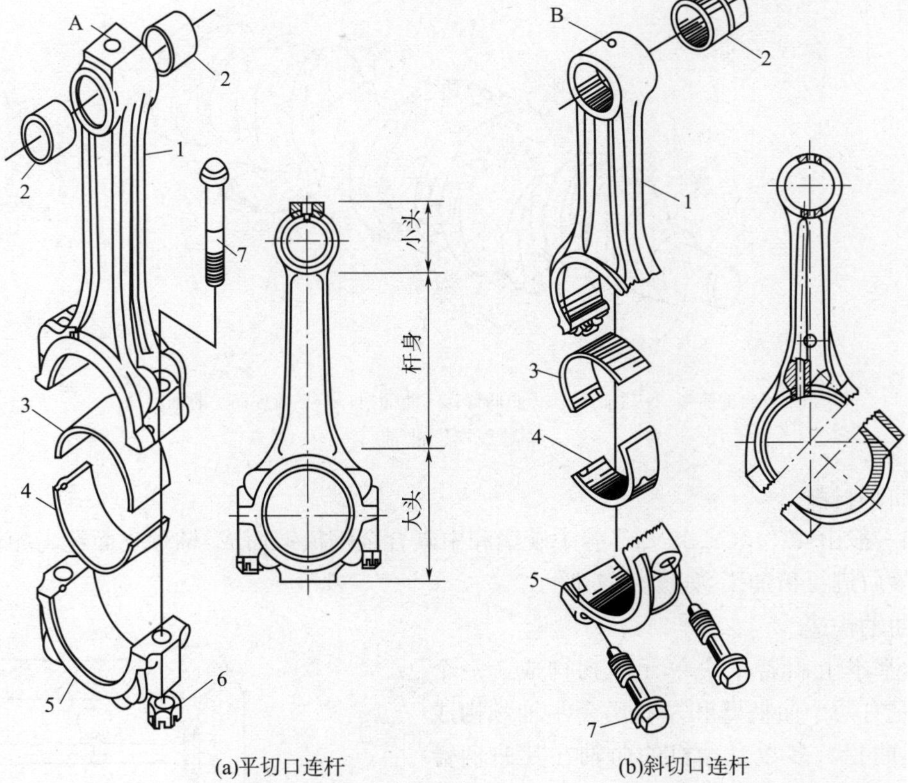

(a)平切口连杆　　(b)斜切口连杆

1—连杆体；2—连杆衬套；3—连杆轴承上轴瓦；4—连杆轴承下轴瓦；
5—连杆盖；6—螺母；7—连杆螺母；A—集油孔；B—喷油孔。

图 2-13　连杆组

连杆组的功用是将活塞承受的力传给曲轴，并将活塞的往复运动转变为曲轴的旋转运动。

连杆由小头、杆身和大头构成。连杆小头与活塞销连接，同活塞一起做往复运动，连杆大头与曲柄销连接，同曲轴一起做旋转运动，因此在发动机工作时连杆做复杂的平面运动。连杆组主要受压缩、拉伸和弯曲等交变负荷。最大压缩载荷出现在做功冲程上止点附近，最大拉伸载荷出现在进气冲程上止点附近。在压缩载荷和连杆组做平面运动时产生的横向惯性力的共同作用下，连杆体可能发生弯曲变形。

（三）曲轴飞轮组结构

1. 曲轴

曲轴的功用是把活塞、连杆传来的气体压力转变为转矩，用以驱动轨道作业车的传动系统和发动机的配气机构以及其他辅助装置。曲轴应有足够的抗弯曲、抗扭转的疲劳强度和刚度；轴颈应有足够大的承压表面和耐磨性；曲轴的质量应尽量小；对各轴颈的润滑应该充分。

WP12 系列柴油机曲轴是用合金钢模锻制成，带有 12 个平衡块，氮化处理，需进行动平衡测试。在曲轴的前端装有硅油减振器，曲轴的前后油封为盒式油封。曲轴各部名称如图 2-14 所示。

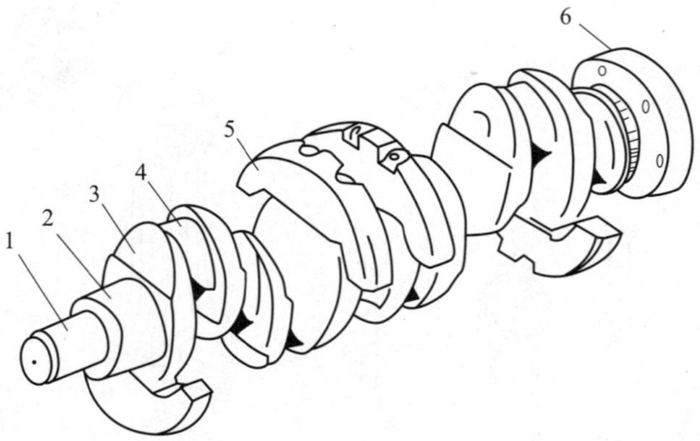

1—曲轴前端；2—主轴径；3—曲柄臂；4—曲柄销；5—平衡重；6—曲轴后端。

图 2-14　曲轴

(1)曲轴材料

曲轴一般由 45、40Cr、35Mn2 等中碳钢和中碳合金钢模锻而成，轴颈表面经高频淬火或氮化处理，最后进行精加工，如图 2-15 所示。

(2)曲轴构造

曲轴基本上由若干个单元曲拐构成。一个曲柄销，左右两个曲柄臂和左右两个主轴颈构成一个单元曲拐。多数发动机的曲轴在其曲柄臂上装有平衡重。

主轴颈和曲柄销均需润滑。机油经机体上的油道进入主轴承润滑主轴颈，再从主轴颈沿曲轴中的油道进入连杆轴承润滑曲柄销（图 2-16），或沿着曲轴中的油道流向曲柄销。

(3)曲拐排列与发火次序

为了使发动机运转平稳，因此要求四冲程发动机曲轴每转两周各气缸都能做功一次，以曲轴转角表示的各缸发火间隔时间应相等，同时要求

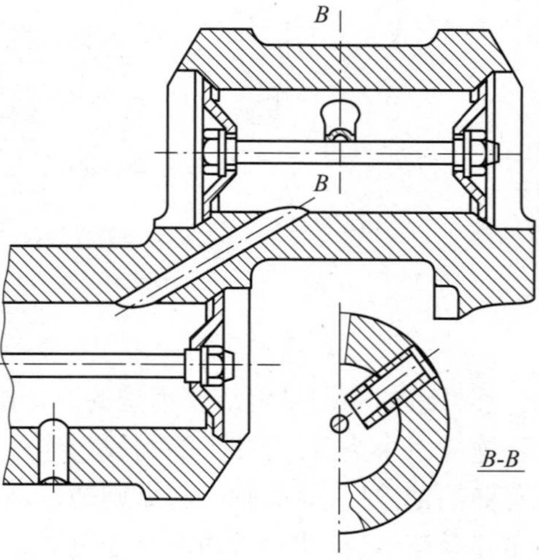

图 2-15　曲轴材料

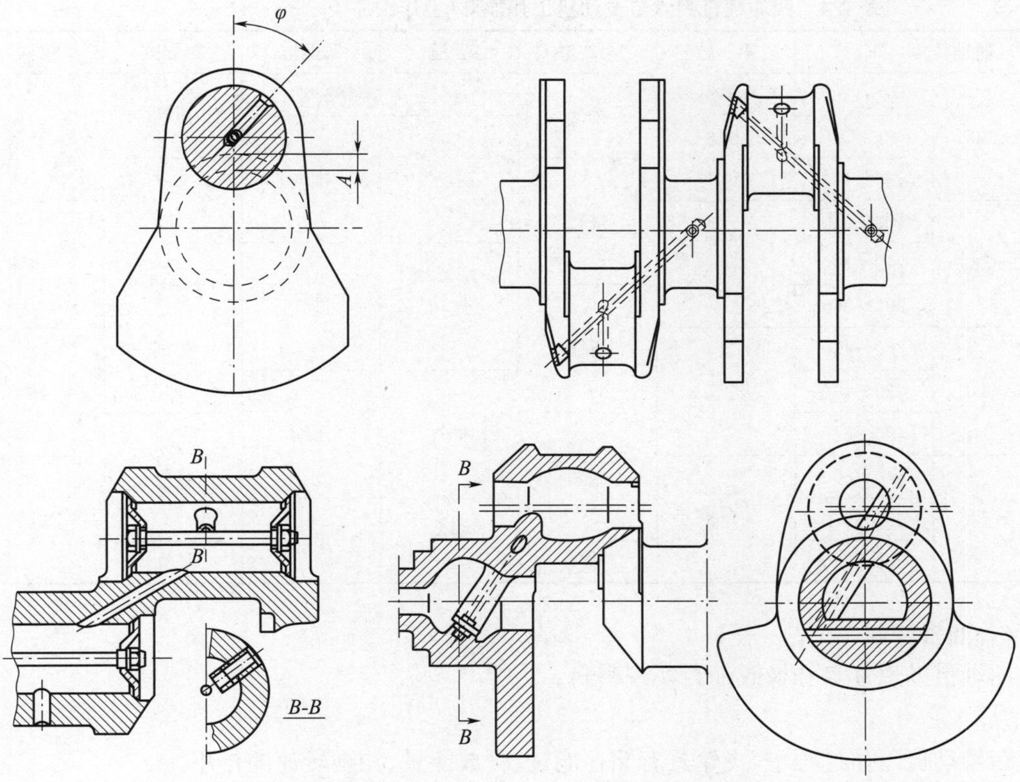

图 2-16　连杆轴承供油方式

依次做功的两缸间距尽可能远，以减轻主轴承负荷，避免进气干涉，影响进气。

对于气缸数为 i 的单列式四冲程发动机来说，各缸的发火间隔应为 $720°/i$。

四冲程直列六缸发动机曲拐布置如图 2-17 所示，六个曲拐分别布置在三个平面内，各平面夹角为 120°，发火间隔角为 720°/6＝120°。工作次序有 1—5—3—6—2—4，其工作循环见表 2-4。

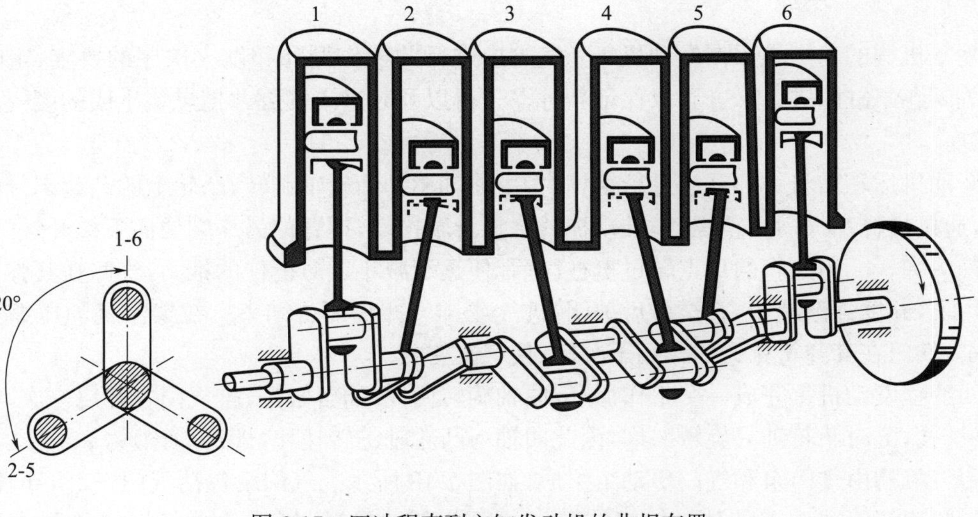

图 2-17　四冲程直列六缸发动机的曲拐布置

表 2-4　四冲程直列六缸发动机工作循环(工作次序 1—5—3—6—2—4)

<table>
<tr><th colspan="2">曲轴转角/(°)</th><th>第一缸</th><th>第二缸</th><th>第三缸</th><th>第四缸</th><th>第五缸</th><th>第六缸</th></tr>
<tr><td rowspan="3">0～180</td><td>0～60</td><td rowspan="3">做功</td><td rowspan="2">排气</td><td>进气</td><td>做功</td><td rowspan="2">压缩</td><td rowspan="3">进气</td></tr>
<tr><td>60～120</td><td rowspan="3">压缩</td><td rowspan="3">排气</td></tr>
<tr><td>120～180</td><td rowspan="3">进气</td><td rowspan="3">做功</td></tr>
<tr><td rowspan="3">180～360</td><td>180～240</td><td rowspan="3">排气</td><td rowspan="3">压缩</td></tr>
<tr><td>240～300</td><td rowspan="3">做功</td><td rowspan="3">进气</td></tr>
<tr><td>300～360</td><td rowspan="3">压缩</td><td rowspan="3">排气</td></tr>
<tr><td rowspan="3">360～540</td><td>360～420</td><td rowspan="3">进气</td><td rowspan="3">做功</td></tr>
<tr><td>420～480</td><td rowspan="3">排气</td><td rowspan="3">压缩</td></tr>
<tr><td>480～540</td><td rowspan="3">做功</td><td rowspan="3">进气</td></tr>
<tr><td rowspan="3">540～720</td><td>540～600</td><td rowspan="3">压缩</td><td rowspan="3">排气</td></tr>
<tr><td>600～660</td><td rowspan="2">进气</td><td rowspan="2">做功</td></tr>
<tr><td>660～720</td><td>排气</td><td>压缩</td></tr>
</table>

(4)曲轴密封

曲轴借助甩油盘和橡胶油封实现密封。

2. 飞轮

在发动机工作过程中，飞轮具有储存能量、释放能量、均衡转速的作用。

飞轮是摩擦式离合器的主动件，在飞轮轮缘上镶嵌有供启动发动机用的飞轮齿圈；在飞轮上还刻有上止点记号，用来校准点火定时或喷油定时以及调整气门间隙。

飞轮结构形状的特征是，大部分质量集中在轮缘上，所以轮缘做得又宽又厚，以便在较小的飞轮质量下获得较大的转动惯量。

3. 滑动轴承

滑动轴承包括连杆衬套、连杆轴承、主轴承和曲轴推力轴承等。

二、配气机构结构

配气机构的功用是根据发动机每一气缸内进行的工作循环和发火次序的要求，定时地开启和关闭各气缸的进、排气门，以保证新鲜空气得以及时进入气缸并把燃烧生成的废气及时排出气缸。

柴油机运转需将气门开启进行换气时，由曲轴驱动凸轮轴旋转，凸轮上的凸起部分将挺柱顶起，通过推杆和气门调整螺钉，推动摇臂绕摇臂轴摆动，摇臂的另一端便向下推开气门，同时压缩气门弹簧。当凸轮的顶点转过挺柱以后，便逐渐减小了对挺柱的推力，气门在其弹簧张力的作用下，开度逐渐减小，直至最后关闭，进气或排气冲程即告结束。在柴油机的压缩和做功冲程中，气门在其弹簧张力的作用下关闭，使气缸密封。

四冲程发动机每完成一个工作循环，曲轴旋转两周，而各缸进、排气门各开启一次，完成一次进、排气，此时凸轮轴只旋转一周，因此曲轴与凸轮轴的转速比(即传动比)为 2：1。

配气机构由气门组和气门传动组组成，如图 2-18 所示。气门组包括气门、气门导管、气门座和气门弹簧等主要零部件。气门传动组主要包括凸轮轴、挺柱、推杆(气门顶置式配气机构)、摇臂和摇臂轴。

WP12 柴油机采用的是凸轮轴下置式。

凸轮轴由曲轴通过正时齿轮驱动,因此要求尽可能缩短凸轮轴与曲轴之间的距离。将凸轮轴布置在曲轴箱内部,称为凸轮轴下置式配气机构。

潍柴 WP 系列柴油机配气机构均采用齿轮传动,WP12 柴油机正时齿轮传动机构设在机体前端的齿轮室内,与飞轮壳为一体式结构,由八个斜齿轮组成平面齿轮系,后置齿轮传动,降低齿轮噪声并提高整体可靠性,如图 2-19 所示。

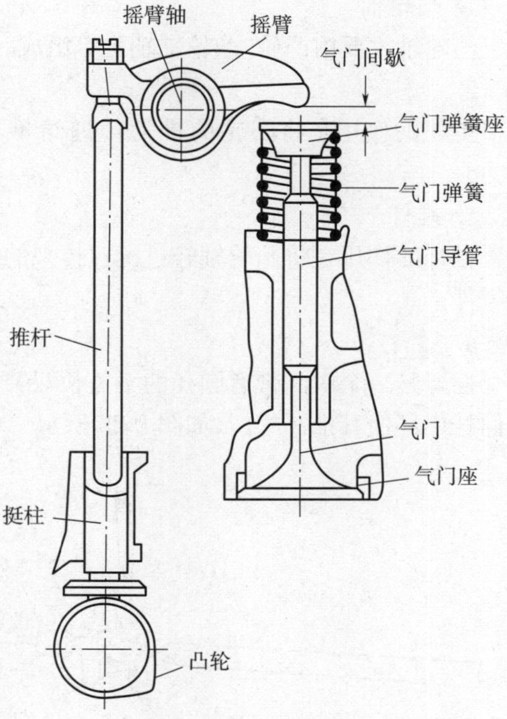

图 2-18 配气机构

(一)气门

发动机一般都采用每缸两气门,即一个进气门和一个排气门的结构。为了进一步改善气缸的换气性能,在结构允许的条件下,应尽量增大进气门头部的直径。当气缸直径较大、活塞平均线速度较高时,每缸一进一排的气门结构就不能保证良好的换气质量。WP12 柴油机采用四气门和双气门弹簧的形式。

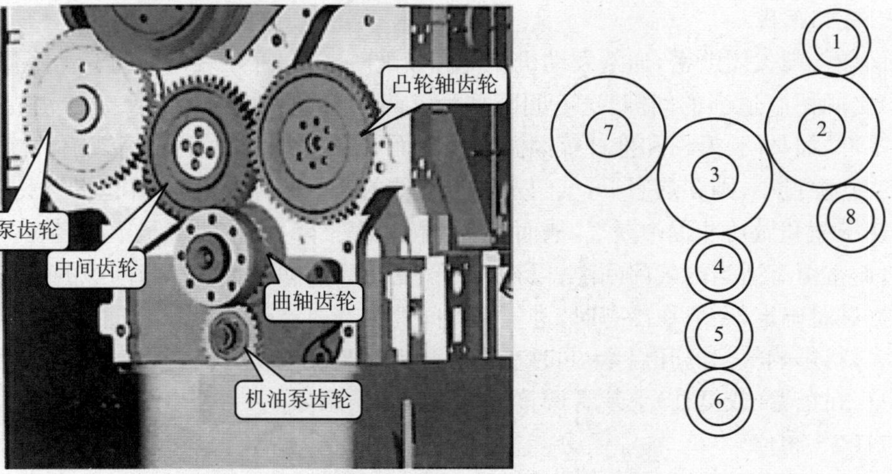

1—空气压缩机齿轮;2—凸轮轴齿轮;3—中间齿轮;4—曲轴齿轮;5—机油泵中间齿轮;6—机油泵齿轮;7—油泵齿轮;8—转向油泵齿轮。

图 2-19 WP12 柴油机齿轮传动系统

(二)气门传动组结构

气门传动组的作用是使气门按发动机配气相位规定的时刻及时开、闭,并保证规定的开启时间和开启高度。

1. 凸轮轴

凸轮轴主要由凸轮、凸轮轴轴颈等组成。

2. 挺柱

挺柱的作用是将凸轮的推力传递给推杆或气门杆，并承受凸轮轴旋转时所施加的侧向力。

3. 推杆

推杆的作用是将凸轮轴经过挺柱传来的推力传递给摇臂，它是配气机构中最易弯曲的细长零件。

4. 摇臂

摇臂是一个中间带有圆孔的不等长双臂杠杆，其作用是将推杆传来的力改变方向，作用到气门杆尾部使其推开气门，如图 2-20 所示。

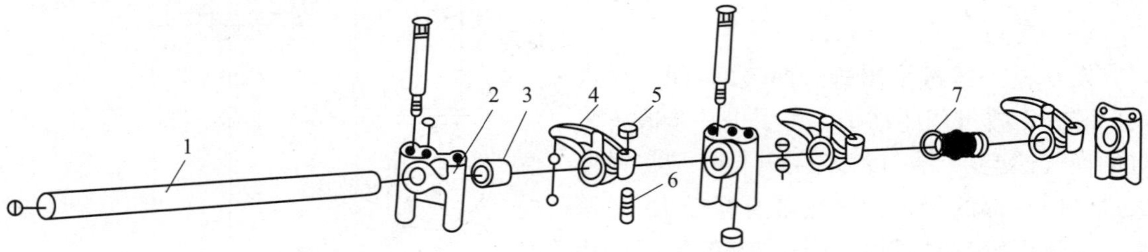

1—摇臂轴；2—摇臂轴支座；3—摇臂衬套；4—摇臂；5—锁紧螺母；6—调整螺钉；7—限位弹簧。

图 2-20　摇臂组

(三)气门间隙

为保证气门关闭严密，通常发动机在冷态装配时，气门杆尾端与气门驱动零件(摇臂、挺柱和凸轮)之间留有适当的间隙，这一间隙称为气门间隙，如图 2-21 所示。发动机工作时，配气机构各零件，如气门、挺柱和推杆等因温度升高而膨胀。如果气门及其传动件之间，在冷态时无间隙或间隙过小，则在热态下，气门及其传动件的受热膨胀势必会引起气门关闭不严，造成发动机在压缩和做功冲程中漏气，从而使发动机功率下降，严重时甚至不易启动。为了消除这种现象，通常留有适当的气门间隙，以补偿气门受热后的膨胀量。气门间隙的大小由发动机制造厂根据试验确定，一般在冷态时，进气门的间隙为 0.4 mm，排气门的间隙为 0.6 mm。气门间隙过大，将影响气门的开启量，同时在气门开启时产生较大的冲击响声。为了能对气门间隙进行调整，在摇臂(或挺柱)上装有调整螺钉及其锁紧螺母。

(四)配气相位

用曲轴转角表示的进、排气门实际开闭时刻和开启持续时间，称为配气相位。通常，用相对于上、下止点曲拐位置的曲轴转角的环形图来表示，这种图形称为配气相位图，如图 2-22 所示。

WP12 柴油机的配气相位：

(1)进气门开启上止点前 20°±5°。

(2)排气门关闭上止点后 21°±5°。

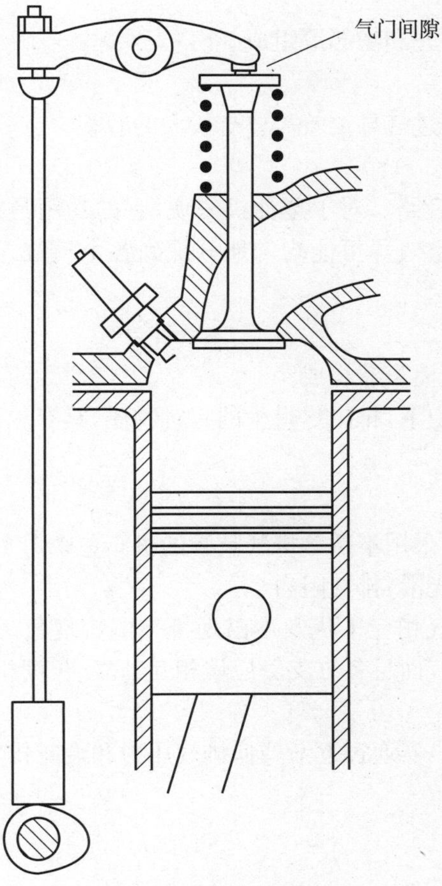

图 2-21　气门间隙

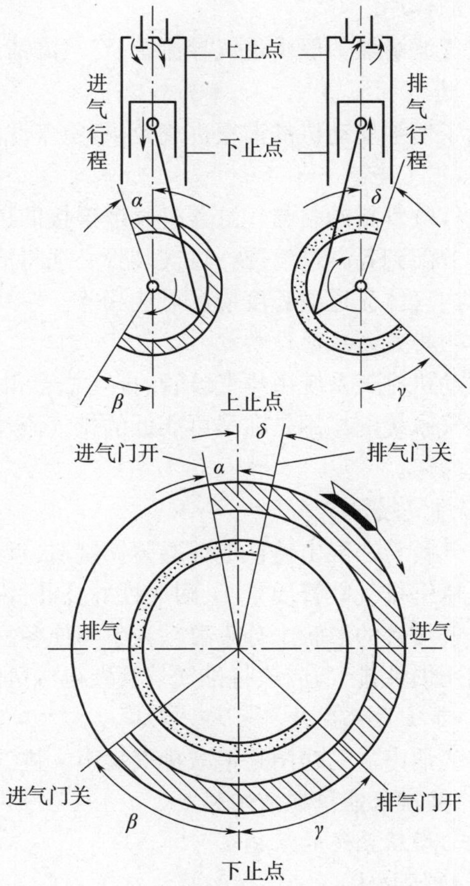

图 2-22　配气相位

三、进、排气系统结构

进、排气系统的作用是在发动机工作循环时，不断地将新鲜空气或可燃混合气送入燃烧室，然后将燃烧后的废气排到大气中，保证发动机连续运转，如图 2-23 所示。

进、排气系统的基本装置是由空气滤清器、进气管、排气管和排气消声器等组成。由于排放与噪声法规的要求，现代车用发动机，除了采取完善的燃烧系统等机内净化措施外，在传统的进、排气系统中又增加了不少机外净化的附件与装置。

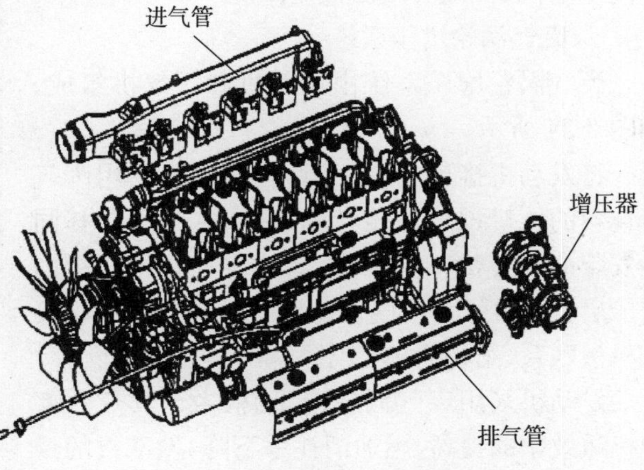

图 2-23　进排气系统的组成

（一）进气系统的结构

1. 空气滤清器

空气滤清器的功用主要是滤除空气中的杂质或灰尘，让洁净的空气进入气缸。另外，空气滤清器有消减进气噪声的作用。

空气滤清器一般由进气导流管、空气滤清器外壳和滤芯等组成。

2. 进气导流管

为了增强发动机的谐振进气效果,空气滤清器进气导流管需要有较大的容积。

3. 进气歧管

进气歧管指的是与气缸盖进气道连接的进气管路。对于柴油机来说,它的功用是将洁净的空气分配到各缸进气道。进气歧管必须将洁净空气尽可能均匀地分配到各个气缸,为此进气歧管内气体流道的长度应尽可能相等。

(二)排气系统的结构

发动机排气系统由排气歧管、排气总管和排气消声器组成。

排气系统的作用是在尽可能低的排气流动阻力下,排出尽量少的有害物质,具有尽可能低的排气噪声。

1. 排气歧管

排气歧管一般由铸铁或球墨铸铁制造,近年来采用不锈钢排气歧管的机车愈来愈多,其原因是不锈钢排气歧管质量小、耐久性好,同时内壁光滑、排气阻力小。

排气歧管的形状十分重要。为了不使各缸排气相互干扰及不出现排气倒流现象,并尽可能地利用惯性排气,应该将排气歧管做得尽可能长,而且各缸支管应该相互独立、长度相等。

2. 排气消声器

排气消声器的功用是消减排气噪声。排气消声器通过逐渐降低排气压力和衰减排气压力的脉动,使排气能量耗散殆尽。

(三)增压系统的结构

1. 增压技术

利用增压技术,使进入气缸内的空气量增加,以便在气缸内喷入更多的燃油来提高燃烧压力。这不仅可以提高发动机的功率,同时还可以改善热效率,提高经济性,减少排气中的有害成分,降低噪声。因此,采用增压技术来提高进气充量是提高发动机功率最有效的方法。

2. 废气涡轮增压系统

废气涡轮增压系统由涡轮机和压气机组成,如图 2-24 所示。

将发动机排出的废气引入涡轮机,利用废气所包含的能量推动涡轮叶轮旋转,并带动与其同轴安装的压气机叶轮工作,新鲜空气在压气机内增压后进入气缸。废气涡轮增压系统与发动机没有机械联系,结构简单、工作可靠。

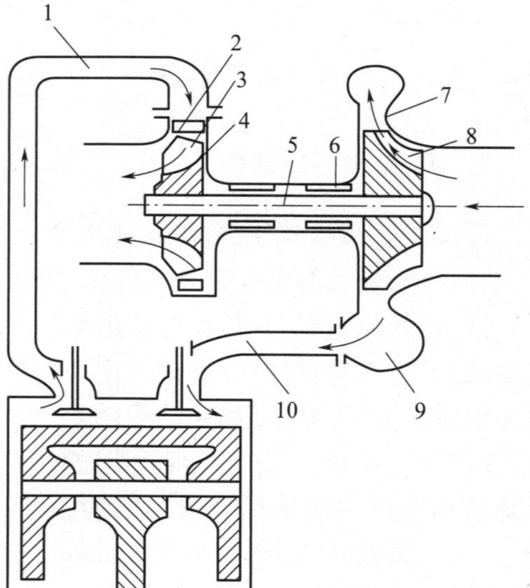

1—排气管;2—喷油环;3—涡轮;4—涡轮壳;
5—转子轴;6—浮动轴承;7—扩压器;
8—压气机叶轮;9—压气机壳;
10—进气管。

图 2-24 废气涡轮增压系统

发动机采用废气涡轮增压后,由于其热效率和机械效率的提高,燃油消耗率下降,发动机的经济性得到改善;同时,由于其质量增加比其功率增加小得多，发动机单位功率的质量降低，使得比质量减小、升功率增加；发动机工作在较大的过量空气系数情况下，燃烧较完全，排气污染得到改善。故废气涡轮增压系统得到了广泛的应用。

3. 废气涡轮增压器

废气涡轮增压器是用发动机的排气推动涡轮机来带动压气机，以压缩进气，达到进气增压的要求。这种类型的增压器，多采用离心式压气机，废气涡轮一般采用单级涡轮，如图 2-25 所示。

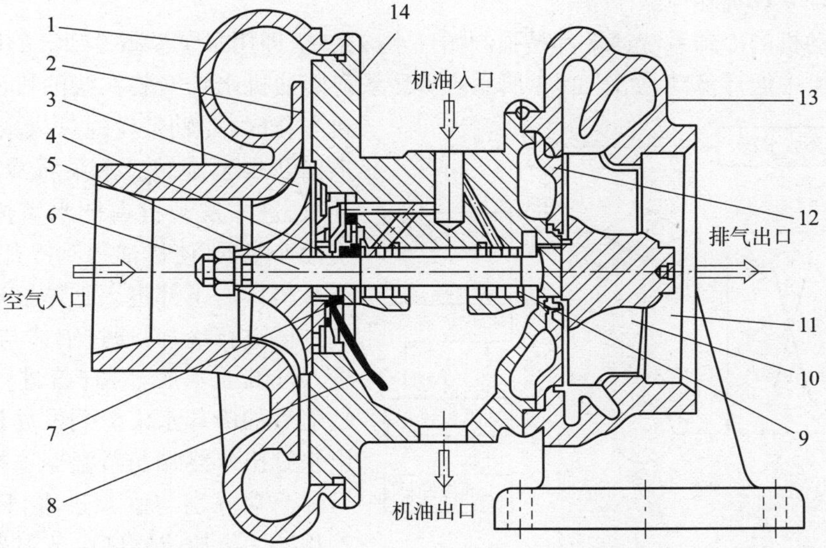

1—压气机蜗壳；2—无叶式扩压器；3—压气机叶轮；4—密封套；5—增压器轴；6—进气道；
7—推力轴承；8—挡油板；9—浮动轴承；10—涡轮机叶轮；11—出气管；
12—隔热板；13—涡轮机蜗壳；14—中间体。

图 2-25 废气涡轮增压器结构

废气涡轮增压器日常维护：

(1)检查增压器与发动机管道连接部分有无松动迹象，并及时排除。

(2)检查增压器有无漏气、漏油现象，并及时排除。

(3)检查增压器紧固螺钉有无松动并及时排除。

(4)检查空气滤清器，若积尘过多，应及时清洗。

四、冷却系统结构

冷却系统的功用是使发动机在所有的工况下都保持在适当的温度范围内。冷却系统既要防止发动机过热，也要防止冬季发动机过冷。在发动机冷启动以后，冷却系统还要保证发动机迅速升温，尽快达到正常的工作温度。

发动机在工作时，与高温燃气接触的发动机零件受到强烈的加热，如果不进行适当的冷却，发动机将会过热，造成工作过程恶化。例如：燃烧室的充气密度下降，导致功率下降；正常的燃烧被破坏，出现早燃、爆燃等；零件受热，使得机器结构强度降低；机油变质，导致零部件磨损加剧。最终导致发动机动力性、经济性、可靠性和耐久性全面下降。反之，发动机在较冷的条件下工作也是有害的。无论是过度冷却还是长时间在低温下工作，均会使散热损失和摩擦损失增加、零部件磨损加剧、排放恶化、发动机工作粗暴、功率下降及燃油消耗率增加。所以，现代完善的发动机冷却系统，应该保证发动机在各种不同工况下都处于最佳热状态，既不过热，也不过冷，既有良好的动力性和经济性，又有很好的工作可靠性，使受热件保持在适用的范围内。

潍柴 WP12 柴油机的发动机采用水冷方式。发动机的冷却系统是由水泵、散热器、冷却风扇、节温器、膨胀水箱、发动机机体和气缸盖中的水套以及其他附属装置等组成。

(一)冷却系统循环

车用发动机的冷却系统通常都是强制循环水冷系统，即用水泵提高冷却液的压力，强制冷却液在发动机中循环流动，如图 2-26 所示。WP 系列柴油机水泵安装在柴油机前端，当发动机工作时，曲轴带轮通过风扇传动带带动风扇及水泵旋转。水泵将冷却液泵入发动机，进入发动机右侧水室内，首先冷却机油冷却器，使机油得到冷却；之后，冷却液从机体右下部进入缸体缸壁内水道，对气缸体进行冷却；通过缸体与缸盖的水孔进入气缸盖水腔，对缸盖进行冷却；冷却缸盖后的冷却水汇流到发动机出水管中，出水管出水终端与节温器连接，节温器的另外两端分别与水泵进水口和水箱进水管相接。冷却液温度由节温器自动调节，将水温控制在 80～95 ℃。大循环时，冷却液经过水箱散热器进行冷却；小循环时冷却液直接进入水泵进水口，使柴油机迅速升温，达到正常运行所要求的热状态。

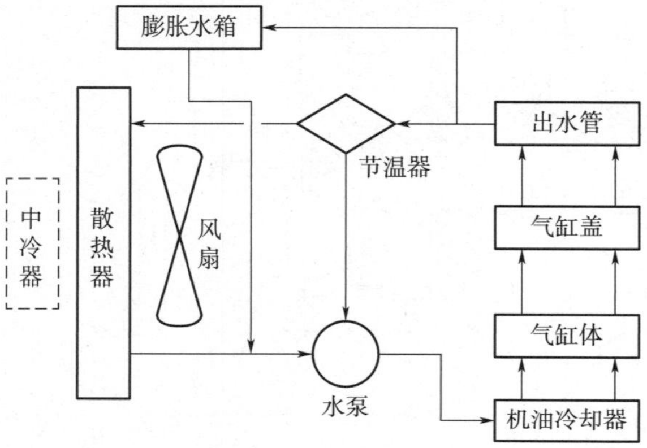

图 2-26　WP 系列发动机冷却系统示意

(二)冷却系统主要零部件结构

1. 散热器

发动机水冷系统中的散热器由进水室、出水室及散热器芯三部分组成，冷却液在散热器芯内流动，空气在散热器芯外通过。

2. 膨胀水箱

膨胀水箱的作用就是当冷却液受热膨胀时，部分冷却液流入膨胀水箱；而当冷却液降温时，部分冷却液又被吸回散热器，保证冷却液不会溢失。膨胀水箱内的液面有时升高，有时降低，而散热器却总是能被冷却液充满。

3. 冷却风扇

风扇的功用是旋转时吸进空气，使其通过散热器，以增强散热器的散热能力，加速冷却液的冷却。

4. 节温器

节温器的功用是控制冷却液流动路径的阀门。节温器是根据冷却液温度的高低自动调节进入散热器的水量，改变水的循环范围，以调节冷却系统的散热能力，保证发动机在合适的温度范围内工作。节温器必须保持良好的技术状态，否则会严重影响发动机的正常工作。如节温器主阀门开启过迟,就会引起发动机过热;主阀门开启过早,则使发动机预热时间延长,使发动机温度过低。

目前,主要采用的节温器为蜡式节温器,潍柴各系列柴油机也均采用蜡式节温器。

蜡式节温器由上支架、弹簧等组成,如图 2-27 所示。

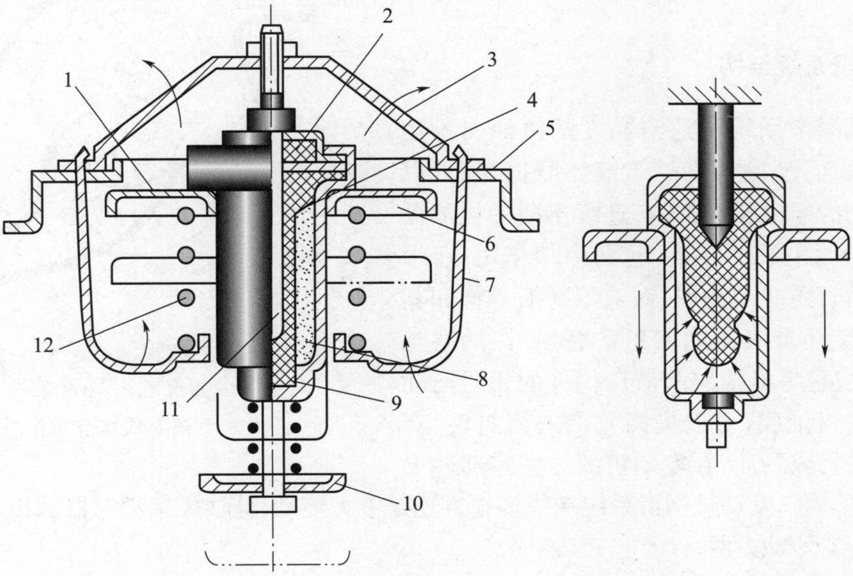

1—主阀门;2—盖和密封垫;3—上支架;4—胶管;5—阀座;6—通气孔;7—下支架;
8—石蜡;9—感应体;10—旁通阀;11—中心杆;12—弹簧。

图 2-27 蜡式节温器的结构示意

蜡式节温器的工作原理:

(1)小循环:

当水温低于 76 ℃时,主阀门完全关闭,旁通阀完全开启,由气缸盖出来的冷却液经管直接进入水泵,故称小循环。由于冷却液只是在水泵和水套之间流动,不经过散热器,且流量小,所以冷却强度弱。

(2)混合循环:

当水温度在 76～88 ℃时,大小循环同时进行,当柴油机水温达 76 ℃左右时,石蜡逐渐变成液态,体积随之增大,迫使橡胶管收缩,从而对中心杆下部锥面产生向上的推力。由于杆的上端固定,故中心杆对橡胶管及感应体产生向下的反推力,克服弹簧张力使主阀门逐渐打开,旁通阀开度逐渐减小。

(3)大循环:

当发动机水温高到 88 ℃,主阀门完全开启,旁通管完全关闭,冷却水全部流经散热器,称为大循环。由于此时冷却液流动路线长,流量大,所以冷却强度强。

5. 水泵

水泵的功用就是对冷却液加压,保证其在冷却系中循环流动。

WP 系列柴油机水泵为离心式水泵,如图 2-28 所示,由曲轴带轮驱动,水泵中的冷却液被叶轮带动旋转,在离心力的作用下以一定压力甩出。其安装在柴油机前端的齿轮室上,水泵蜗壳与齿轮室铸成一体，蜗壳出水口直接与机体右侧水室相连通。水泵由两根三角传动带传动，气缸体前端的正时齿轮室上还安装有传动带张紧轮，变动其位置，可以调节传动带的松紧。

发动机冷却液主体为水，为避免水在 0 ℃时结冰，在冬季或寒冷地区使用防冻液降低冰点温度。

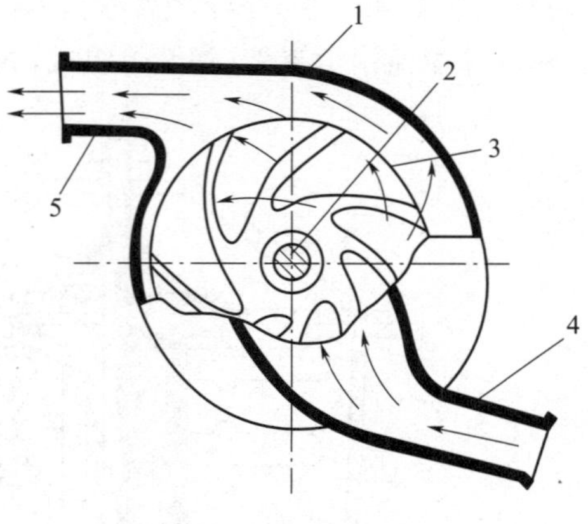

1—水泵壳体；2—水泵轴；3—叶轮；
4—进水管；5—出水管。
图 2-28 离心式水泵工作原理

五、润滑系统结构

发动机润滑系统将适当黏度的机油引入运动零件的表面，使摩擦副处于液体摩擦状态，以减少摩擦副的摩擦和磨损；在连续不断的机油循环中带走摩擦生成的热量，起到冷却作用；在带走热量的同时还冲走铁屑、铜末等磨损产物和其他异物，避免运动表面的不正常磨损；在活塞与气缸、液压挺柱等摩擦副和液压偶件的相对运动表面形成的机油膜，可以提高它们的密封性，有利于防止漏气或漏油；在发动机的一些零部件上可以防蚀、防锈。发动机润滑系统在很多地方还是液力传动、硅油风扇离合器的传动介质和液力控制执行器的动力源。

发动机润滑系统是发动机可靠工作、延长使用寿命的保证，也是发动机定期维护的重点。

（一）润滑方式分类

由于发动机传动件的工作条件不同，因此，对负荷及运动速度不同的传动件采用不同的润滑方式。

1. 压力润滑

压力润滑是以一定的压力把机油供入摩擦表面的润滑方式。这种方式主要用于主轴承、连杆轴承和凸轮轴承等负荷较大的摩擦表面的润滑。

2. 飞溅润滑

利用发动机工作时运动零件飞溅起来的油滴或油雾润滑摩擦表面的润滑方式，称为飞溅润滑。该方式主要用来润滑负荷较小的气缸壁面和配气机构的凸轮、挺柱、气门杆以及摇臂等零件的工作表面。

3. 润滑脂润滑

通过润滑脂加注口定期加注润滑脂来润滑零件的工作表面，如水泵及发电机轴承等。

（二）润滑系统的总体组成

润滑系统由以下几部分组成：

1. 机油泵：建立油压的装置。
2. 油底壳、油道及油管：机油储存、输送等装置。
3. 集滤器、机油滤清器等：机油滤清装置。
4. 机油散热器：机油冷却装置。
5. 旁通阀和限压阀：安全及限压装置。
6. 润滑系统工作指示装置：油温表、油压表、油压指示灯及油压报警蜂鸣器等。

(三)典型润滑油路

图 2-29 所示为 WP12 柴油机润滑系统油路。机油泵通过集滤器将机油从油底壳中吸入,压向机油滤清器和机油冷却器,再进入主油道,其中绝大部分机油进入主轴承并由此通过曲轴上的油孔到达连杆轴承。气缸套表面和活塞销是由喷嘴喷油实现润滑的。摇臂轴、增压器、高压油泵、空气压缩机和中间齿轮同样是通过油管和油槽实现压力润滑的。活塞底部通过喷嘴喷油冷却。

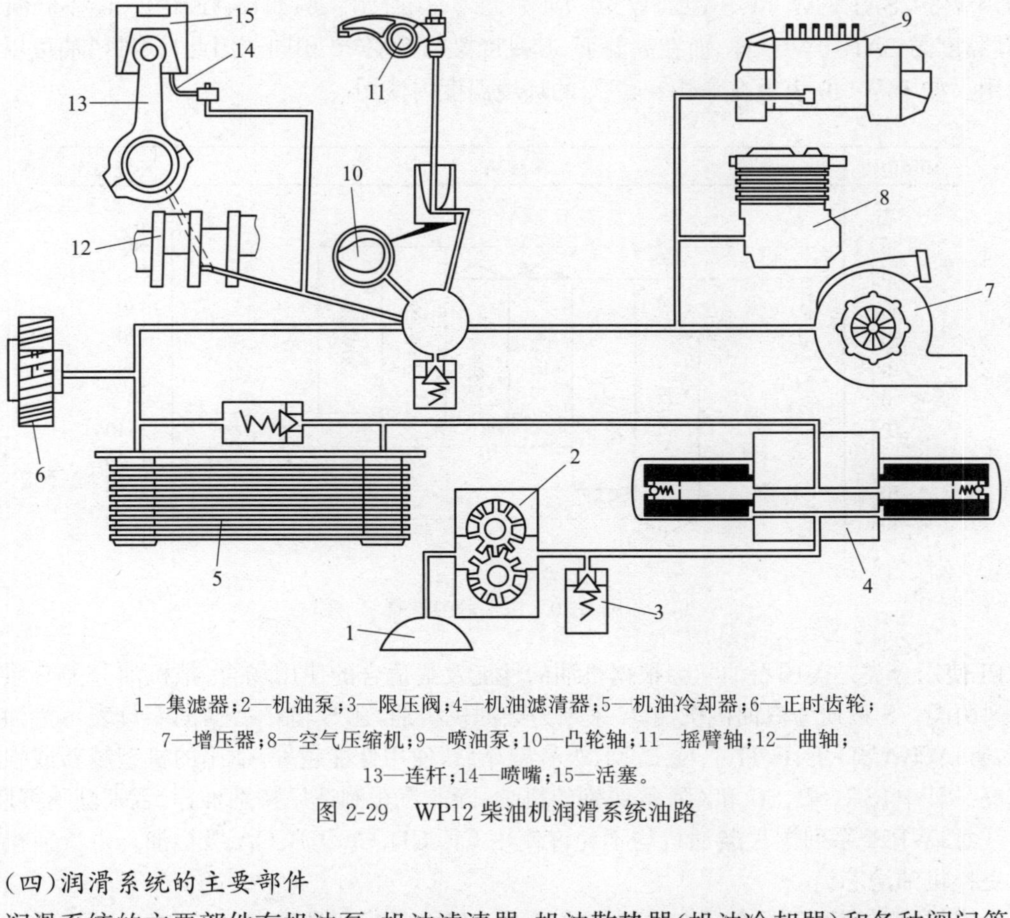

1—集滤器;2—机油泵;3—限压阀;4—机油滤清器;5—机油冷却器;6—正时齿轮;
7—增压器;8—空气压缩机;9—喷油泵;10—凸轮轴;11—摇臂轴;12—曲轴;
13—连杆;14—喷嘴;15—活塞。

图 2-29　WP12 柴油机润滑系统油路

(四)润滑系统的主要部件

润滑系统的主要部件有机油泵、机油滤清器、机油散热器(机油冷却器)和各种阀门等。

1. 机油泵

机油泵是润滑系统中机油压力和流量的动力源。它保证发动机润滑所需要的机油压力和流量。

2. 机油滤清器

WP12 柴油机的发动机采用 2 个机油滤清器过滤机油。

3. 机油冷却器

发动机机油冷却器采用水冷式。

(五)润滑剂的功用与性能

发动机的润滑剂有润滑油(机油)和润滑脂(黄油)两类。

机油的功用:在润滑系统中的机油具有润滑、冷却、清洁、密封、防腐等多种功能。

机油的分类:国际上广泛采用美国 SAE 黏度分类法和 API 使用分类法,而且它们已被国际标准化组织(ISO)确认。

美国工程师学会SAE按照机油的黏度等级,把机油分为冬季用机油和非冬季用机油。冬季用机油有6种牌号:SAE0W、SAE5W、SAE10W、SAE15W、SAE20W、SAE25W。非冬季用油有4种牌号:SAE20、SAE30、SAE40、SAE50。号数较大的机油黏度较大,适于在较高的温度下使用。以上牌号的机油只有单一的黏度等级,当使用这种机油时,驾驶员需根据季节和温度的变化随时更换机油。目前使用的机油大多数具有多黏度等级,其牌号有SAE5W-20、SAE10W-30、SAE15W-40、SAE20W-40等,如图2-30所示。例如,SAE10W-30在低温使用时,其黏度与SAE10W一样,而在高温下,其黏度又与SAE30相同。因此,该种机油可以冬夏季通用。如15W/40表示在－10～40 ℃的环境温度内使用。

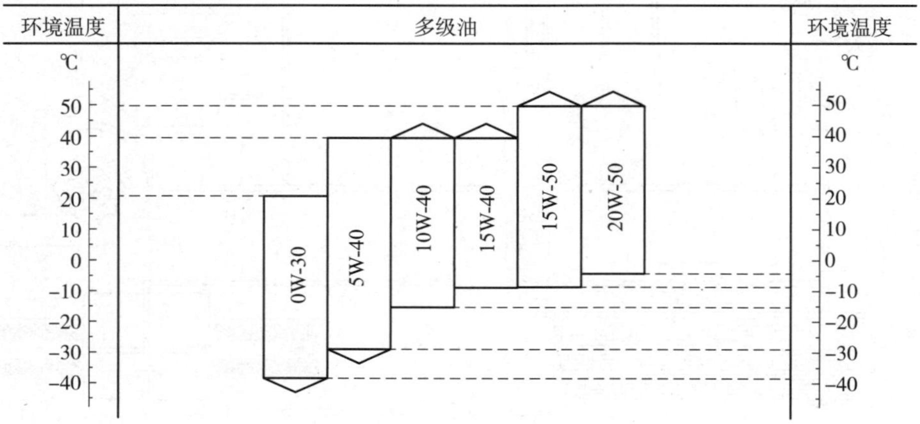

图2-30　机油牌号选择

PI使用分类是美国石油学会根据机油的性能及最适合的使用场合,把机油分为S系列和C系列两类。S系列为汽油机机油,C系列为柴油机机油,在S和C后面的字母表示为油品的等级,有A、B、C、D、E、F、H、J、K、L、M,级号越靠后,使用性能越好,适用的机型越新或强化程度越高。其中,SA、SB、SC和CA等级别的机油,除非汽车制造厂特别推荐,否则已不再使用。

注意:WP12系列国Ⅳ柴油机均不允许使用CE、CD、CC、CB、CA级机油。每次换机油时同时更换机油滤芯。

合成机油是利用化学合成方法制成的机剂。其主要特点是有良好的黏度—温度特性,可以满足大温差的使用要求;有优良的热氧化安定性,可以长期使用不需更换。使用合成机油,发动机的燃油经济性会稍有改善,并可降低发动机的冷启动转速。

润滑脂是将稠化剂掺入液体润滑剂中所制成的一种稳定的固体或半固体产品。润滑脂具有良好的粘附性,在常温下可附着于垂直表面而不流淌,并能在敞开或密封不良的摩擦部位工作,具有其他润滑剂所不能代替的特点。当前,普遍推荐使用通用锂基润滑脂。

第三节　BOSCH电控共轨系统

一、电控喷油系统

柴油机喷油技术经历了传统的纯机械操纵式喷油和现代的电控操纵式喷油这两个发展阶

段。而现代电控喷油技术的崛起，则应归功于计算机技术和传感检测技术的迅猛发展。现代电控喷油技术实现的手段主要有电控泵喷嘴、电控单体泵以及电控共轨系统。

在泵喷嘴系统中喷油泵和喷油嘴组成一个单元，如图 2-31 所示。每个发动机气缸都在其缸盖上装有这样一个单元，直接通过摇臂或者间接的由发动机凸轮轴通过推杆来驱动。

单体泵系统工作方式跟泵喷嘴相同，是一种模块式结构的高压喷射系统，如图 2-32 所示。与泵喷嘴系统不同的是，其喷油嘴和油泵用一根较短的喷射油管连接，单体泵系统中每个气缸都设置一个 PF 单柱塞喷油泵，由发动机的凸轮轴驱动。

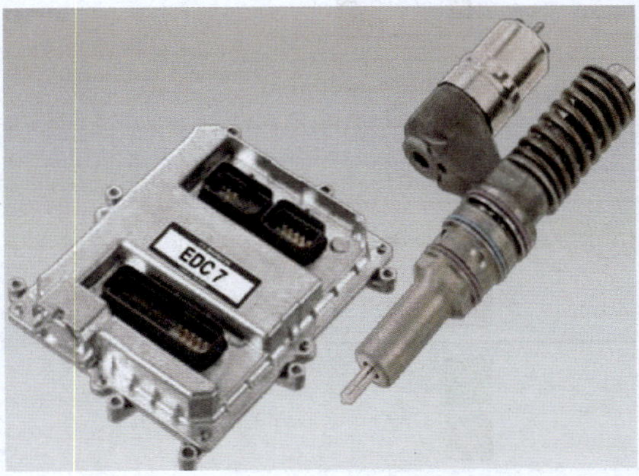

图 2-31 泵喷嘴(UIS)

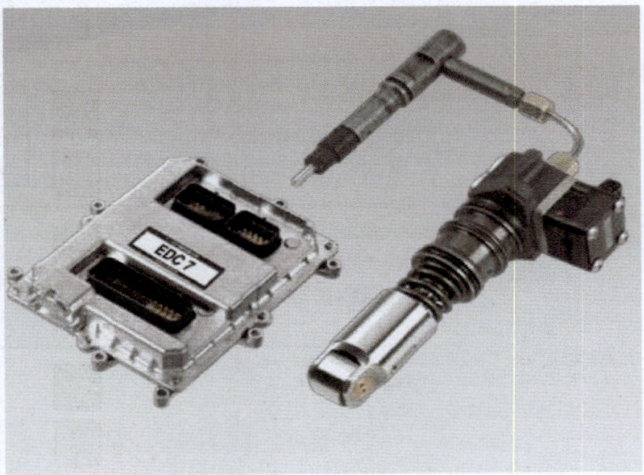

图 2-32 单体泵(UPS)

在共轨式蓄压器喷射系统中，ECU 通过接收各传感器的信号，借助于喷油器上的电磁阀，让柴油以正确的喷油压力在正确的喷油点喷射出正确的喷油量，保证柴油机最佳的燃烧比、雾化和最佳的点火时间，以及良好的经济性和最少的污染排放。潍柴 WP12 系列柴油机采用共轨式蓄压器喷射系统，如图 2-33 所示。

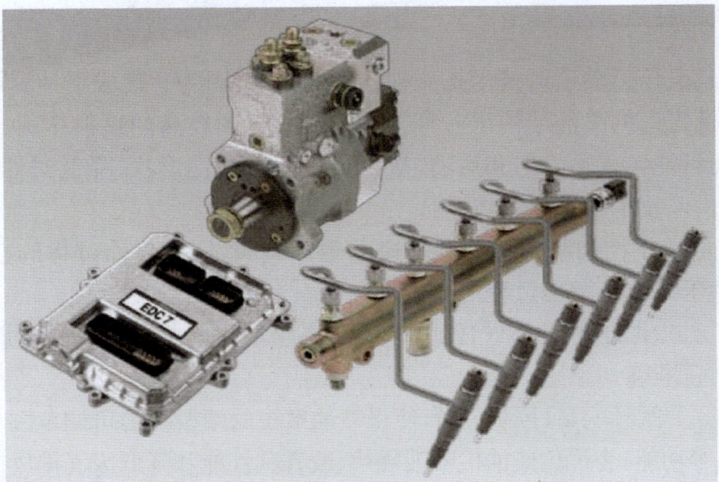

图 2-33 共轨系统(CRS)

二、电控高压共轨和电控单体泵优劣势对比(图 2-34)

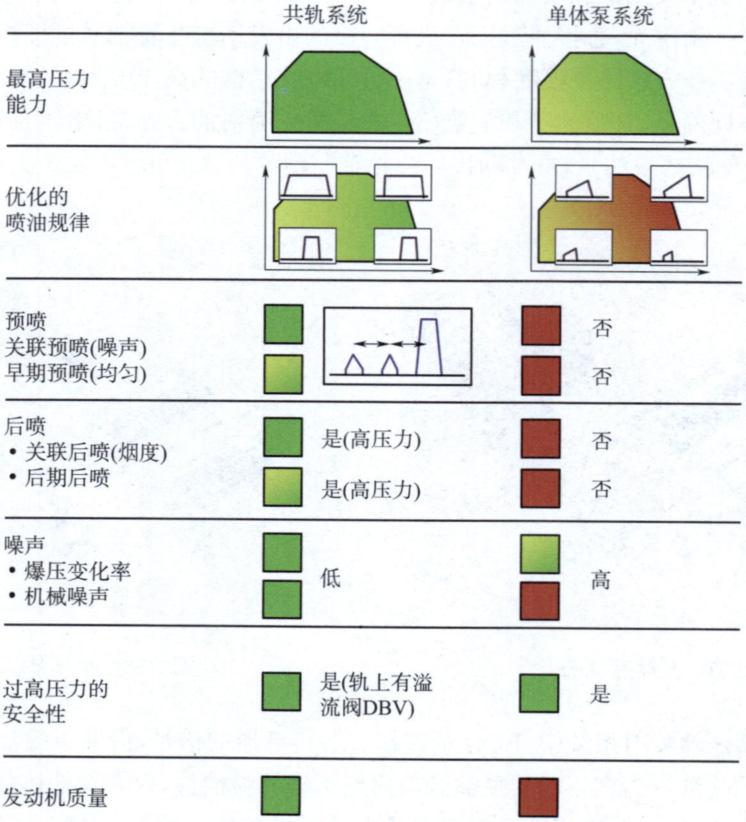

图 2-34　电控高压共轨和电控单体泵优劣势对比

三、共轨系统的特点

柴油机共轨式电控燃油喷射技术是一种全新的技术,因为它集成了计算机控制技术、现代传感检测技术以及先进的喷油结构于一身。它不仅能达到较高的喷射压力、实现喷射压力和喷油量的控制,而且能实现预喷射和后喷,从而优化喷油特性形状,降低柴油机噪声和大大减少废气的排放量。该技术的主要特点是:

1. 采用先进的电子控制装置及配有高速电磁开关阀,使得喷油过程的控制十分方便,并且可控参数多,益于柴油机燃烧过程的全程优化。

2. 采用共轨方式供油,喷油系统压力波动小,各喷油嘴间相互影响小,喷射压力控制精度较高,喷油量控制较准确。

3. 高速电磁开关阀频响高,控制灵活,使得喷油系统的喷射压力可调范围大,并且能方便地实现预喷射、后喷等功能,为优化柴油机喷油规律、改善其性能和降低废气排放提供了有效手段。

4. 系统结构移植方便,适应范围宽,不像其他的几种电控喷油系统,对柴油机的结构形式有专门要求;尤其是高压共轨系统,均能与目前的小型、中型及重型柴油机很好匹配。

四、BOSCH 电控共轨系统

(一)BOSCH 电控高压共轨系统构成(图 2-35)

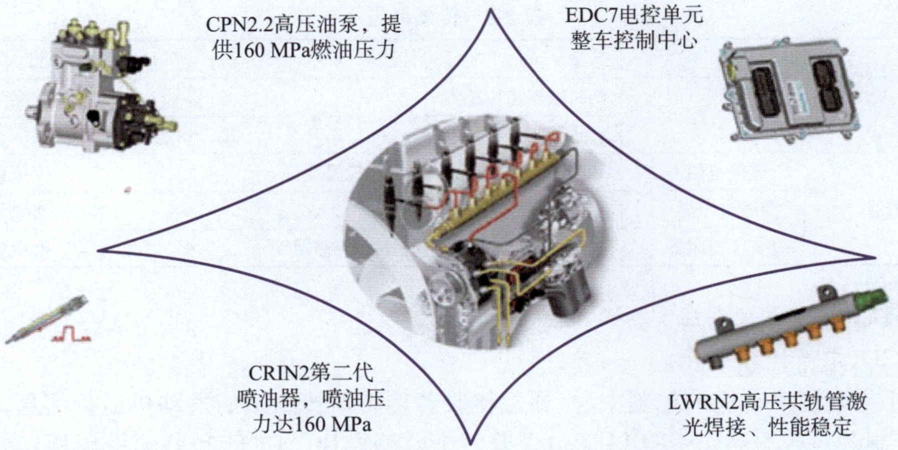

图 2-35 BOSCH 电控高压共轨系统构成

(二)BOSCH 电控高压共轨系统工作原理(图 2-36)

在共轨式蓄压器喷射系统中,压力的产生和燃油的喷射是完全脱开的。喷射压力的产生与发动机转速和喷油量毫不相干。

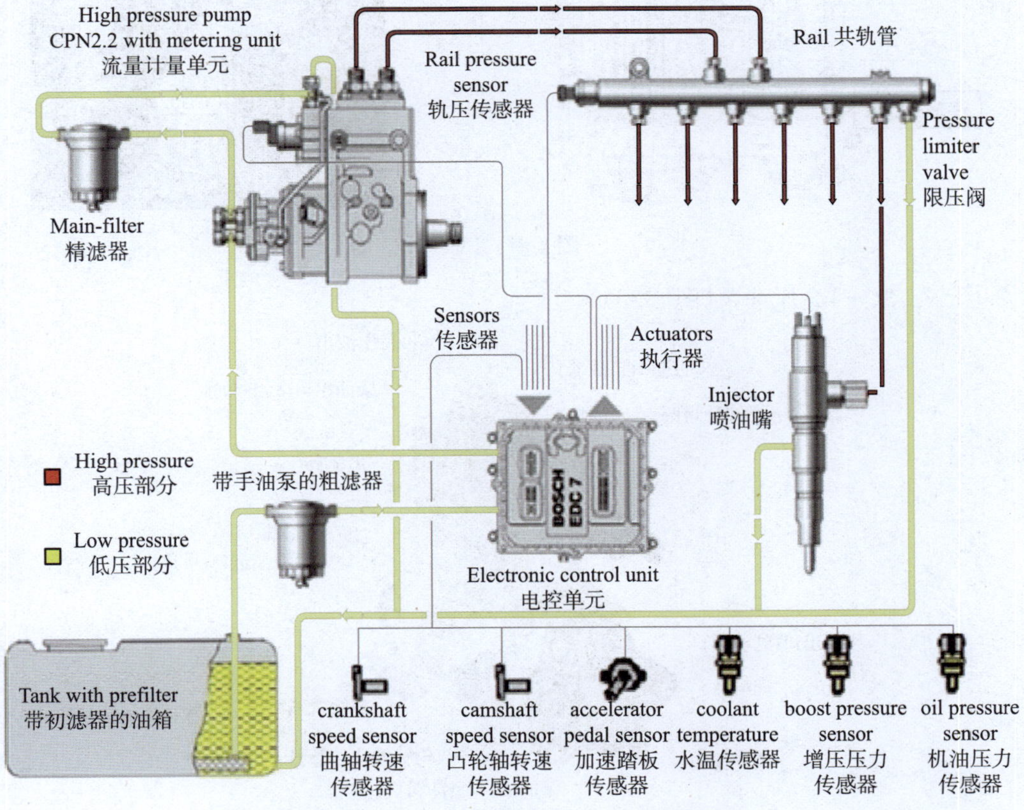

图 2-36 BOSCH 电控高压共轨系统工作原理

燃油以一定的压力储存在高压蓄压器(即所谓的“共轨”)内,时刻准备着进行喷射。喷油量由驾车人确定,喷射起点、喷射持续时间和喷射压力由 ECU(电子控制单元)计算出来。然后,ECU 触发电磁阀,使每一个气缸的喷油器(喷油单元)相应地进行喷射。传感器组成见表 2-5。

表 2-5　传感器组成

传感器类型		传感器	模拟量/数字量
磁电式		曲轴转速传感器	数字量
		凸轮相位传感器	数字量
变阻传感器	热敏电阻	水温、机油温、燃油温、进气温度等	模拟量
	滑线变阻器	加速踏板位置传感器	模拟量
	应变片变阻器	轨压、机油压力、进气压力传感器等	模拟量

(三)BOSCH 电控高压共轨系统主要部件

1. ECU(电子控制单元)

ECU 是电控发动机的控制中心,通过接收各传感器传送来的发动机运行信息,加以运算处理后控制各执行器动作。ECU 还包含着一个监测模块。ECU 和监测模块相互监测,如果发现故障,它们中的任何一个都可以独立于另一个而切断喷油。其中喷油器线束和传感器线束在发动机出厂时已经做好,如图 2-37 所示,整车厂需要根据整车功能的需要来做整车线束。

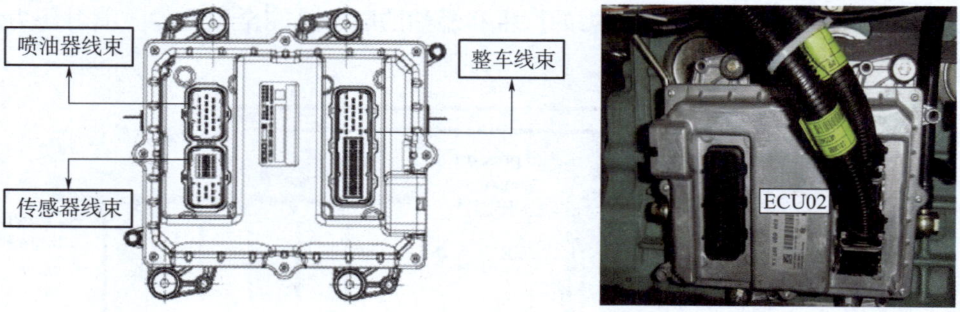

图 2-37　ECU

2. CPN2. 2(+)高压油泵(图 2-38)

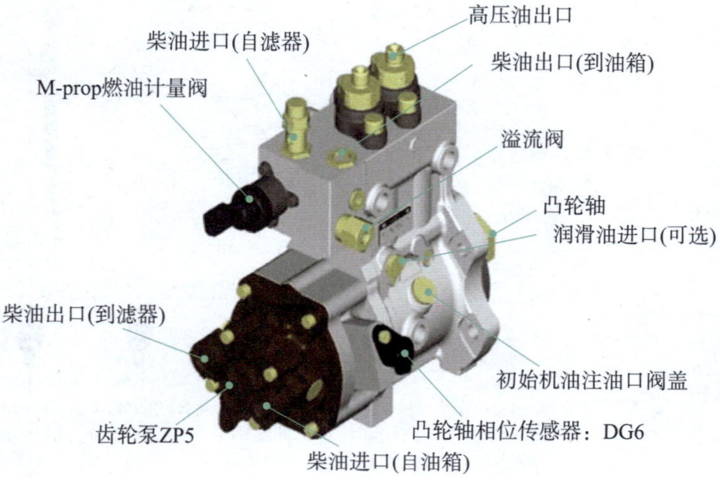

图 2-38　CPN2. 2(+)高压油泵

3. 燃油泵 ZP5(图 2-39)

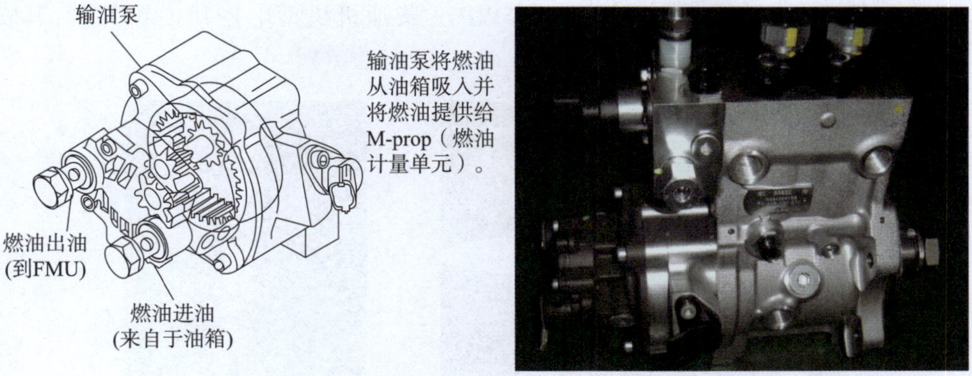

图 2-39　燃油泵

4. 共轨管

共轨管(图 2-40)存储高压,抑止因油泵供油和喷油而产生的波动。

图 2-40　共轨管

5. 燃油粗滤器

燃油粗滤器(图 2-41)带油水分离器,分离燃油中的水分。

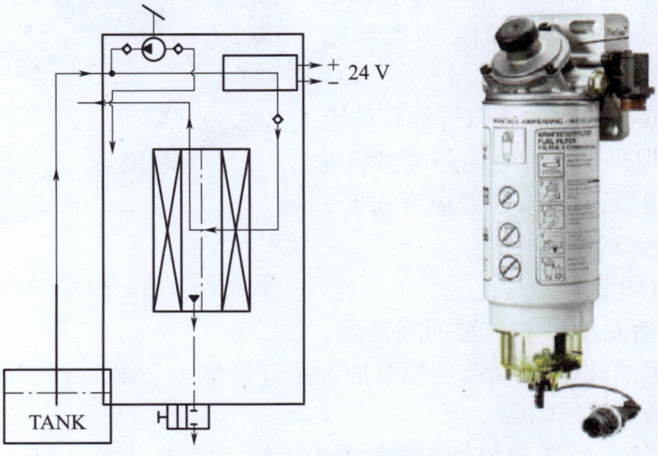

图 2-41　燃油粗滤器

6. 电控喷油器

电控喷油器的结构如图 2-42 所示。以 WP12 柴油机机型电控喷油器为例，其安装如图 2-43 所示。

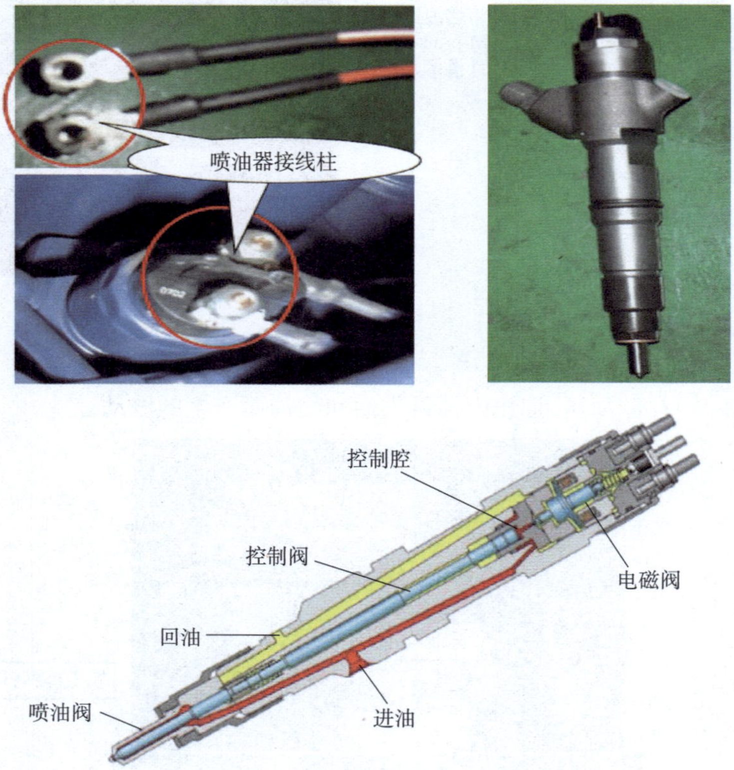

图 2-42　电控喷油器结构

电控喷油器的工作原理如图 2-44 所示。

电磁阀断电：球阀关闭。控制腔压力＋针阀弹簧压力＞针阀腔压力；针阀关闭，不喷射。

电磁阀通电：球阀开启，泄油孔泄油。控制腔压力＋针阀弹簧压力＜针阀腔压力；针阀抬起，喷射。

针阀抬起速度取决于泄油孔与进油孔的流量差；针阀关闭速度取决于进油孔流量；喷射响应＝电磁阀响应＋液力系统响应，一般应为 0.1～0.3 ms（喷油速率控制的要求）。

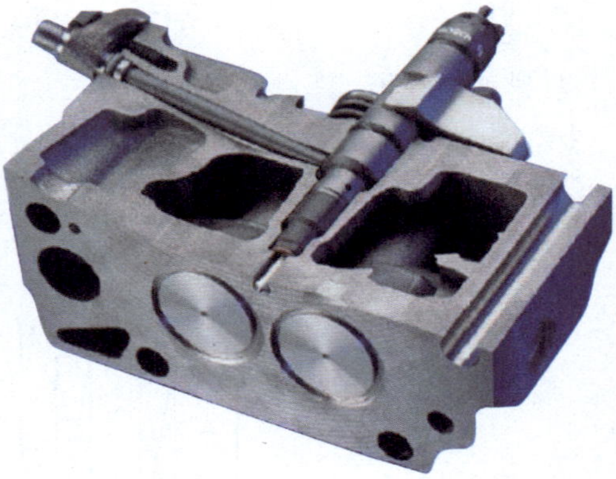

图 2-43　WP12 柴油机机型电控喷油器的安装

7. 喷油器线束（图 2-45）

喷油器线束包括发动机 6 个缸的喷油器，作用是定时定能地喷油，以及控制高压油泵的油量计量单元 ZME。控制高压油泵，与轨压传感器闭环控制。失效后系统响应：

(1)由于喷油器线束短路，断路造成喷油器不工作，发动机功率下降。

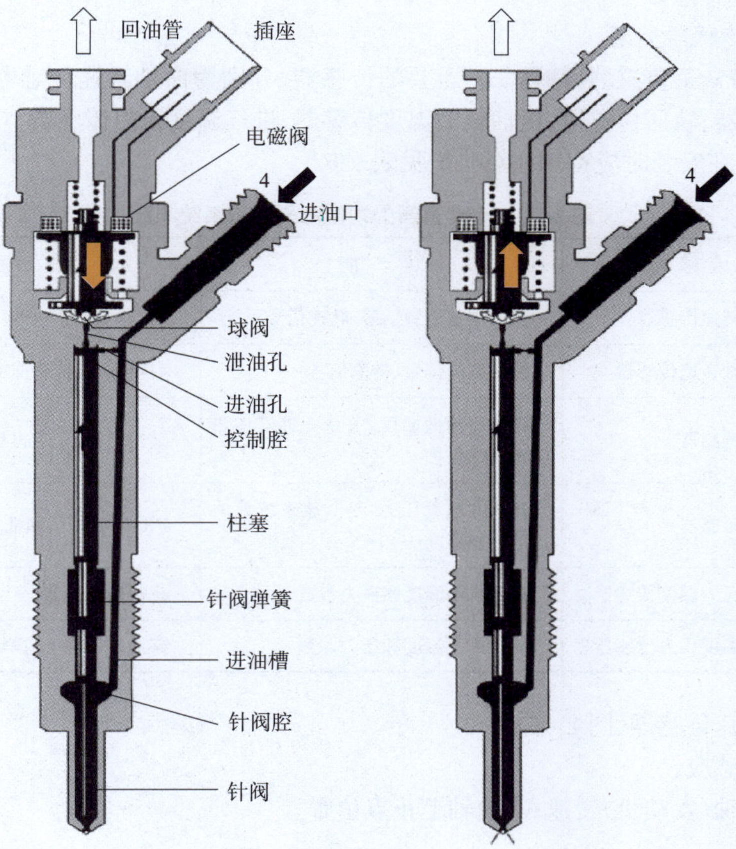

图 2-44　电控喷油器工作原理

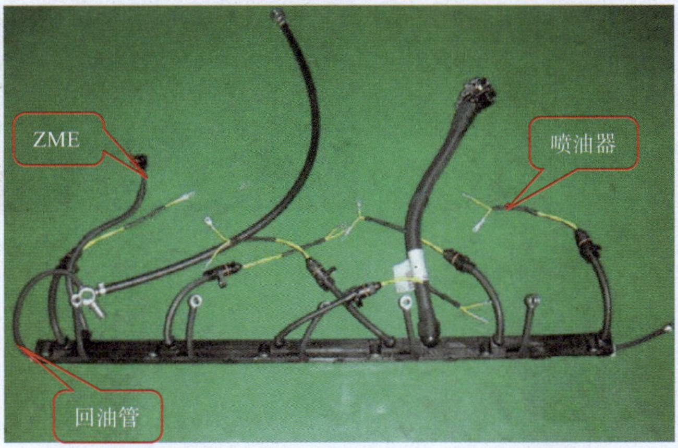

图 2-45　喷油器线束

(2)由于油嘴烧坏不能正常喷油，发动机功率不足，可能冒黑烟，跛行回家，发动机最高转速为 1 500 r/min。

（四）柴油机传感器

1. 柴油机传感器类型

柴油机自带 6 个传感器，都是非常重要的传感器，分别为曲轴转速传感器、凸轮轴转速传感器、水温传感器、轨压传感器、机油压力温度传感器、进气温度压力传感器。

6 个传感器在安装时应特别注意防护见表 2-6。

表 2-6　6 个传感器的功能和失效后系统响应

序号	传感器	功能	失效后系统响应
1	曲轴转速传感器	提供去油位置信号、转速信号	启动困难，冒白烟
2	凸轮轴转速传感器	提供判缸信号、转速信号	启动困难，跛行回家
3	水温传感器	提供冷却液温度，关系到进气加热状态与热保护	跛行回家，发动机最高到 1 500 r/min
4	轨压传感器	提供共轨管压力，是共轨系统最关键的传感器之一	PRV 阀打开，回油升温，跛行回家
5	机油压力温度传感器	提供机油温度和压力参数	机油压力报警
6	进气温度压力传感器	提供进气温度和压力参数	柴油机冒黑烟、白烟，跛行回家

（1）曲轴转速传感器（图 2-46）

原理：电磁感应。

功能：①曲轴（发动机）转速；②曲轴上止点位置。

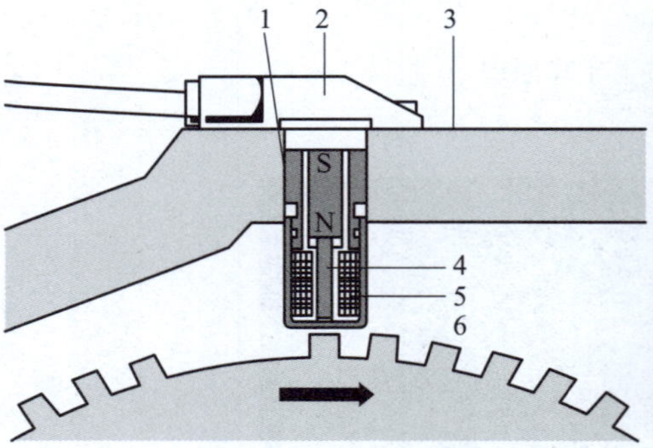

1—永磁铁；2—传感器壳体；3—发动机外盖；4—软铁芯；5—线圈；6—传感线圈。

图 2-46　曲轴转速传感器

（2）凸轮轴转速传感器（图 2-47）

原理：霍尔效应。

相位确定：凸轮轴上安装着一个用铁磁性材料制成的齿，它随着凸轮轴旋转。当这个齿经过凸轮轴传感器的半导体膜片时，它的磁场就会使半导体膜片中的电子以垂直于流过膜片的电流的方向发生偏转，产生一个短促的电压信号（霍尔电压），这个电压信号告诉 ECU，某 1 缸已经进入了压缩阶段。

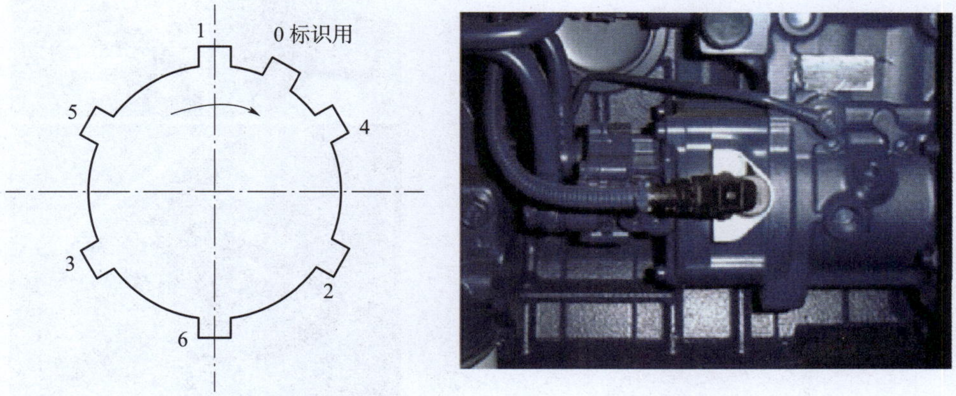

图 2-47 凸轮轴转速传感器

(3)水温传感器(图 2-48)

原理:高灵敏度 NTC(负温度系数热敏电阻)电阻阻值随温度下降而增大。

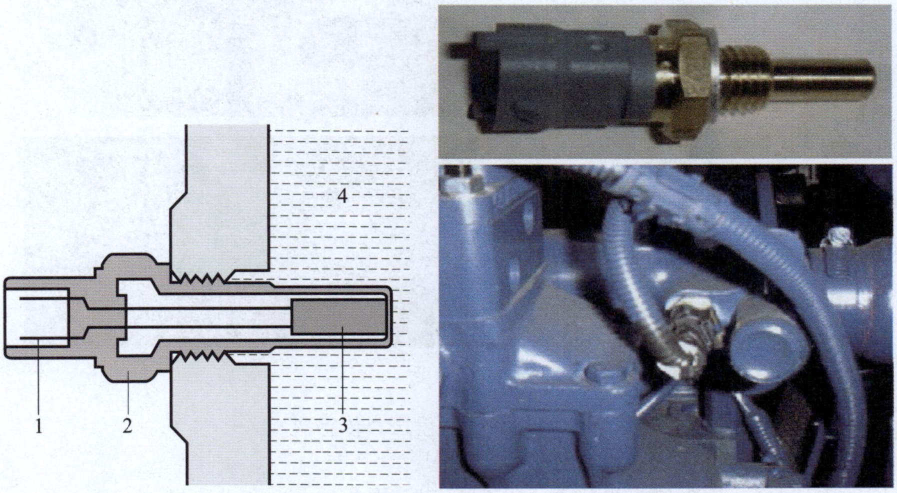

1—电子接头;2—壳体;3—NTC 电阻;4—冷却液。

图 2-48 水温传感器

(4)轨压传感器(图 2-49)

原理:传感器皮膜上的传感器元件将高压管道内的压力变化转化成电压信号输送到 ECU。

图 2-49 轨压传感器

(5)机油压力温度传感器(图 2-50)

功能:可同时检测机油及温度。

(6)进气温度压力传感器(图 2-51)

功能:可以检测进气压力和温度。

2. 发动机传感器线束(图 2-52)

发动机传感器线束包括 6 个传感器线束。

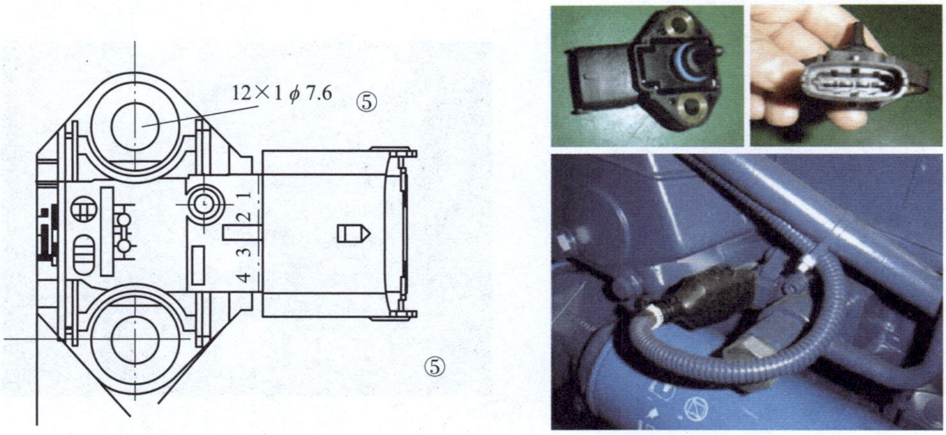

图 2-50　机油压力温度传感器

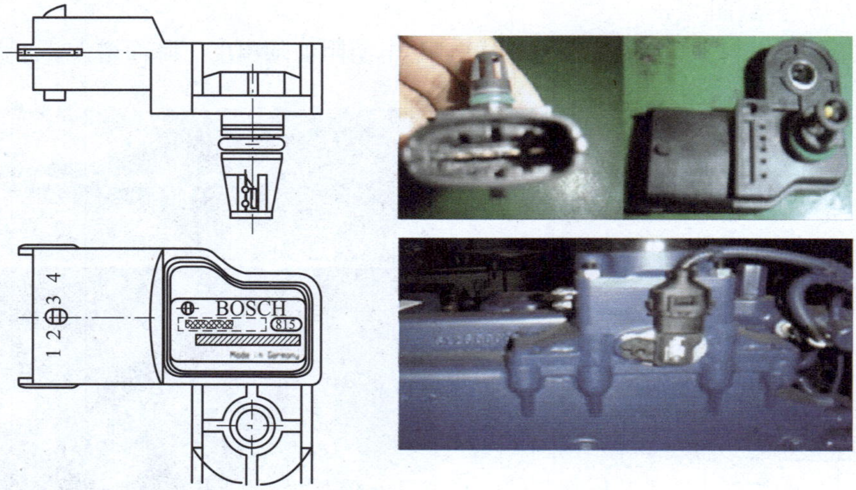

图 2-51　进气温度压力传感器

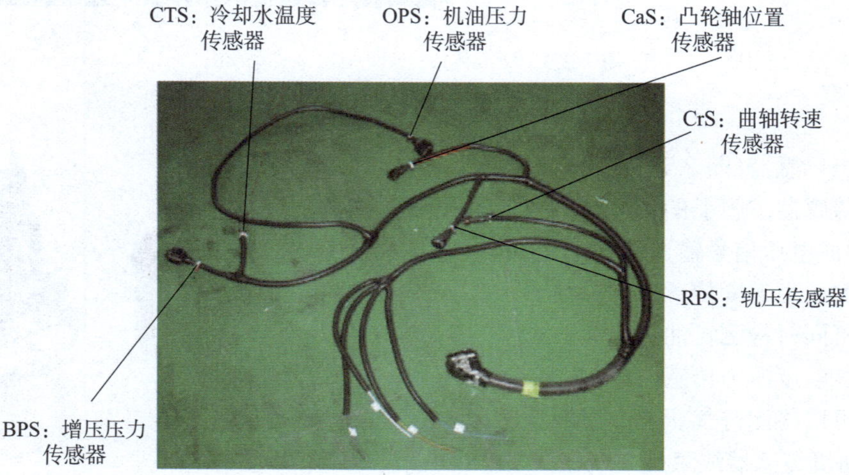

图 2-52　传感器线束

五、BOSCH电控高压共轨系统的优点

1. 喷油压力的产生过程与喷油过程相互独立；
2. 喷油始点和燃油喷射量的控制各自独立，可实现精确控制；
3. 最小稳定燃油喷射量极小，可以达到1 mm^3/次；
4. 喷油系统响应灵敏，能灵活方便地实现预喷及后喷；
5. 高压喷射改善了进气和燃油的混合及燃烧过程，降低了柴油机的排放；
6. 高压泵的驱动扭矩峰值小，机械噪声小；
7. 不必对柴油机结构进行重大改进即可替代传统的喷油系统。

第三章　传动系统

第一节　概　　述

传动系统是DPT型接触网作业车实现牵引、运行最主要的环节，主要由液力传动箱、传动轴、车轴齿轮箱、分动齿轮箱等组成，其动力传动路线如图3-1所示。

动力传动路径：发动机输出端→液力传动箱→二级减速齿轮箱→一级减速齿轮箱→车轮；

发动机自由端→分动箱→空气压缩机、液压油泵。

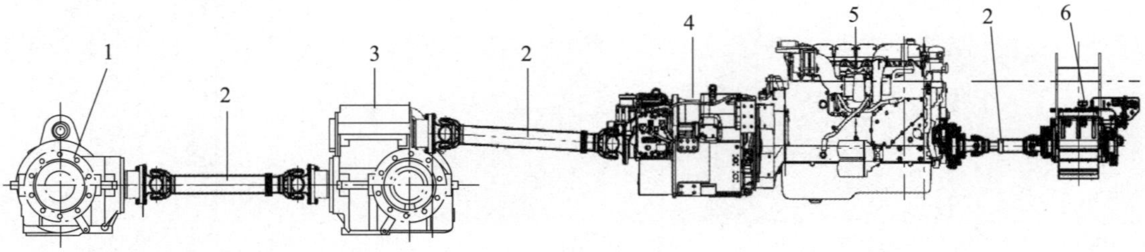

1—一级减速齿轮箱；2—传动轴；3—二级减速齿轮箱；4—液力传动箱；5—柴油机；6—分动齿轮箱。

图3-1　传动系统动力传动路线

第二节　液力传动箱

DPT型接触网作业车使用T211re.4型液力传动箱，是德国福伊特公司专门为铁路车辆设计的涡轮传动装置，是350 kW性能级别的轨道作业车专用传动箱。

一、T211re.4型液力传动箱的技术指标

（一）主要技术参数（表3-1）

表3-1　T211re.4型液力传动箱主要技术参数

序号	名　　称	单　　位	技术数据
1	柴油机功率	kW	350
2	型式：双循环圆（其一为高效的液力耦合器）、卧式、VTDC电子控制、循环圆冲排油换挡		
3	换挡及换向：自动换挡、手动液压换向		
4	传动箱输入功率 P	kW	312.1

续上表

序号	名称	单位	技术数据
5	传动箱输入转速 n_1	r/min	1 920
6	传动箱输出转速 n_2	r/min	2 898
7	最大输入扭矩	N·m	2 200
8	最大输出扭矩	N·m	6 100
9	输入轴转向:输入方向看为顺时针		
10	传动箱质量 m(不含传动油)	kg	840
11	油箱油量 V(不包含热交换器及其管路中的油量)	L	75
12	最大拖行速度	km/h	120
13	最高环境温度	℃	85
14	最高工作温度	℃	130

(二)特性参数(表 3-2)

表 3-2 T211re. 4 型液力传动箱特性参数

序号	名称	单位	技术数据
1	热交换器冷却功率 Q	kW	120. 16
2	传动油最高油温	℃	105
3	涡轮传动装置传动油出口温度	℃	110
4	传动油流量	L/s	3. 2
5	压力差 ΔP_{max}	MPa	0. 11
6	最大回油量	L	16

二、T211re. 4 型液力传动箱的特点

(一)命名规则

T211re. 4 型液力传动箱是铁路工程车辆专用设备,其命名规则如下:

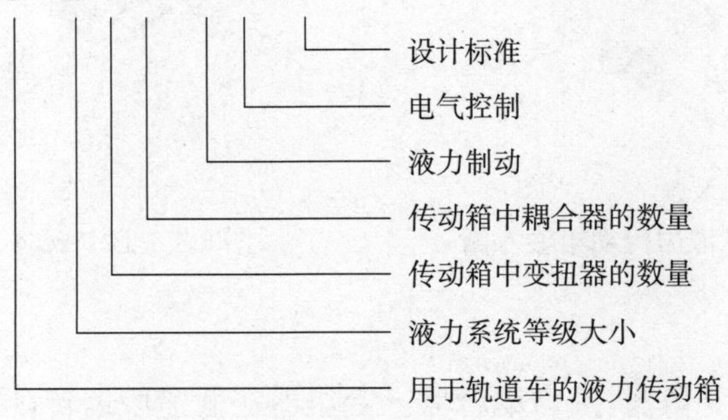

（二）主要特点

T211re. 4 型液力传动箱其输入功率可达 350 kW，采用全新的福伊特驱动控制器（VTDC）可以直接安装在传动箱上并录入运行数据。另外还具有监控诊断功能，液力制动可以通过联合制动的方式整合进入车辆制动系统以及性能的高可靠性。

三、T211re. 4 型液力传动箱的组成

（一）液力传动箱组成

T211re. 4 型液力传动箱由液力制动、液力变扭器、液力耦合器、换向机构、电气控制模块 VTIC 等部分组成，其外形如图 3-2 所示。

输入、输出侧分别如图 3-3、图 3-4 所示。

液力传动箱包括机械部分和液力部分组件，其结构如图 3-5 所示。

（二）机械组件

机械组件包括增速齿轮、扭转减振器、换向装置、齿轮变速器。传动箱输入轴直接与柴油机相连，通过一对增速齿轮将转速提升至液力元件的工作转速，变扭器和耦合器的泵轮都装在泵轮轴上，两者的涡轮都装在与传动箱输出相连的涡轮轴上，涡轮轴再通过一系列的机械齿轮最终驱动传动箱输出，通过换向离合器的作用，使传动链里机械齿轮的数量增减，实现换向。

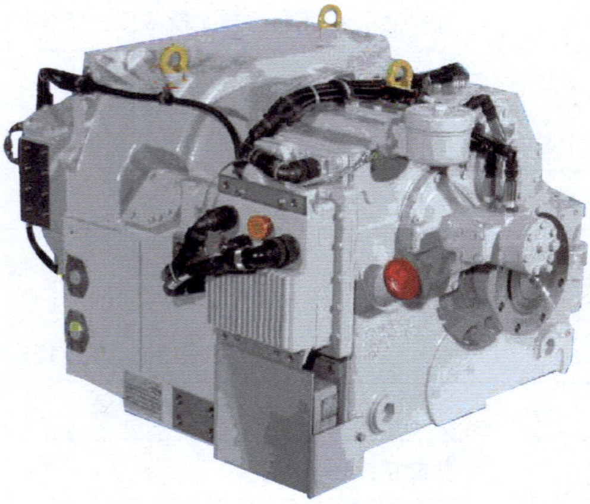

图 3-2　T211re. 4 型液力传动箱外形

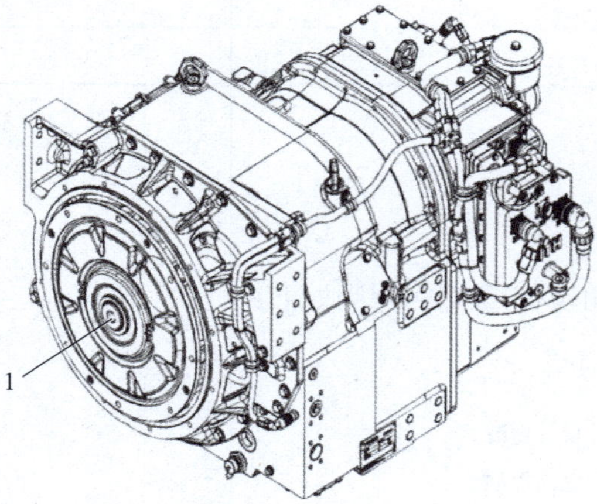

1—输入装置。

图 3-3　T211re. 4 型液力传动箱输入侧

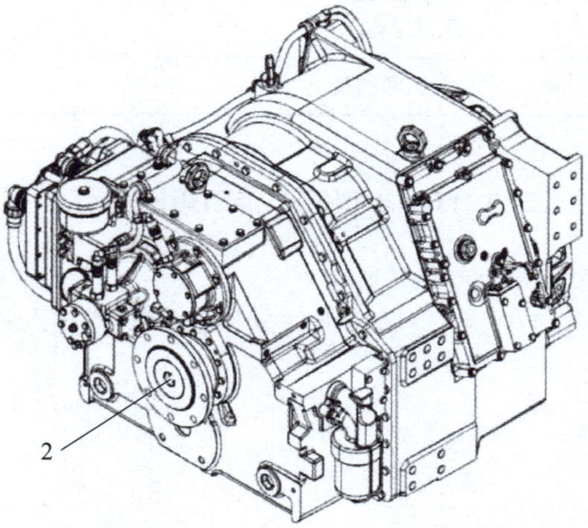

2—输出装置。

图 3-4　T211re. 4 型液力传动箱输出侧

（三）液力组件

液力组件包括液力变扭器、液力耦合器。变扭器在低速段运转，耦合器在高速段运转。

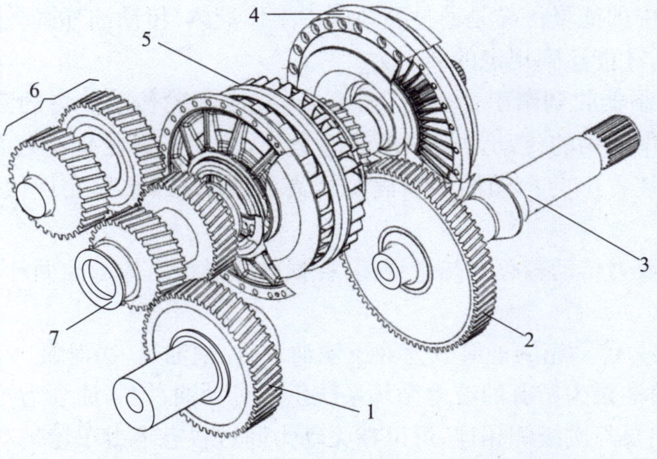

1—输出装置；2—增速齿轮；3—输入装置；4—液力耦合器；
5—液力变扭器；6—机械部件；7—换向装置的开关轴。

图 3-5　传动装置组件

增速齿轮用于将传动转速调整到所需泵轮轴的转速；扭转减振器在涡轮传动装置的输入侧，连接着柴油发动机，作用就是转移临界共振并减少动力系统的振动；换向装置用于更改涡轮传动装置中的旋转方向；齿轮变速器用于调整传动装置的从动轮转速。

传动装置控制器根据行驶速度和发动机负荷水平自动从一个液力循环切换到另一个。低速时传动油注入液力变扭器，高速时传动油注入液力耦合器，切换期间不会中断牵引力。

(四)液力传动箱剖面图

T211re. 4 型液力传动箱剖面图及结构示意如图 3-6 所示。

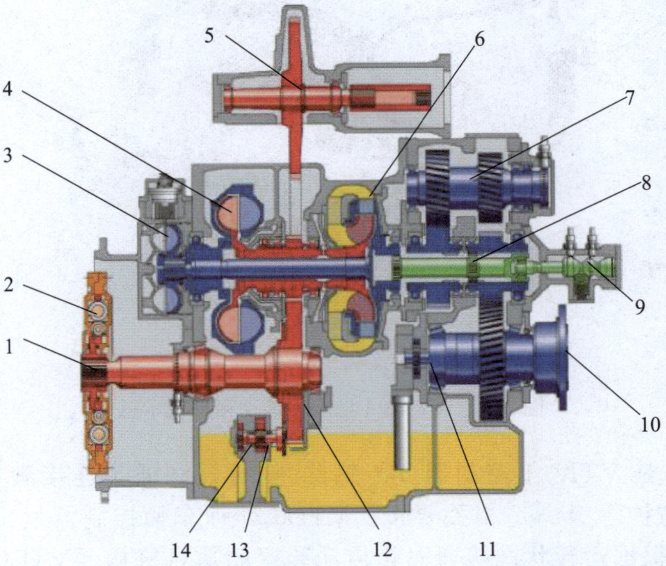

1—输入轴；2—弹性联轴节；3—液力制动器(选配)；4—液力耦合器；5—取力口(选配)；
6—液力变扭器；7—连接轴；8—滑动轴/换向轴；9—换向机构；10—输出轴；
11—二级润滑泵；12—增速齿轮；13—输油泵；14—控制油泵。

图 3-6　T211re. 4 型液力传动箱剖面示意

涡轮传动装置中的能量传导是通过循环圆中工作液体(传动油)的惯性力实现的。当传动油达到运行温度后,才能达到规定的牵引力。

当传动装置控制器收到牵引命令后,需要 1 s 注满涡轮传动装置的液力循环系统。

涡轮传动装置中使用的传动油除了传输能量外,还用于涡轮传动装置的润滑、冷却和控制。由于涡轮传动装置中的传动油必须满足极高的要求,因此只允许使用福伊特批准的传动油。

在牵引模式下液力传动箱存在热量损耗,耗损的热量经由传动油循环导出,通过传动油冷却装置进行冷却。

T211re. 4 型液力传动箱的油泵分为液压输油泵、控制油泵、润滑泵。其中输油泵、控制油泵与初级侧相连,输油泵为所有的液力循环系统供应传动油;控制油泵为控制油路和润滑系统供应传动油;润滑油泵与次级侧相连,可以在无动力回送状态下由车轮带动传动轴反向提供动力,为润滑系统供应传动油,因此长距离无动力回送时不需拆卸传动轴。

(五)液力传动箱电气组件

T211re. 4 型液力传动箱是一个电控的传动装置,传动箱液力元件的充油、传动箱转动方向的切换都由来自车辆控制系统的电信号,通过电液伺服阀完成。控制传动箱的主要部件是安装在传动箱上的集成化控制板 VTDC,以及有关的传感器、伺服阀和电缆连接。

T211re. 4 型液力传动箱使用了以下组件:传动装置控制器 VTDC、诊断端口 D-IF、传感器、执行器、接线、插头连接,如图 3-7 所示。

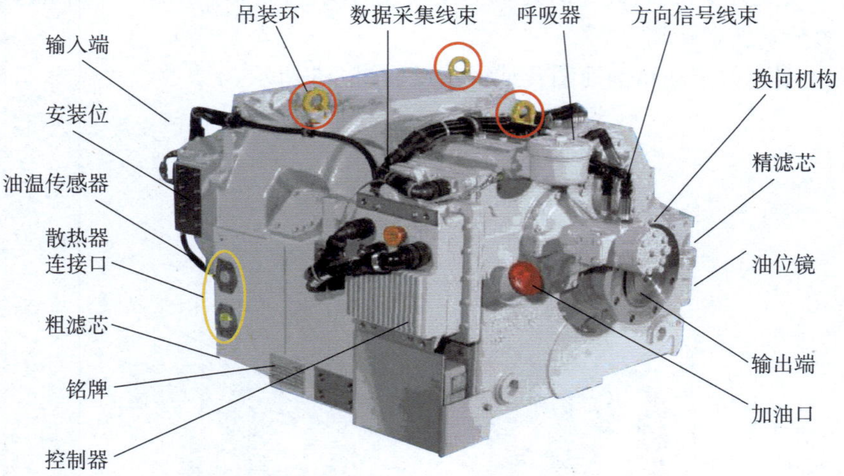

图 3-7　T211re. 4 型液力传动箱外观示意

VTDC 的硬件是 VTIC. 1 控制器。传感器、执行器和插头连接满足防护等级 IP67,其他电子组件的防护等级满足相关要求。VTDC 处理车辆控制器发出的命令以及传感器发出的信号,并根据运行状态接通涡轮传动装置的执行机构。VTDC 与车辆控制器间通过 CAN 总线进行沟通。VTDC 配有可永久保存诊断与运行数据的数据存储器。可通过电脑或者诊断与运行数据采集系统(VTBSwin),从诊断端口读取 VTDC 中的存储数据。

四、液力传动箱各组件的构造

(一)液力变扭器的构造

液力变扭器也叫变矩器,结构如图 3-8、图 3-9 所示,是由 3 个工作轮即泵轮、涡轮、导轮组成的液力元件。导轮位于泵轮和涡轮之间,并与泵轮和涡轮保持一定的轴向间隙,通过导轮固定套固定于液力变扭器壳体上,位于液力传动箱的输出侧。以传动油(ATF)为工作介质,起传递转矩、变矩、变速及离合的作用。

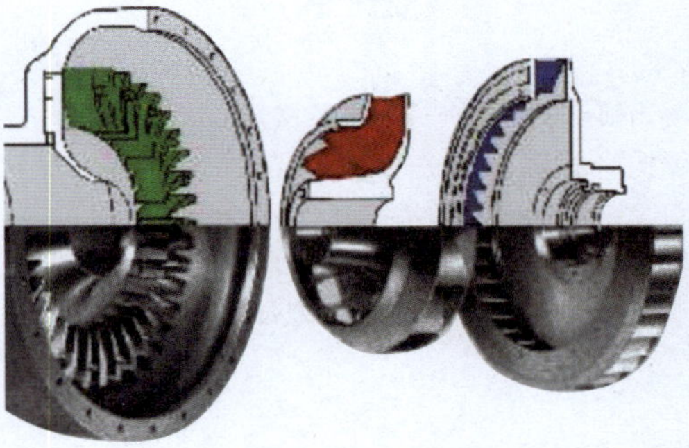

图 3-8　液力变扭器结构

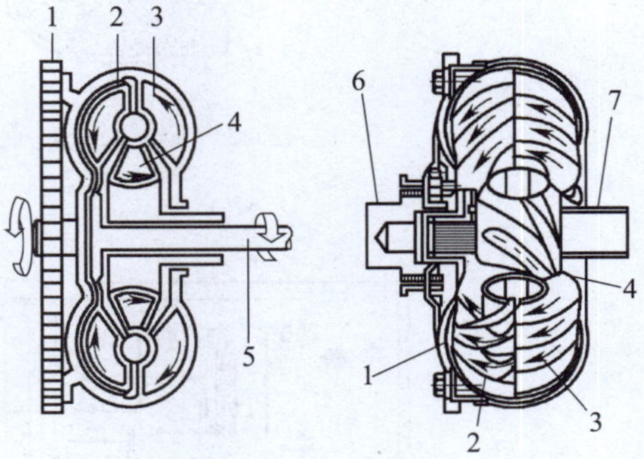

1—飞轮;2—涡轮;3—泵轮;4—导轮;
5—变矩器输出轴;6—曲轴;
7—导轮固定套。

图 3-9　液力变扭器构造示意

液力变扭器是以液体为工作介质的一种非刚性扭矩变换器,是液力传动的形式之一。

(二)液力耦合器的构造

液力耦合器是以液体为工作介质的一种非刚性联轴器,又称液力联轴器。液力耦合器由泵轮和涡轮组成,泵轮装在输入轴上,涡轮装在输出轴上,如图 3-10、图 3-11 所示。

(三)液力传动箱传感器

液力传动箱传感器较多,传感器就是实现对设备检测、诊断的元件,包括速度传感器、温度传感器、位置传感器等,为轨道作业车提供液力传动箱各种技术参数,通过这些参数,可以掌握设备的运行状态,确保设备的正常运行。

泵轮　　涡轮

图 3-10　液力耦合器结构

1. 速度传感器

速度传感器就是为轨道作业车提供液力传动箱转速参数,速度传感器安装于液力传动箱壳体外部,如图 3-12 所示。速度传感器的功能包括:柴油机启动先决条件、换挡点计算、耦合器效率计算、液力制动功率计算。

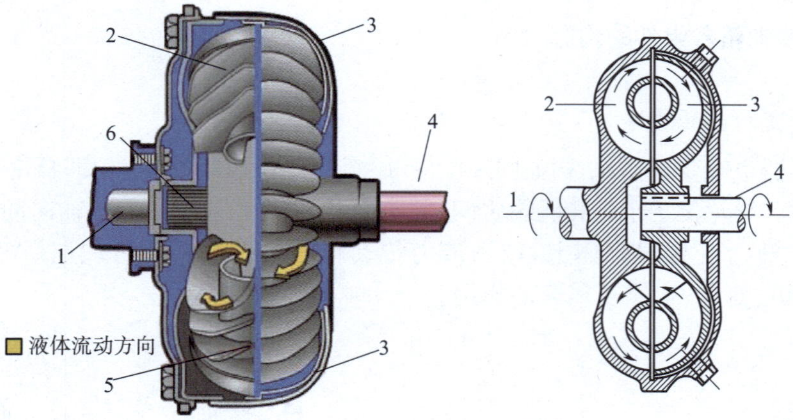

1—输入轴;2—泵轮叶轮;3—涡轮叶轮;4—输出轴;5—内环;6—导轮轴栓槽。

图 3-11　液力耦合器构造示意

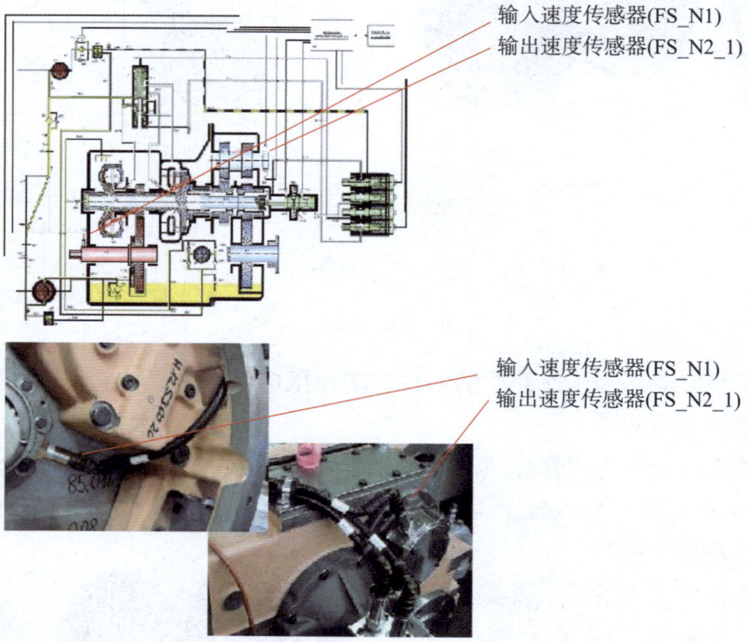

图 3-12　速度传感器

2. 温度传感器

温度传感器安装于连接散热器的出油口处,监视液力传动箱的液力传动油工作温度,对油温实时监测,为司机正确操控设备提供技术保障,如图 3-13 所示。温度传感器的功能包括:油温过热保护、油温实时监控。

3. 换向位置传感器

换向位置传感器安装于换向机构处,监视液力传动箱的输出轴的转动方向,以此确定机车运动方向,如图 3-14 所示。换向位置传感器的功能包括:换向机构换向位置检测、检测换向顶齿现象。

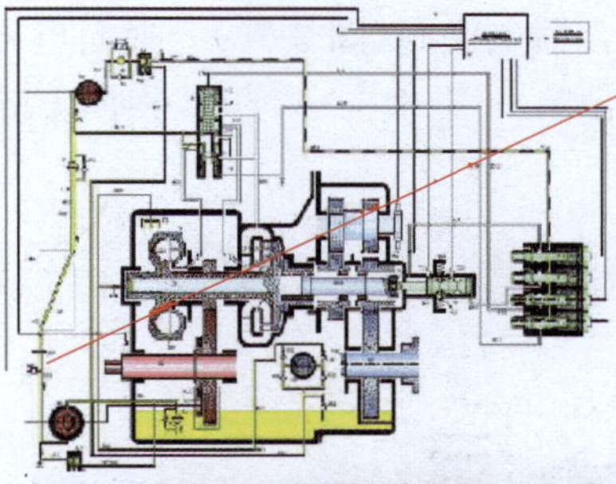

图 3-13　温度传感器

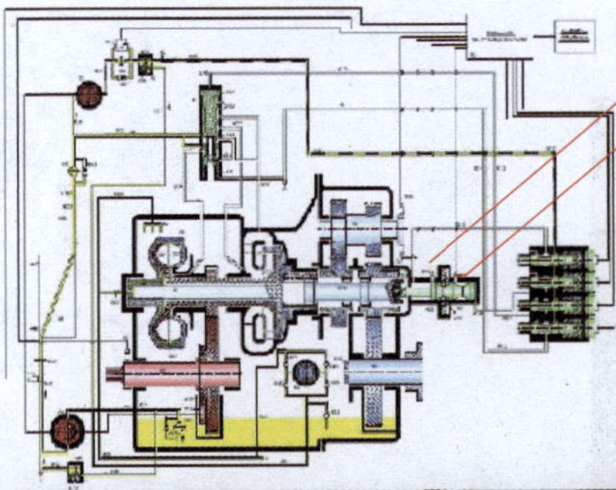

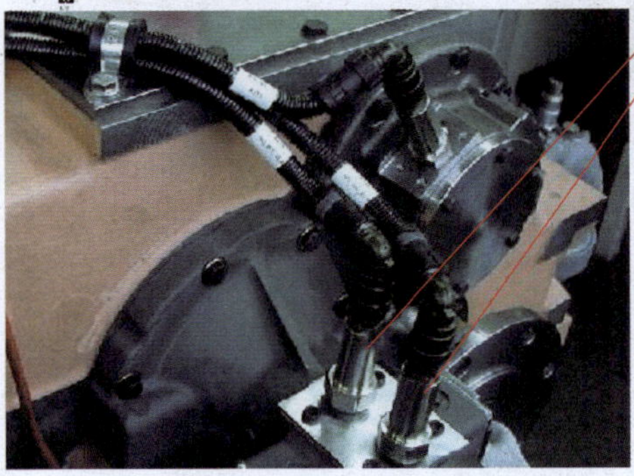

图 3-14　换向位置传感器

（四）电磁阀

电磁阀是控制电路中的执行元件，通过电磁阀的动作可实现对设备工作状态的转换。包括换向电磁阀（图 3-15）、变扭器电磁阀、耦合器电磁阀（图 3-16）。换向电磁阀的功能是换向。耦合器电磁阀的功能包括：变扭器工作、耦合器工作、换向 A 功能、换向 B 功能。

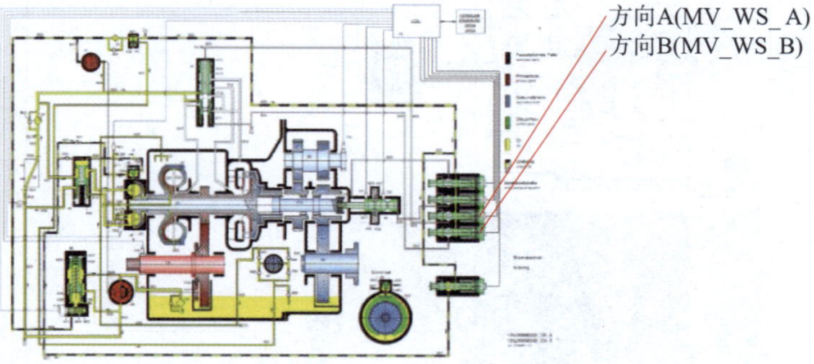

图 3-15　换向电磁阀

（五）电气控制模块

电气控制模块包括控制单元、诊断模块、诊断连接 RS-232、上载 VTIC 操作软件、CAN 诊断连接。

控制单元 VTIC. 1 安装在液力传动箱上，其工作温度为 −40～105 ℃、电压范围是 0～32 V、工作电压范围是 16. 8～32 V。控制单元接口面板接口如图 3-17 所示。

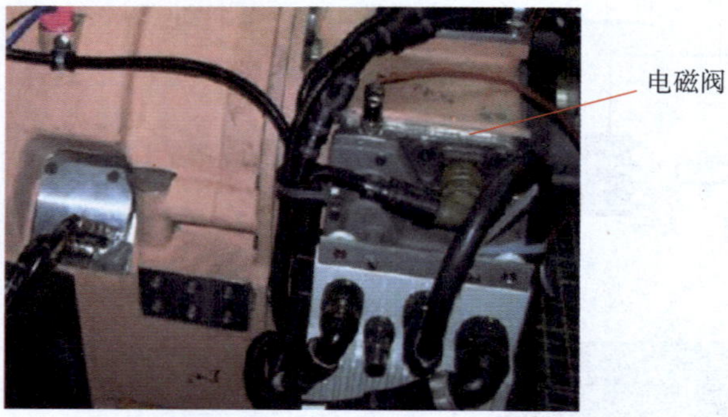

图 3-16　耦合器电磁阀

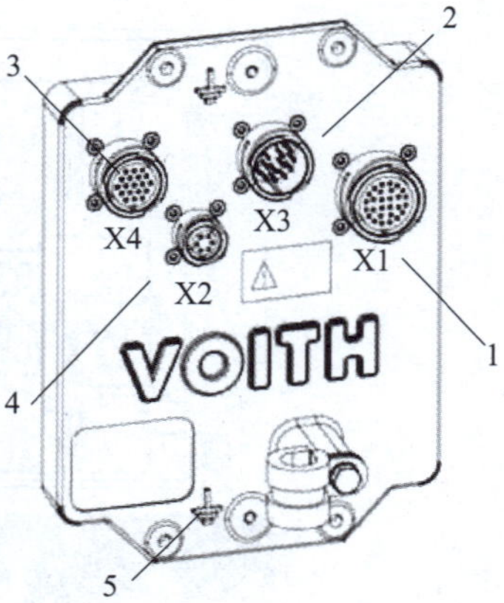

1—X1 传感器接口；2—X3 车控接口（车控系统电缆）；3—X4 控制阀接口；4—X2 CAN-Bus 总线接口；5—接地螺钉。

图 3-17　控制单元接口面板示意

诊断模块安装在车辆的电气柜中，工作环境温度为 −40～70 ℃。RS-232 诊断连接用于读取液力传动箱工作参数并从 VTIC 控制单元中获得诊断信息。CAN 诊断连接用于监控 CAN-Bus 数据。诊断模块如图 3-18 所示。

诊断模块接口面板如图 3-19 所示。

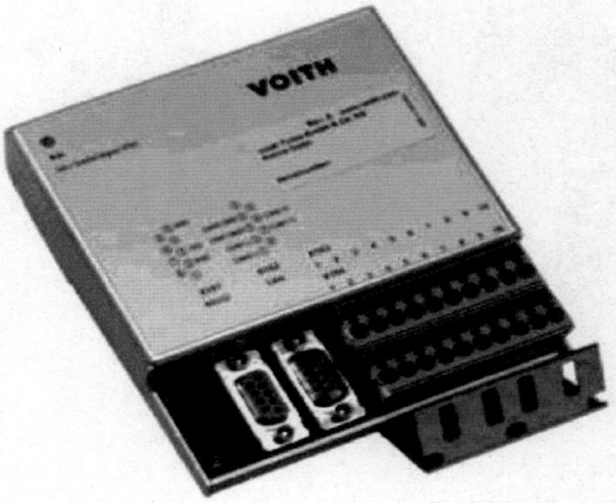

图 3-18 诊断模块示意

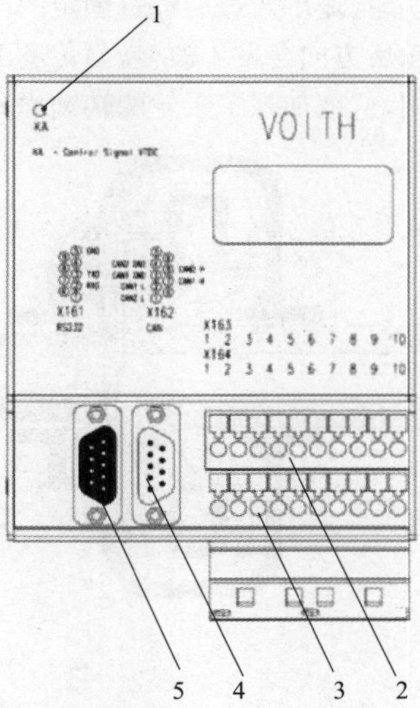

1—熔断器管；2，3—X163/X164VTIC 终端接口；
4—X162 诊断接口 CAN；5—X161 诊断接口 RS-232。

图 3-19 诊断模块接口面板示意

诊断模块故障信息报文对照见表 3-3。

表 3-3 诊断模块故障信息报文对照

项目	状态信号	功能状态
1	快闪(0.2 s)并长停顿(2 s)	功能正常
2	长闪(2 s)并快停顿(0.2 s)	功能错误
3	闪停交替等时长(1 s)	控制单元软件需要下载或更新，否则不适用
4	连续闪	控制模块功能失效

五、液力传动箱的工作原理

(一)变扭器的作用

变扭器是液力传动箱的主要动力传动设备之一，其作用如下：

1. 充当离合器的作用。当发动机怠速运行时，变扭器在发动机和变速箱之间充当一个断开连接(未接合)的离合器。

2. 增扭矩作用。当需要时，按高泵轮转速/低涡轮转速来倍增扭矩以提供一个更大的启动或驱动扭矩。

另外，变扭器起到飞轮的作用，使发动机转动平稳；还具有缓冲发动机及传动系的扭转振动、驱动液压控制的油泵、将发动机输出功率 100％传递给变速器从而提高发动机燃油经济性并降低变速器温度等作用。

(二)变扭器的工作过程

发动机飞轮带动泵轮(输入)开始转动，泵轮带动了液力变扭器内的传动油转动；传动油转动带动涡轮(输出),最后经过固定的导轮叶片,再次回到泵轮完成循环。变扭器传动油从涡轮流入导轮后方向会发生改变,当传动油经过涡轮再流回到泵轮时,其流动方向变得与泵轮运动方向相同,这就加强了泵轮的转动力矩,进而也就增大了输出扭矩,如图 3-20 所示。

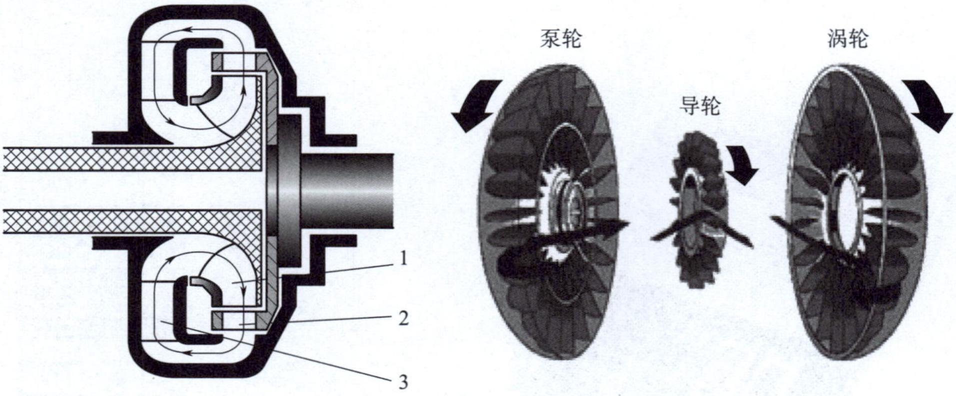

1—泵轮;2—涡轮;3—导轮。

图 3-20 变扭器工作过程

柴油发动机以增速齿轮驱动泵轮,柴油发动机的机械能转换成传动油的流动能量;涡轮通过减缓传动油速度和改变传动油方向吸收流动能量并再转换成机械能;导轮的作用是,无论涡轮流出方向如何,始终保持理想的泵轮流入方向。导轮吸收泵轮与涡轮间的扭矩差,并以这种方式实现扭矩转换。

涡轮上产生的扭矩取决于体积流量、传动油偏转角度和速度。涡轮力矩在涡轮停止时最大并随着涡轮转速的增加而降低。泵轮的输入功率受各自涡轮转速影响则很小。

(三)变扭器的动力传递过程

发动机带动泵轮旋转,使传动油具有一定的速度,传动油冲击涡轮,使涡轮旋转,涡轮驱动车轮旋转,如图 3-21 所示。

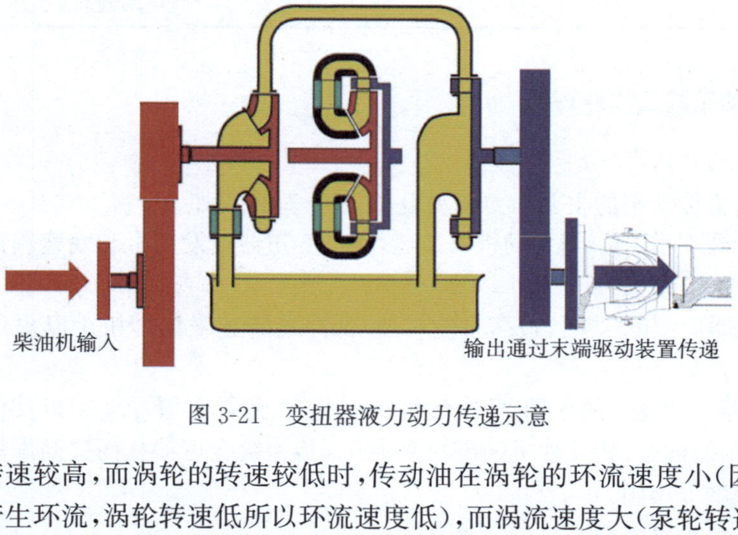

图 3-21 变扭器液力动力传递示意

当泵轮的转速较高,而涡轮的转速较低时,传动油在涡轮的环流速度小(因传动油随涡轮绕轴线旋转而产生环流,涡轮转速低所以环流速度低),而涡流速度大(泵轮转速较大于涡轮转速,因泵轮外缘处压力较大于涡轮外缘处压力,所以涡流速度大),传动油由涡轮叶片内缘流出后，合成液流的方向冲击导轮叶片的正面(凹面)，力图使导轮逆时针旋转，因为单向离合器对导轮的逆时针旋转有锁止作为，即导轮不能相对于固定套管做逆时针的旋转，导轮给传动油的反作用力矩再次作用于涡轮上，使涡轮的输出转矩增大，同时传动油经导轮叶片导向后，朝着有利于泵轮叶片旋转方向进入泵轮。所以，涡轮的输出转矩(简称涡轮转矩)等于泵轮通过涡流对涡轮的转矩(简称泵轮转矩)加上导轮对油液的反作用力再次对涡轮的转矩(简称导轮转矩)。随着涡轮转速的提高，涡轮内传动油的环流速度的升高，合成液流的方向进一步向环流方向倾斜，导轮对油液的反作用力矩减小，涡轮的输出转矩降低，但输出转矩仍大于输入转矩。

(四)液力耦合器的作用和特点

液力耦合器的作用：实现动力传递的非刚性连接。

液力耦合器的特点：

1. 能消除冲击和振动。传动油在流动过程中不存在机械冲击和摩擦。

2. 输出转速低于输入转速，两轴的转速差随载荷的增大而增加。因为两轴的传递介质为传动油，扭矩传递为非刚性的，造成输出转速低于输入转速，而且负载越大转速差越大。

3. 过载保护性能和启动性能好，载荷过大而停转时输入轴仍可转动，不致造成动力机的损坏。

4. 当载荷减小时，输出轴转速增加直到接近于输入轴的转速，使传递扭矩趋于零。

5. 一般液力耦合器正常工况的转速比在 0.95 以上时可获得较高的效率。

(五)液力耦合器的工作过程

液力耦合器的泵轮和涡轮组成一个可使传动油循环流动的密闭工作腔，泵轮装在输入轴上，涡轮装在输出轴上。

1. 液力耦合器的动力传递过程

当发动机运转时，发动机飞轮带动液力耦合器的壳体和泵轮同时转动，泵轮叶片内的传动油在泵轮的带动下旋转，在离心力的作用下，传动油被甩向泵轮叶片外缘处，并在外缘处冲向涡轮叶片，使涡轮在液压冲击力的作用下旋转；冲向涡轮叶片的传动油沿涡轮叶片向内缘流动，返回到泵轮内缘的传动油，又被泵轮再次甩向外缘。传动油就这样从泵轮流向涡轮，再从涡轮返回到泵轮而形成循环的液流。

由于在液力耦合器内只有泵轮和涡轮两个工作轮，液压油在循环流动的过程中，除了受泵轮和涡轮之间的作用力之外，没有受到其他任何附加的外力。

2. 液力耦合器的能量传递过程

液力耦合器中的循环传动油，在从泵轮叶片内缘流向外缘的过程中，泵轮对其做功，其速度和动能逐渐增大；而在从涡轮叶片外缘流向内缘的过程中，传动油对涡轮做功，其速度和动能逐渐减小。液力耦合器要实现传动，必须在泵轮和涡轮之间有油液的循环流动。而油液循环流动的产生，是由于泵轮和涡轮之间存在着转速差，使两轮叶片外缘处产生压力差所致。如果泵轮和涡轮的转速相等，则液力耦合器不起传动作用。因此，液力耦合器工作时，发动机的动能通过泵轮传给传动油，传动油在循环流动的过程中又将动能传给涡轮输出。

3. 液力耦合器扭矩传递

液力耦合器靠传动油与泵轮、涡轮的叶片相互作用产生动量矩的变化来传递扭矩。它的输出扭矩等于输入扭矩减去摩擦力矩，所以它的输出扭矩恒小于输入扭矩。液力耦合器输入轴与输出轴间靠液体联系，工作构件间不存在刚性连接。如图 3-22 所示。

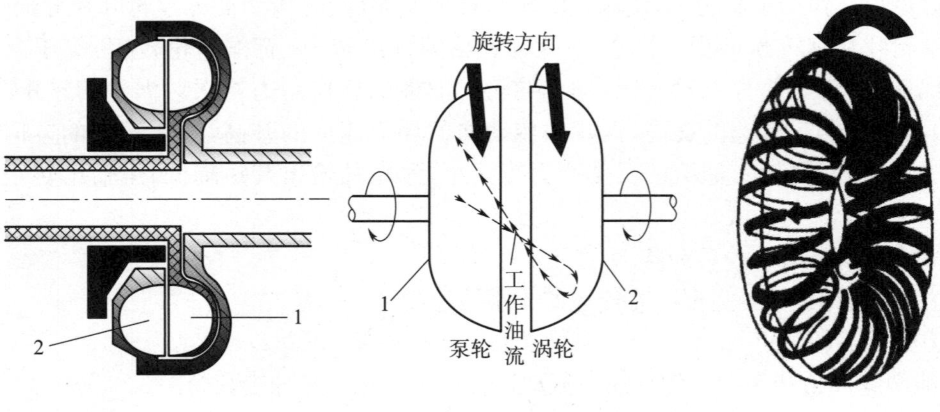

1—泵轮；2—涡轮。

图 3-22　液力耦合器工作过程

液力耦合器泵轮力矩和涡轮力矩是相同的，其牵引特性如图 3-23 所示。

(六)液力传动箱的动力传输路径

液力传动箱吸收柴油发动机传递的动力，由输入轴输入转速，并根据运行状态将相应的输出转速传递到传动箱输出轴上。

柴油发动机的扭矩通过扭转减振器传给液力传动箱的输入轴；输入轴上的齿轮通过增速齿轮将扭矩传递给液力传递装置的泵轮轴，泵轮轴上固定有变扭器的泵轮、液力耦合器的泵轮；变扭器或液力耦合器充油时涡轮上出现的扭矩，通过输出轴传递给从动装置，输出轴上固定有变扭器的涡轮、液力耦合器的涡轮；由输出法兰输出。

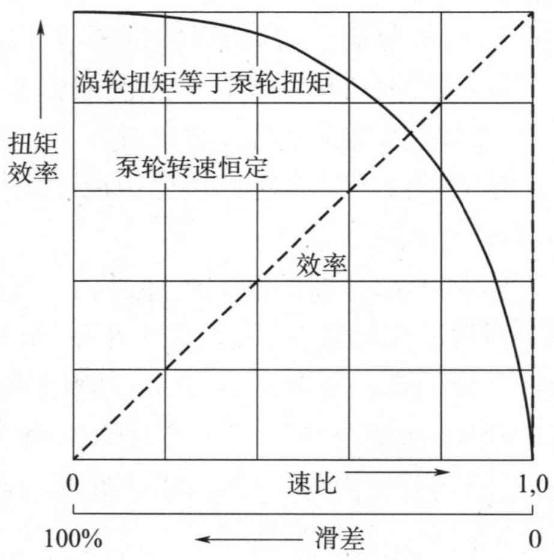

图 3-23　液力耦合器牵引特性

输出法兰的旋转方向取决于换向装置中滑动轴的位置。旋转方向 A：输出旋转方向与输入旋转方向相同；旋转方向 B：输出旋转方向与输入旋转方向相反。

(七)换向装置

液力传动箱有一个机械换向装置，通过换向油缸带动的换向轴外齿与换向齿轮内齿啮合，实现传递齿轮的切换，使传动链里的齿轮数量增减，实现传动箱输出转向的变化。

换向装置由一个液压换向油缸和配套的滑动轴所组成。传动箱的换向只能在车辆静止时进行。

根据所选旋转方向，换向油缸将所需齿轮啮合，机械能可以传递到输出轴上，换向动力输出传递路线如图 3-24 所示。

换向控制位置示意如图 3-25 所示，换向装置由传动装置控制器进行电子监控。换向过程中出现的各种运行状态都由不同的传感器进行监测。

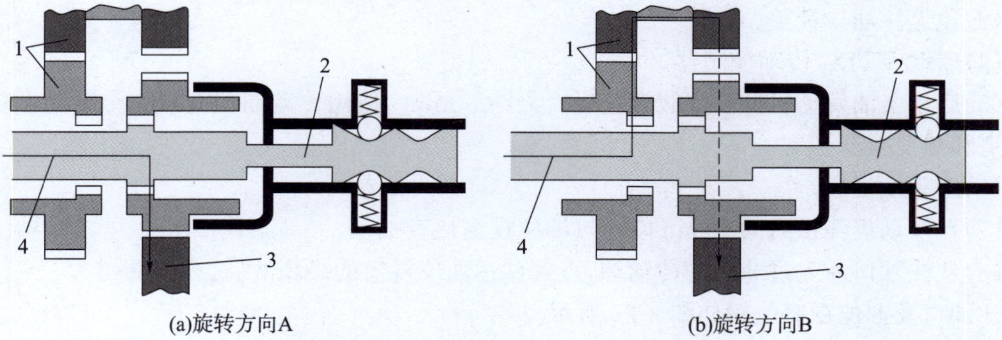

1—啮合的齿轮;2—带滑动轴的换向油缸;3—输出轴上的齿轮;4—动力传输路径。

图 3-24　换向装置

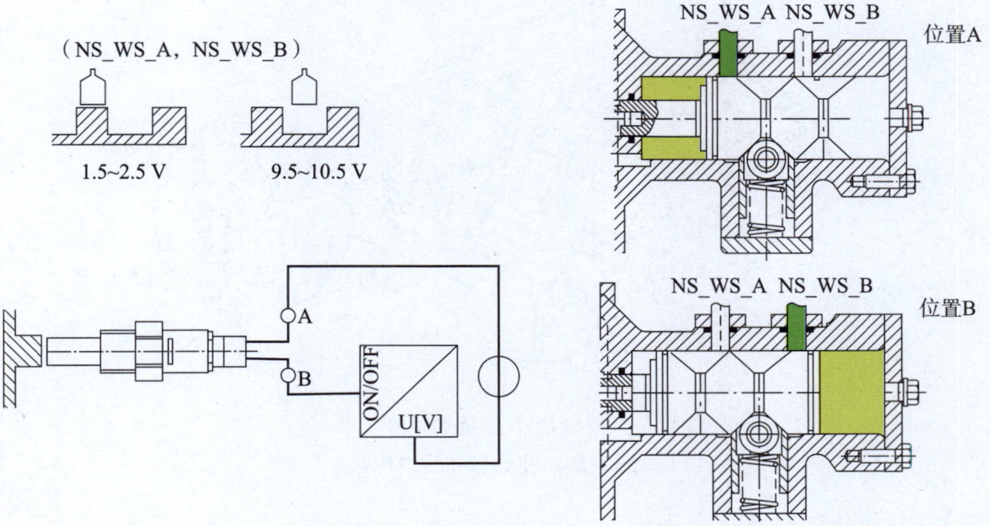

图 3-25　换向控制位置示意

六、液力传动箱的操作

(一)液力传动箱操作前的准备

1. 投入使用前的检查

启动发动机之前应对液力传动箱进行全面检查,确认传动箱传动油的油量符合规定数量,正常量为 75 L,传动油有无乳化、变质现象,连接电缆良好,操作屏显示状态正常。当发现异常时应及时采取措施,在故障未处理之前,应避免液力传动装置运行。

检查油位时应在平坦轨道上进行。不得在发动机长时间停机后、运行中及车辆行进中直接查看油位。

2. 第一次加油的油位检查

检查程序:

(1)打开注油口锁盖。

(2)从注油口注入过滤后的传动油 75 L。油位高于油位视窗玻璃最高位置若干厘米。加注前应对传动油进行过滤,过滤标准应符合 ISO 4406:2021 标准,将传动油过滤到 17/15/11 级纯度。

(3)盖上注油口锁盖。

(4)启动 VTDC 传动控制器。

(5)启动柴油发动机并以空载转速运行大约 3 min。使用传动油填充液力传动箱循环、外部管道和热交换器。

(6)停止发动机。

(7)在发动机停机后的 2 min 内通过油位视窗检查油位。

(8)从注油口注入过滤后的传动油,直到到达油位视窗的最高液位。

注油口及油位视窗位置如图 3-26 所示。

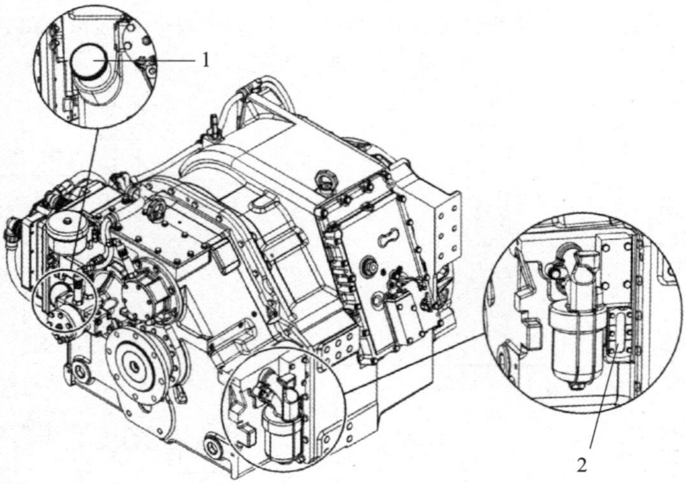

1—注油口;2—油位视窗。

图 3-26　注油口和油位视窗

(二)运行操作过程

1. 启动的前提条件

液力传动箱启动时应处于停车状态,且处于空载工况,没有牵引或制动指令。

2. 启动及运行

启动发动机后,注意观察 VTDC 控制 DMI 显示情况,确认系统工作正常后,操作换向控制开关,发出所需移动的方向指令(A 或 B 方向),再操作控制手柄发出牵引指令和充油指令(牵引和使能信号),即使液力传动箱处于“牵引模式”。传动箱必须选择和连接到某一个旋转方向。此时没有发生车轮滑移现象(车控系统没有发出快速脱离信号)。

液力传动箱得到安全牵引信号,其牵引控制程序才会启动。“使能信号”和“CAN:牵引”是安全信号,VTIC 可以打开控制阀并发出牵引信号(仅在以上两个信号处于激活状态时)。液力传动指令示意如图 3-27 所示。

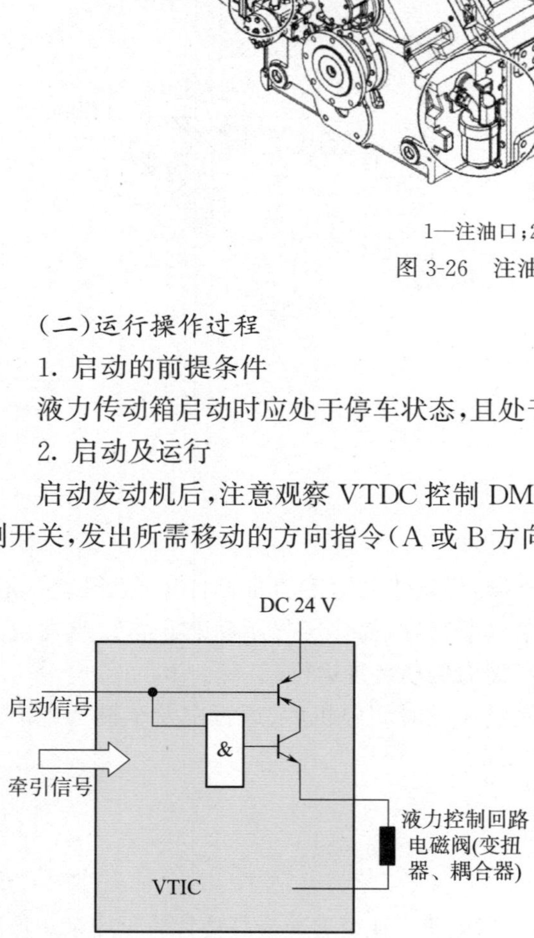

图 3-27　液力传动指令示意

“使能信号”和“牵引信号”必须是独立的且同时存在的信号。VTIC 每 4 000 ms 会发出一次检测信号。脉冲信号如图 3-28 所示。

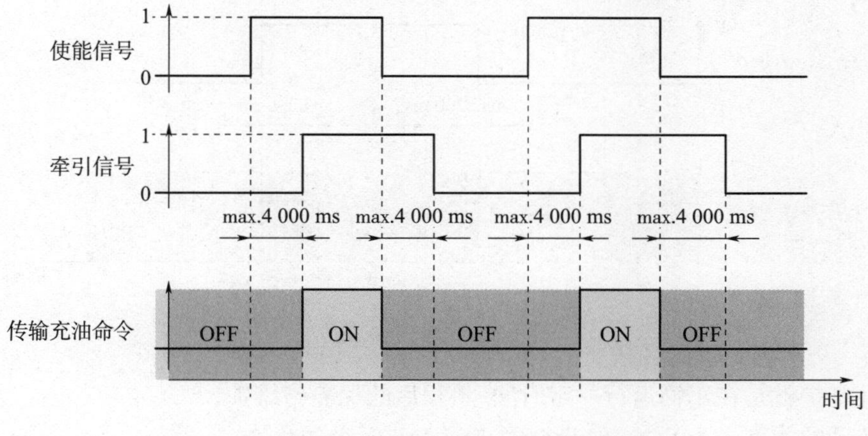

图 3-28 液力传动指令脉冲信号示意

当充油指令取消，变扭器或耦合器工作状态下没有得到正确的牵引信号，液力传动箱开始排油。

3. 工作模式（惰性模式、怠速模式）

在惰性模式状态下，液力传动箱处于排油状态，排除传动箱的循环传动油。

4. 工作工况切换

当工作工况由工作模式（惰性模式）切换到牵引模式，下达牵引指令，液力传动箱自动打开，根据车辆的行驶速度，液力传动箱自动给正确的循环充油，当发生车辆打滑时会自动干预，快速降低牵引力，同时向上换挡机构被锁止，限制液力传动箱切换到高速挡。

当取消牵引指令，液力传动箱由牵引模式切换到工作模式（惰性运行），液力传动箱排空传动油，发动机处于怠速状态。

当液力传动箱处于工作模式时，液力传动箱输入转速不大于 1 500 r/min，且在 1 500 r/min 时连续运行不得超过 2 min，运行速度不得超过车辆最高许可速度的 50%。

5. 行驶模式

当接触网作业车准备反方向运行时，应进行换向操作。

VTIC 和传动箱具备了换向的先决条件：没有牵引信号发出（“enable signal”＝0 and “Traction”＝0）；没有 notch 信号发出（手柄位信号＝0/中位）；传动箱输出端法兰不旋转（停车状态）；发动机转速低于 1 100 r/min（惰转速度）。

此时下达行驶方向的操作指令（图 3-29），液力传动箱行驶模式准备就绪。如果在切换到行驶模式之前已经下达了牵引指令，需要再一次重新下达牵引指令。

VTIC 每隔 200 ms 会发出一次检测信号，A 向和 B 向信号不能被同时触发。

七、液力传动箱的维护与保养

液力传动箱维护分为日常维护和周期维护。

日常维护就是在每次使用前的检查，检查传动油的油位、油质、油量。

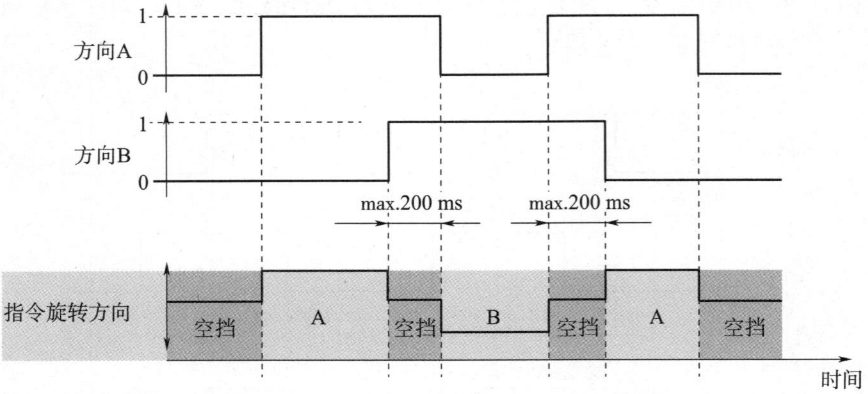

图 3-29　行驶模式指令

周期性维护就是在车辆运行一定时间、里程后的保养与维护。

液力传动油的牌号为 SGL18,为德国 ADDINOL 公司生产。

第三节　分动齿轮箱

DPT 型接触网作业车分动齿轮箱工作方式,为通过与发动机自由端相连的传动轴接收发动机的输出动力,分动箱的输入轴通过齿轮传动带动其他两根轴工作。分动齿轮箱可分出多个取力口来带动不同的机构。

一、分动齿轮箱的结构特点

DPT 型接触网作业车分动齿轮箱在箱体内设三根轴,输入轴轴端用法兰与发动机的万向传动轴连接,发动机带动分动齿轮箱的输入轴转动,通过内部齿轮啮合带动一轴和三轴转动,接在一轴和三轴的取力口的机构将一起转动,获得动力。分动齿轮箱一轴的两端分别接有两台 40 kW 的液压油泵,当发动机启动时,可将发动机输出的动力传递给液压油泵;三轴靠近分动齿轮箱输入端的一侧接有 10～15 kW 空气压缩机,同样地可将发动机的输出传递给空气压缩机,另一端预留,可选择驱动空调压缩机。分动齿轮箱输入、输出功率分配如图 3-30 所示,内容结构如图 3-31 所示。

二、分动齿轮箱主要技术参数

型号:2502-00(Ⅶ);

额定输入功率:95 kW;

额定输入转速:2 100 r/min;

输出转速:2 100 r/min;

速比:1∶1;

润滑方式:飞溅润滑+压力润滑;

润滑油:SAE 80W/90 API GL-5;

润滑油量:约 8 L。

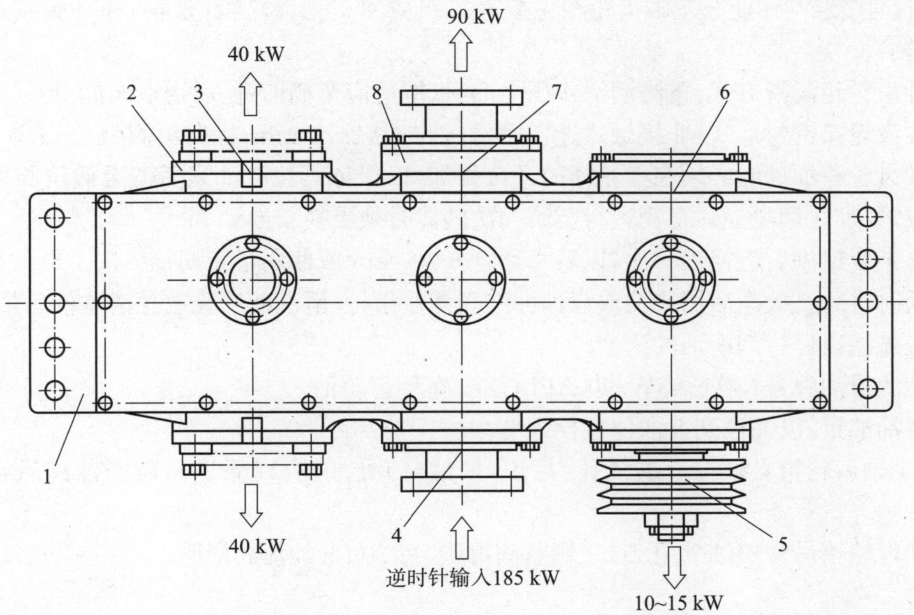

1—箱体；2—油泵座；3—一轴；4—二轴输入轴；5—空气压缩机皮带轮；6—三轴；7—二轴输出轴(选配)；8—轴承座。

图 3-30 分动齿轮箱功率分配

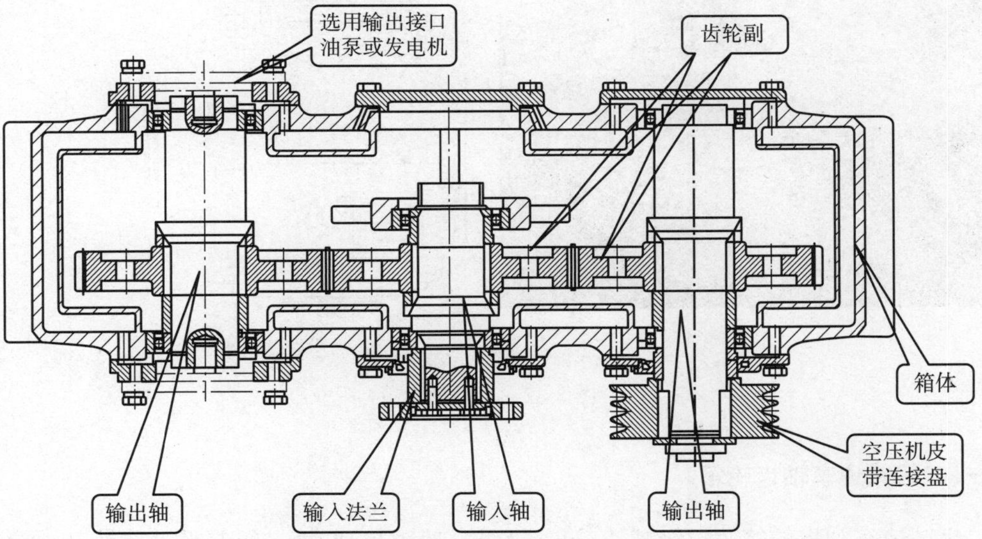

图 3-31 分动齿轮箱内部结构

第四节 车轴齿轮箱

车轴齿轮箱是动力传递的最后部件，其作用是传递和增大车轮的扭矩，并将柴油机纵向的转动变成绕车轴轴线的转动。

车轴齿轮箱主要由上箱体、下箱体、锥齿轮和圆柱齿轮等组成，如图 3-32 所示。

DPT 型接触网作业车车轴齿轮箱主要有二级减速车轴齿轮箱（Ⅲ轴）和一级减速车轴齿轮箱（Ⅳ轴）。

车轴齿轮箱润滑方式：飞溅润滑＋压力润滑（能适应车辆前进、后退双向润滑）。

车轴齿轮箱密封形式：非接触式迷宫密封（轴向为 2～3 mm；径向单侧为 1～1.5 mm）。

车轴齿轮箱加油时必须在上箱体的开口处加，以保证高位腔油满后流至低位腔。每 50 h 检查油位，并加注润滑油。车辆运行至第一次辅修时须更换新油。

新车走合期满后应换油一次，以后每运行 6 000 km 或使用半年换油一次。放油时应在油温未降低时进行。放净后用柴油或煤油冲洗壳体及齿轮，清洗油底壳放掉清洗油后加入新油，加油时应过滤以保持润滑油的清洁。

推荐润滑油牌号：SAE 85W/90 API GL-5 车辆齿轮油。

润滑油油量：以油位到上油位螺栓为准。

注：车轴齿轮箱必须在上透气孔（标识：加油口）处加油，以保证高位腔油满后自流至低位腔。

车轴齿轮箱吊臂销轴采用 ZG-3 钙基润滑脂，每 200 h 加注润滑脂。

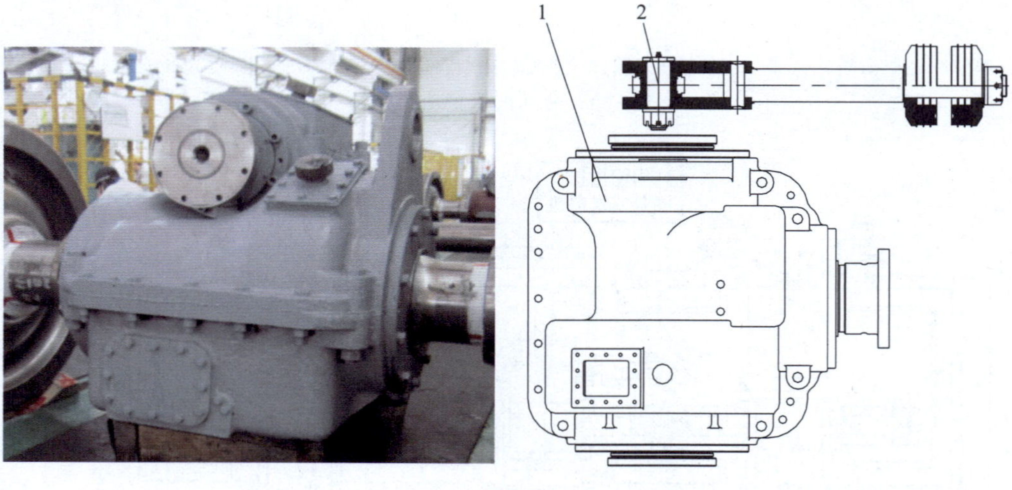

1—车轴齿轮箱；2—吊臂销轴。

图 3-32　车轴齿轮箱

一、二级减速车轴齿轮箱

二级减速车轴齿轮箱为双级减速，第一级是高速级传动，第二级是低速级传动，如图 3-33 所示。

二级车轴齿轮箱箱体由上、中、下三个箱体组成，润滑油通过箱体上的润滑油道对滚动轴承润滑。上箱体及中箱体各设有一个透气孔，可使箱体内与大气相通。打开上箱体上的透气孔盖可用以检查齿轮的啮合情况，打开下箱体上的检查孔盖可检修齿轮泵。下箱体检查孔旁有两个油位螺钉，用来检查润滑油油量。油底壳上设有放油螺塞，拧开后可以排放润滑油。车轴齿轮箱共有三根轴，第一轴（输入轴）上安装有输入法兰及小圆柱齿轮；第二轴（中间轴）为螺旋齿轮轴，外侧装配一个大圆柱齿轮，与第一轴上的小圆柱齿轮啮合，后端设置输出法兰；第三

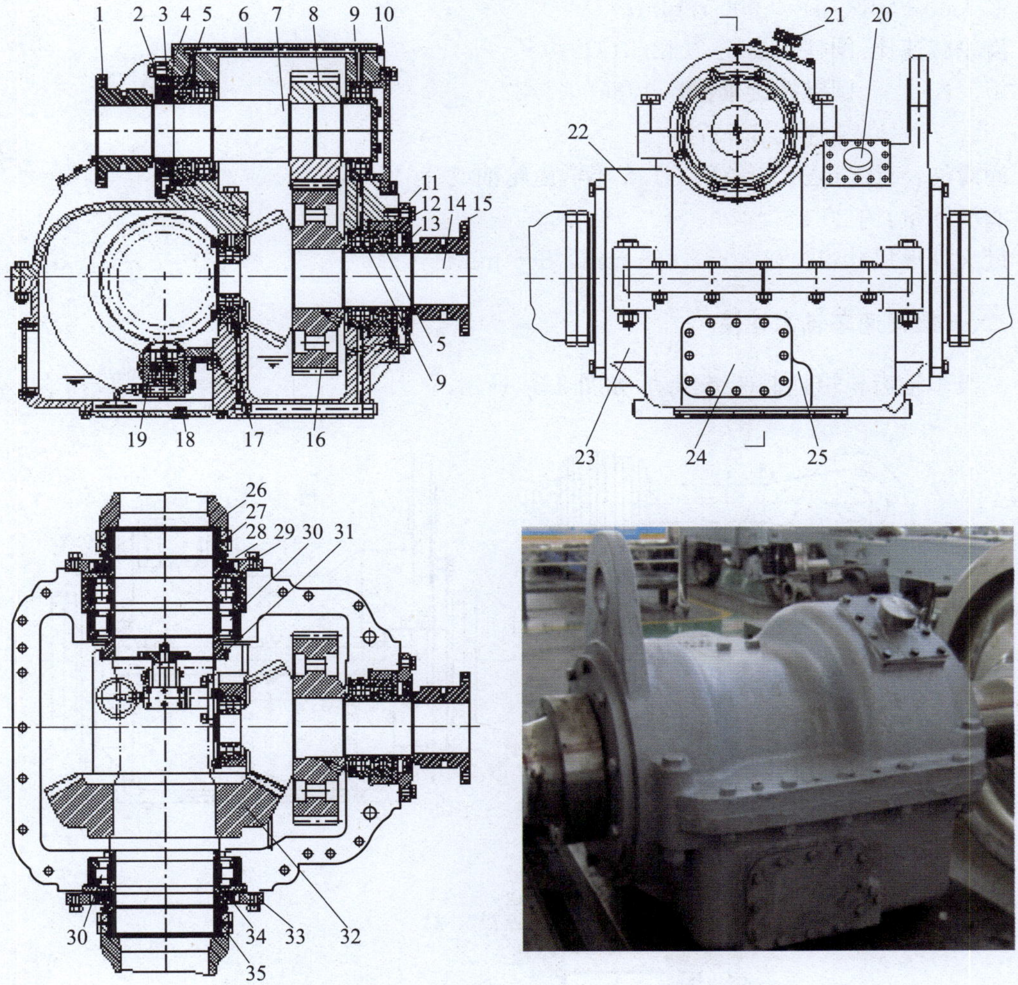

1—输入法兰；2—油封盖；3—密封圈；4—挡油板；5—轴承；6—上箱体；7—第一轴；8—主动斜齿轮；
9—轴承；10—端盖；11—油封盖；12—挡油板；13—密封圈；14—齿轮轴；15—输出法兰；
16—被动斜齿轮；17—轴承；18—齿轮泵；19—放油螺塞；20—下透气孔；21—上透气孔；
22—中箱体；23—下箱体；24—检查孔；25—油位螺钉；26—钢套；27—圆螺母；
28—密封圈；29—轴承；30—轴承；31—油泵齿轮；32—螺旋锥齿轮；
33—挡油板；34—油封盖；35—紧套。

图 3-33　二级减速车轴齿轮箱

轴(输出轴)为车轴，车轴上装配有螺旋锥齿轮和油泵驱动齿轮，螺旋锥齿轮与第二轴即螺旋齿轮轴啮合，螺旋锥齿轮副所传递的扭矩驱动车轴进而驱动轮对，油泵驱动齿轮随车轴的转动而驱动齿轮泵为齿轮箱润滑供油。

各车轴齿轮箱通过拉臂与转向架连接，以适应可能出现的相对运行及吸收运行中的冲击负荷。

二级减速车轴齿轮箱主要技术参数如下：

额定输入功率：$P=400$ kW；

输入最高转速：n=3 000 r/min；

齿轮减速比：圆柱斜齿轮 2(42/21)；

圆锥螺旋伞齿轮 1.864(41/22)；

总速比 3.727；

润滑油：SAE 85W/90 API GL-5 车辆齿轮油或(80W/90)；

润滑油量：约 20 L；

最大外形尺寸：1 023 mm×866 mm×865 mm。

二、一级减速车轴齿轮箱

一级车轴齿轮箱是低速级传动，如图 3-34 所示。

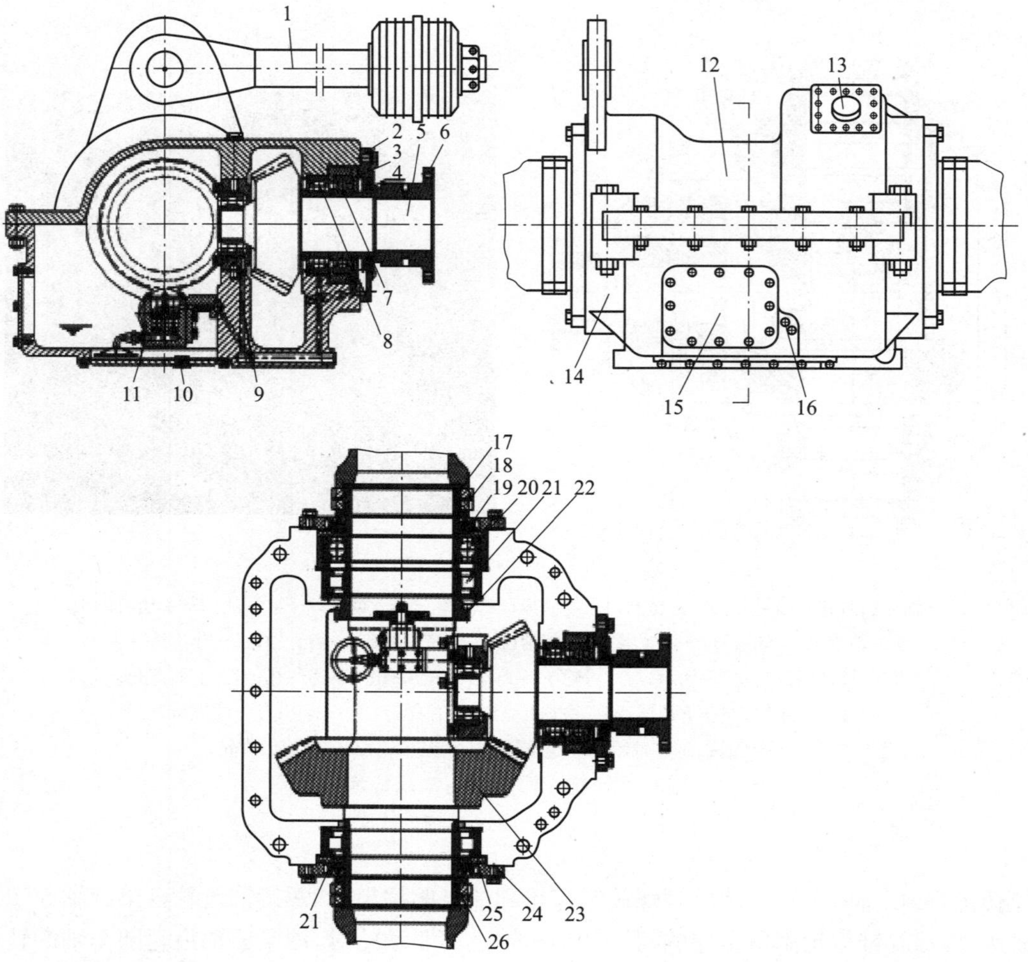

1—拉臂总成；2—油封盖；3—密封圈；4—挡油板；5—齿轮轴；6—输入法兰；7—轴承；8—轴承；9—轴承；10—齿轮泵；11—放油螺塞；12—上箱体；13—透气孔；14—下箱体；15—检查孔；16—油位螺钉；17—钢套；18—圆螺母；19—密封圈；20—轴承；21—轴承；22—油泵齿轮；23—螺旋锥齿轮；24—油封盖；25—挡油板；26—紧套。

图 3-34　一级减速车轴齿轮箱

一级车轴齿轮箱箱体由上、下箱体组成，润滑油通过箱体上的润滑油道对滚动轴承润滑。上箱装有一个透气孔，可使箱体内与大气相通。打开上箱体上的透气孔盖可用以检查齿轮的啮合情况，打开下箱体上的检查孔盖可检修齿轮泵。下箱体检查孔旁有两个油位螺钉，用来检查润滑油油量。油底壳上设有放油螺塞，拧开后可以排放润滑油。车轴齿轮箱共有两根轴，第一轴（输入轴）为螺旋齿轮轴，轴端安装有输入法兰；第二轴（输出轴）为车轴，车轴上装配有螺旋锥齿轮和油泵驱动齿轮。螺旋锥齿轮与第一轴即螺旋齿轮轴啮合，螺旋锥齿轮副所传递的扭矩驱动车轴进而驱动轮对，油泵驱动齿轮随车轴的转动而驱动齿轮泵为齿轮箱润滑供油。

一级减速车轴齿轮箱主要技术参数如下：

额定输入功率：$P=200$ kW；

输入最高转速：$n=1\ 550$ r/min；

齿轮减速比：1.864(41/22)；

润滑油：SAE 85W/90 API GL-5 车辆齿轮油或(80W/90)；

润滑油量：约 15 L；

最大外形尺寸：914 mm×900 mm×760 mm。

第五节　传动轴

传动轴作为动力传递主要部件，在动力传递中有着至关重要的作用，能适应输入、输出轴间角度和长度的不断变化，主要由轴管、套管和万向节组成，如图 3-35 所示。

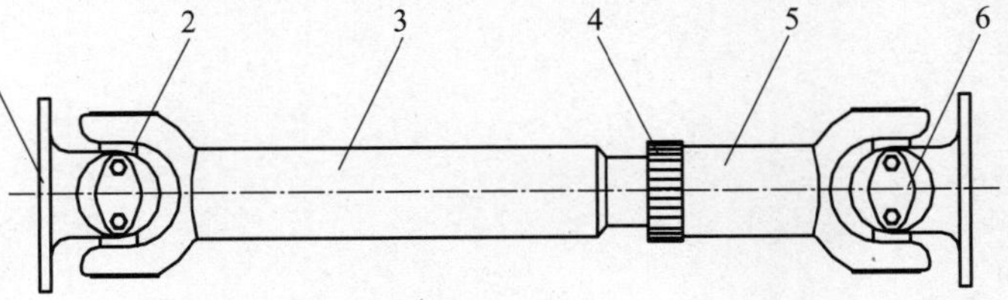

1—凸缘叉；2—十字节总成；3—花键轴总成；4—油封盖；5—套管叉；6—锁片。

图 3-35　传动轴

为了确保传动轴的动平衡，在传动轴上焊有平衡块，日常使用中要注意检查平衡块不能脱落，否则传动轴会发生抖动。

传动轴在使用过程中，为了避免传动轴受外力撞击变形而失去平衡，影响使用寿命，应注意检查传动轴的弯曲、变形和平衡情况，必要时予以校正。如发现损坏严重时，应及时更换传动轴总成。

拆装传动轴时，应注意套管叉和花键轴的相对位置，必须保证套管叉与花键轴上的叉轭在一个平面内，传动轴在出厂前已做过动平衡试验，在套管上焊有平衡块，因此在拆装时要做好标记，原样装好，以免破坏传动轴的平衡。十字轴应能在轴承内自由转动，不应有卡滞现象。

传动轴每行驶 1 500 km 应进行一次 3 号锂基润滑脂补充，以保证十字轴与滚针轴承、花键套与花键轴等摩擦副的润滑，同时要经常检查连接螺栓、熔断器垫片的状态是否正常以及传动轴的万向节、十字轴及花键轴的磨损情况。

传动轴故障及排除方法见表 3-4。

表 3-4　传动轴故障及排除方法

故障现象	原　因	排除方法
传动轴抖振	1. 传动轴弯曲变形； 2. 传动轴两端万向节叉的相对位置不正确； 3. 万向节十字轴轴承和传动轴花键磨损严重； 4. 动平衡片脱落	1. 冷压校正后重新平衡； 2. 重新装配； 3. 更换； 4. 重新动平衡
传动轴异响	1. 传动轴弯曲变形； 2. 万向节、十字轴、滚针轴承严重磨损； 3. 传动轴花键松旷	1. 冷压校正后重新平衡； 2. 更换万向节； 3. 及时润滑或更换

第四章　制动系统

DPT 型接触网作业车制动系统主要由空气制动系统、基础制动系统、撒砂装置、人力制动装置等组成。空气制动系统通过制动缸活塞杆带动基础制动装置对车辆实施制动力；而人力制动则是通过人力带动基础制动装置对车辆施加一定的制动力，防止车辆在停车时滑行；在紧急情况下，如空气制动失效并已采取降速措施或运行速度不高时，也可使用人力制动作为辅助制动。

第一节　JZ-7G 型制动机基本知识

DPT 型接触网作业车空气制动系统由空气压缩机、JZ-7G 型空气制动机、空气净化及辅助装置、旁路制动装置等组成。JZ-7G 型空气制动系统原理如图 4-1 所示。

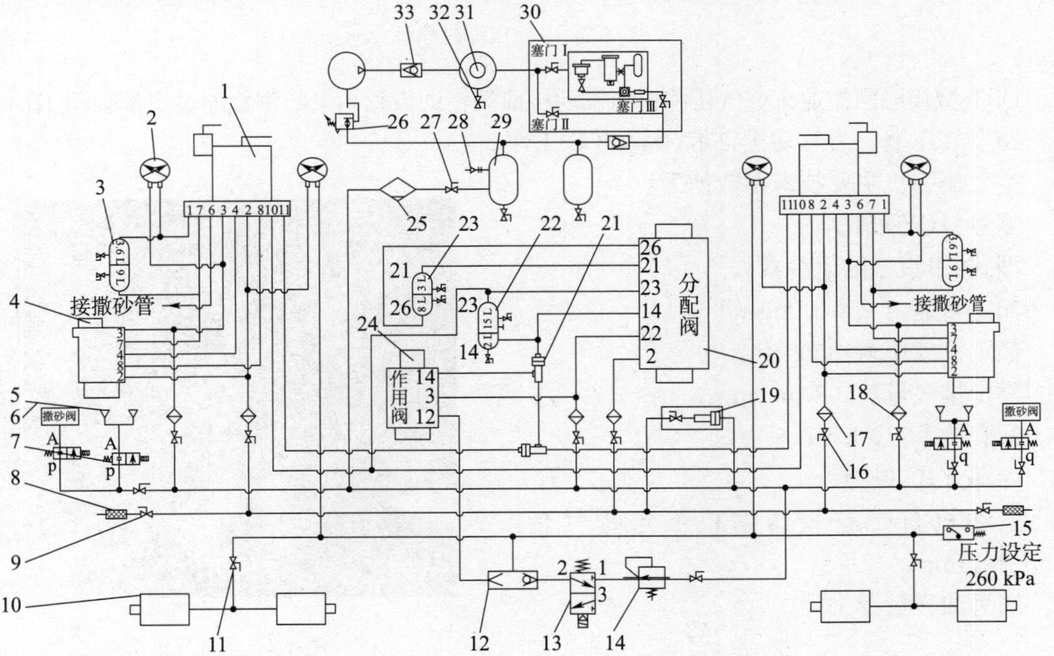

1—JZ-7G 型制动阀；2—双针压力表；3—均衡过充风缸；4—中继阀；5—高音风喇叭；6—低音风喇叭；7—喇叭电空阀；8—制动软管连接器；9—排风折角塞门；10—制动缸；11—截断塞门；12—梭阀；13—两位三通电控换向阀（旁路制动电空阀）；14—调压阀；15—压力开关；16—截断塞门；17—管道滤清器；18—管道滤清器；19—滤尘止回阀；20—分配阀；21—变向阀；22—工作作用风缸；23—紧急降压风缸；24—作用阀；25—自动排水过滤阀；26—压力调节阀；27—截断塞门；28—安全阀；29—总风缸；30—空气干燥器；31—油水分离器；32—截断塞门；33—单向阀。

图 4-1　JZ-7G 型空气制动系统原理

一、空气压缩机

机械能—压力能转换元件，负责向空气系统提供符合要求的压力气源。空气压缩机原理如图 4-2 所示。

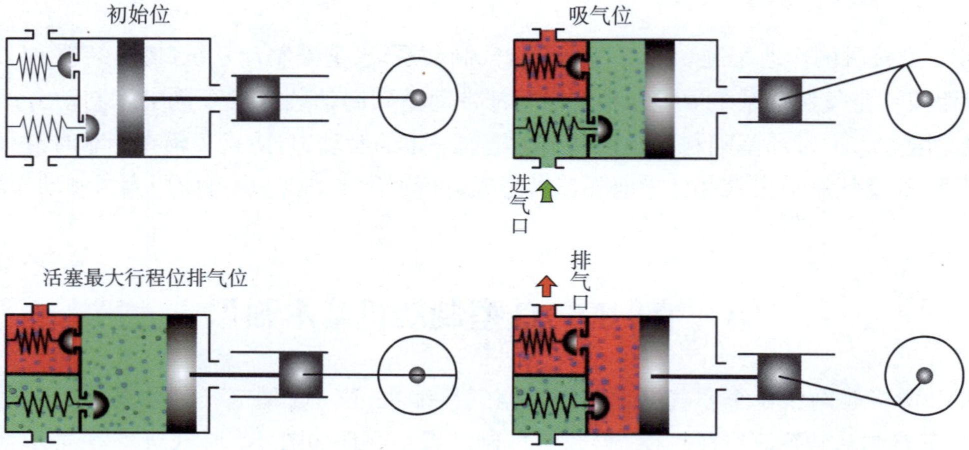

图 4-2　空气压缩机原理

DPT 型接触网作业车空气压缩机由发动机前端辅助齿轮箱上的带轮通过皮带驱动(图 4-3)，另一路空气压缩机为发动机自带，两者并联工作。

空气压缩机主要技术参数如下：

型号：HW-90L；

型式：单级三缸风冷式；

额定转速：1 200 r/min；

额定排气压力：800 kPa；

额定排气量：1.08 m^3/min；

配套功率：10 kW；

冷却方式：风冷；

发动机自带空气压缩机额定排气量：0.63 m^3/min；

润滑油容量：2 L。

图 4-3　空气压缩机

二、空气净化及辅助装置

空气净化装置主要由油水分离器、空气干燥器等组成，主要用于空气压缩机排出的压缩空气的净化，以保证制动系统各阀件用风的清洁，避免各制动阀件出现机械故障。

空气压缩机产生的压力空气，经油水分离器后初步去除大部分的水分、油污、机械杂质后进入空气干燥器，进一步进行净化后储存于总风缸。

油水分离器采用机车用旋风油水分离器，水分、油污、机械杂质随着压缩空气进入油水分离器，在其内部的旋转风道引导下，由于离心力作用而甩出后下沉到油水分离器底部，其底部安装有排水塞门，每次打风作业完毕后，须打开排水塞门以排出污水和杂质。

空气干燥器采用双塔连续吸附式，其有关技术参数如下：

空气处理量：0.8～1.8 m^3/min；

最高工作压力：1 MPa；

吸附剂：分子筛；

再生方式：无热、常压；

再生耗气率：＜15%；

处理空气的相对湿度：≤35%。

为保证空气制动机用风的清洁，应在出乘前检查空气干燥器，使其处于正常工作状态。在特殊情况下，空气干燥器发生故障时，需要按其进出口风路上旁通塞门标识，将空气干燥器隔离，以保证此时压缩空气的正常供给。车辆回库后，须对整车油水分离器、总风缸、各小风缸等进行排水操作，并按照空气干燥器说明书进行修理或联系厂家修理。

为保证空气干燥器的使用寿命，须按其说明书定期进行保养。

DPT 型接触网作业车设有两个 250 L 的总风缸，两总风缸之间通过管路串联。两总风缸安装在Ⅱ位转向架Ⅲ轴上方。在总风缸出风处装有安全阀，其调整压力为 850～900 kPa，当总风缸空气压力超过此压力时，安全阀自动打开，将压缩空气排入大气，并发出响声以报警。此时应立即检查空气压缩机的卸荷阀及卸荷回路，使其恢复正常工作状态。同时在总风缸上装有压力开关，其压力值设置为(600±10)kPa，车辆启动过程中当总风缸压力值低于设定压力值时车辆无法运行，在运行过程中总风缸压力值低于设定压力值时车辆报警。

三、JZ-7G 型空气制动机

JZ-7G 型空气制动机主要由自动制动阀(大闸)、单独制动阀(小闸)、中继闸、分配阀、作用阀等组成。其与 JZ-7 型空气制动机的主要区别是自动制动阀、单独制动阀手柄位置加以改进，阀体部分均可以安装在操作台台面下，台面上仅有两阀的手柄以供操作。

(一)自动制动阀

自动制动阀是制动装置中的控制部分，乘务员通过对其手柄的操纵，来完成制动机的各种性能和作用，如图 4-4 所示。

自动制动阀为自动保压式，有七个作用位置，即过充位、运转位、最小减压位、最大减压位(从最小减压位至最大减压位之间为常用制动区)、过量减压位、手柄取出位、紧急制动位。

自动制动阀由七个部分组成，即阀体与管座、手柄与凸轮、调整阀、放风阀、重联柱塞阀、缓解柱塞阀、客货车转换阀，如图 4-5 所示。

1. 管座

管座上设有 9 根管路，如图 4-6 所示。

2. 调整阀

调整阀是用以控制均衡风缸压力变化的。其结构上采用橡胶膜板密封和柱塞双向止阀结构，其作用稳定性和灵敏性较高，如图 4-7 所示。

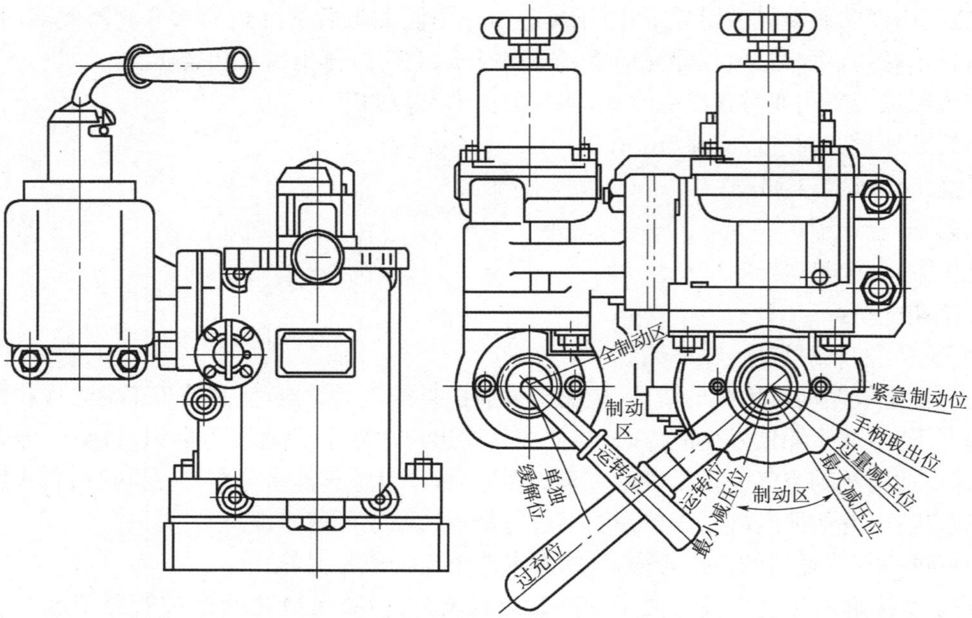

图 4-4　JZ-7G 型自动制动阀(大闸)和单独制动阀(小闸)

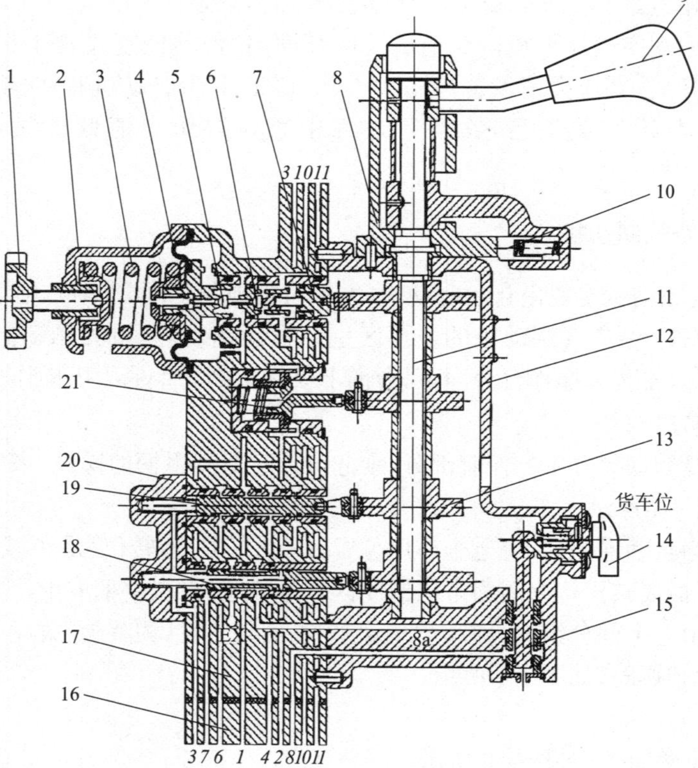

1—调整手轮;2—调整阀盖;3—调整弹簧;4—调整阀膜板;5—排气阀;6—供气阀;7—调整阀柱塞;8—盖;9—手柄;10—手柄定卡;11—手柄轴;12—凸轮盒;13—凸轮;14—转换手柄;15—客货车转换阀;16—管座;17—阀体;18—缓解柱塞阀;19—重联柱塞阀;20—前盖;21—放风阀;*1*—均衡风缸管;*2*—列车管;*3*—总风缸管;*4*—中均管(即中继阀均衡风缸管);*6*—撒砂管;*7*—过充管;*8*—总风遮断阀管;*10*—单独缓解管;*11*—单独作用管。

图 4-5　自动制动阀

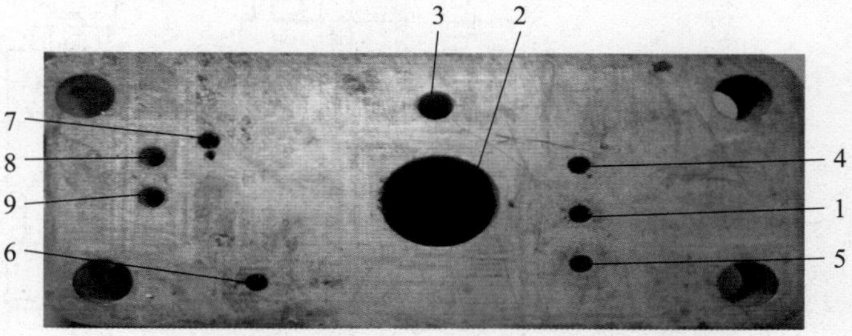

1—均衡风缸管；2—列车管；3—总风管；4—中均管；5—撒砂管；
6—过充管；7—遮断阀管；8—单独缓解管；9—单独作用管。

图 4-6　自动制动阀管座

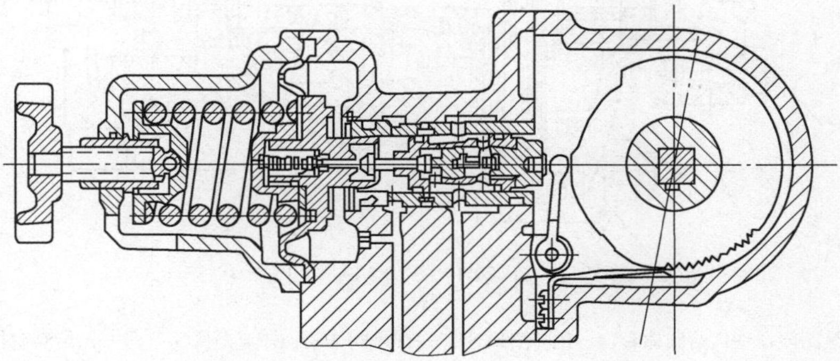

图 4-7　自动制动阀调整阀

（二）单独制动阀

单独制动阀只操纵本车的制动及缓解，它有 3 个作用位置。设有三个位置：单缓位、运转位、制动区，如图 4-4 所示。

（三）中继阀

中继阀受自动制动阀的控制，直接操纵列车管空气压力变化，从而完成整个列车的制动、保压和缓解。另外，当自阀手柄在过充位时，能使列车管压力比规定压力高 25～40 kPa，而自阀手柄回运转位，列车管的过充压力则能慢慢消除。

1. 双阀口式中继阀由主活塞、膜板、排气阀、供气阀、阀座、阀体、过充盖、过充柱塞、顶杆及各作用弹簧等组成，其具体结构如图 4-8 所示。双阀口式中继阀有四个作用位置：缓解充气位、缓解保压位、制动位、制动保压位。

2. 总风遮断阀主要由阀体、遮断阀、阀座、阀套及弹簧等组成，如图 4-9 所示。

（四）分配阀

分配阀是根据列车管压力的变化而动作，控制作用阀的供风和排风，以使轨道车得到制动和缓解。分配阀是二、三压力机构的混合机构，既能一次缓解，又能阶段缓解。F-7 分配阀由主阀部、副阀部和紧急部三部分组成，并用一个管座将三部分连成一体，其结构原理如图 4-10 所示。

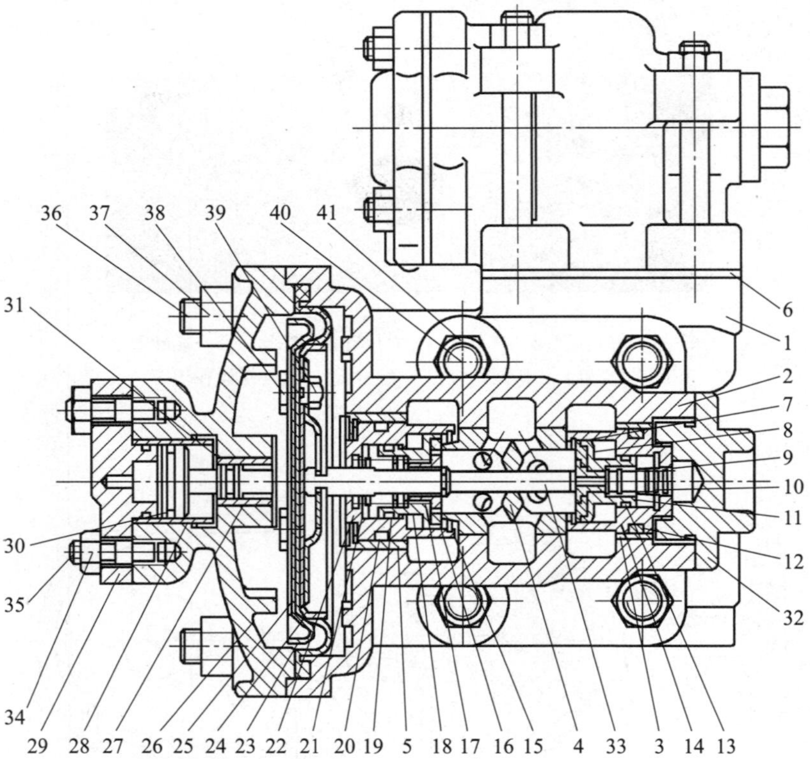

1—管座；2—中继阀体；3—供给阀体套；4—供排气阀座；5—排风阀体套；6—遮断阀座垫；7—供给阀套挡圈；8—供给阀挡圈；9—供给阀胶垫螺帽；10—供给阀弹簧；11—供给阀；12—供给阀套O形圈；13—供给阀O形圈；14—供给阀套；15—排风阀挡圈；16—排风阀胶垫；17—排风阀胶垫螺帽；18—排风阀；19—排风阀O形圈；20—排风阀套O形圈；21—排风阀弹簧；22—排风阀套；23—外活塞；24—中继阀膜板；25—内活塞；26—中继阀盖；27—后套；28—前套；29—过充盖；30—过充柱塞；31—柱塞O形圈；32—中继阀螺盖；33—顶杆；34—螺母M8；35—螺柱；36—螺栓M12×50；37—螺母M12；38—螺钉；39—螺母M6；40—螺柱AM12×35；41—螺母M12。

图4-8　双阀口式中继阀结构

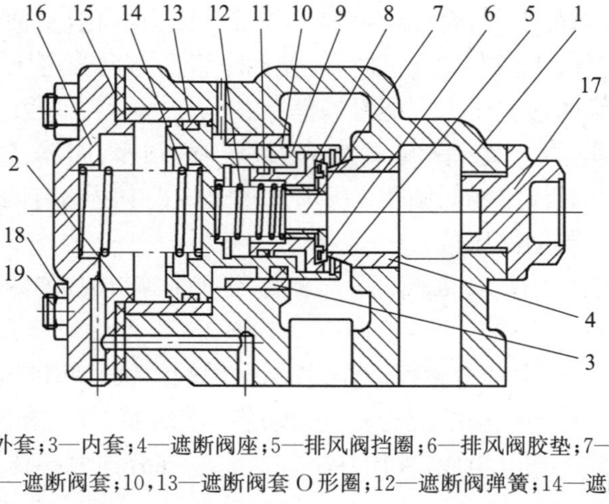

1—遮断阀体；2—外套；3—内套；4—遮断阀座；5—排风阀挡圈；6—排风阀胶垫；7—排风阀胶垫螺帽；8—排风阀；9—遮断阀套；10，13—遮断阀套O形圈；12—遮断阀弹簧；14—遮断活塞弹簧；15—盖胶垫；16—遮断阀盖；17—螺盖；18—螺母；19—螺栓。

图4-9　总风遮断阀结构

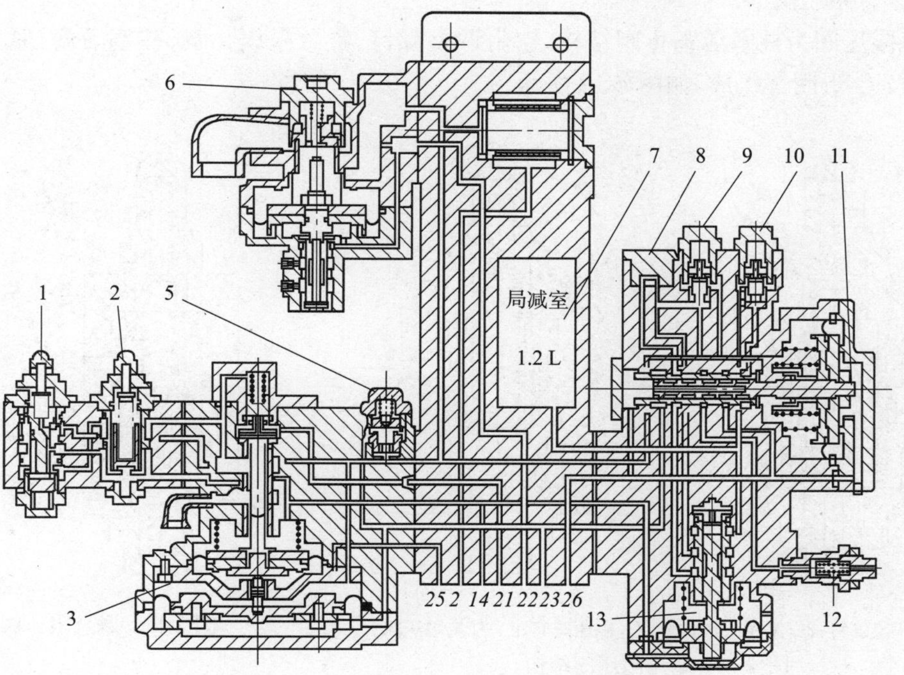

1—紧急限压阀；2—常用限压阀；3—主阀；5—工作风缸充气止回阀；6—紧急放风阀；7—局减室；8—转换盖板；9——次缓解逆流止回阀；10—局减止回阀；11—副阀；12—保持阀；13—充气阀；*25*—通大气；*2*—通列车管；*14*—通作用风缸；*22*—通总风缸；*21*—通紧急风缸；*23*—通工作风缸；*26*—通降压风缸。

图 4-10　分配阀结构原理

1. 主阀部

主阀部由主阀、常用限压阀、紧急限压阀、工作风缸、充气止回阀等组成。

(1)主阀

主阀由大膜板、小膜板、主阀空心阀杆和供气阀等组成。

主阀有三个作用位:缓解位、制动位、保压位。

缓解位是大膜板上侧列车管增压,促使膜板活塞带动主阀空心杆下移,开放排气口,将作用风缸的压力空气排至大气,使机车缓解。缓解的程度视列车管压力增加大小而异。

制动位是当列车管减压,大膜板活塞两侧产生压差,使大膜板活塞带动空心阀杆上移,顶开供气阀,总风经供气阀口、常用限压阀向作用风缸充气,起制动作用。

保压位是列车施行制动后,当作用风缸压力升至与列车管减压相适应时,大膜板活塞带动空心阀杆下移到使供气阀关闭的位置,但空心阀杆仍与供气阀接触,此时为制动后的保压状态。

(2)常用限压阀

常用限压阀由调整螺钉常用限压弹簧、柱塞限压阀O形圈和阀套等组成,如图4-11所示。在常用全制动时,由于作用风缸及柱塞限压阀底部的压力达到规定值,柱塞限压阀便克服弹簧的压力上移,切断总风与作用风缸的通路,起到了限压作用,限制的压力值可由调整螺钉调整。

(3)紧急限压阀

紧急限压阀为柱塞活塞止阀结构，它由调整螺钉、紧急限压弹簧、柱塞活塞、紧急限压阀套、止阀及 O 形圈等组成，如图 4-12 所示。

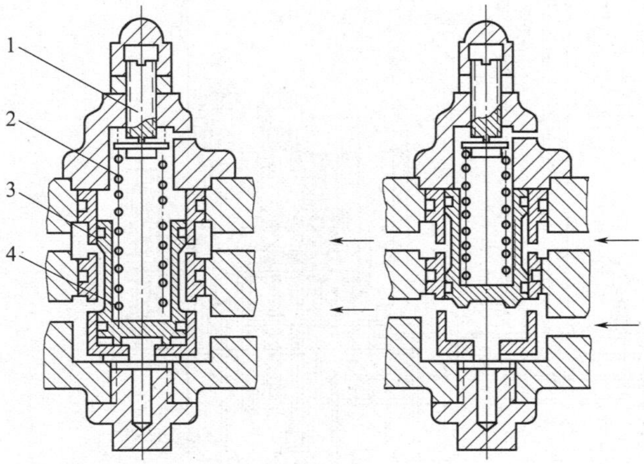

1—调整螺钉；2—常用限压弹簧；3—限压阀套；4—柱塞限压阀。

图 4-11　常用限压阀结构

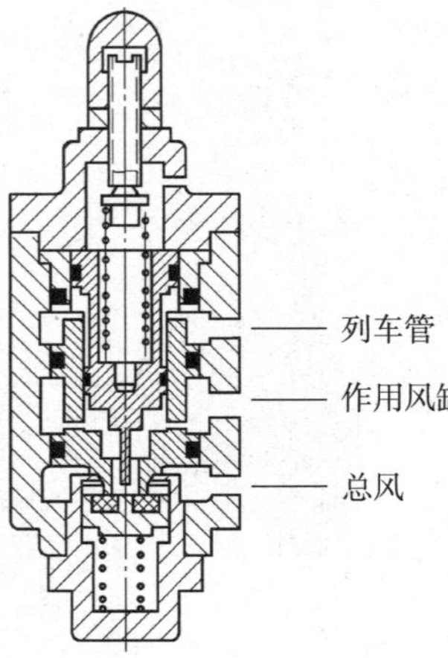

图 4-12　紧急限压阀结构

自阀施行紧急制动时，柱塞活塞大直径下部的列车管压力迅速降至零，并在弹簧的作用下迅速下移，打开止阀，使总风经紧急限压阀套下部的小孔向作用风缸充气。当作用风缸达到规定压力时，作用于柱塞活塞小直径下部，作用风缸压力克服弹簧的压力而上移，止阀在弹簧的作用下上移时阀口关闭，使作用风缸的压力被限制在规定压力之内。

在紧急制动开始缓解时，作用风缸的空气，首先经止阀上部和主阀空心杆排至大气，当压力降至 340～360 kPa 以下，常用限压阀的柱塞阀下移复位，作用风缸的压力空气经常用限压阀到主阀空心杆排至大气。

(4)工作风缸充气止回阀

工作风缸充气止回阀由弹簧、止回阀、止回阀座、弹簧挡圈、风堵等组成。该阀的作用是在缓解充气时，列车管压力空气经止回阀向工作风缸充气。在列车管减压时，防止工作风缸的压力向列车管倒流。

2. 副阀部

副阀部由副阀、充气阀、保持阀、局减止回阀、一次缓解逆流止回阀及转换盖板组成。

副阀有三个作用：一是消除工作风缸与降压风缸的过充压力；二是能加速主阀的缓解；三是使列车管起局减作用。

(1)副阀

副阀主要由膜板、柱塞、弹簧、阀套及 O 形圈等组成。副阀共有四个作用位，即缓解充气位、局减位、制动位和保压位。

(2)充气阀

充气阀有三个作用：一是在完全缓解时，列车管的风压经该阀向工作风缸和降压风缸充气，如列车管已有过充压力，其工作风缸和降压风缸的过充压力能经该阀而消除；二是产生列车管的局减作用；三是在阶段缓解时防止工作风缸和降压风缸的空气向列车管逆流。充气阀主要由膜板、柱塞、阀套、弹簧、胶垫、挡圈等组成。充气阀有两个作用位置，即缓解位和作用位。

3. 紧急部

紧急部即紧急放风阀，由膜板、活塞、柱塞杆、放风阀、放风阀套、三个缩口风堵、弹簧及O形圈等组成，如图4-13所示。

该阀有三个作用位：充气缓解位、常用制动位、紧急制动位。紧急阀的主要作用是在紧急制动时，将列车管的空气迅速排向大气，使列车起紧急制动作用。

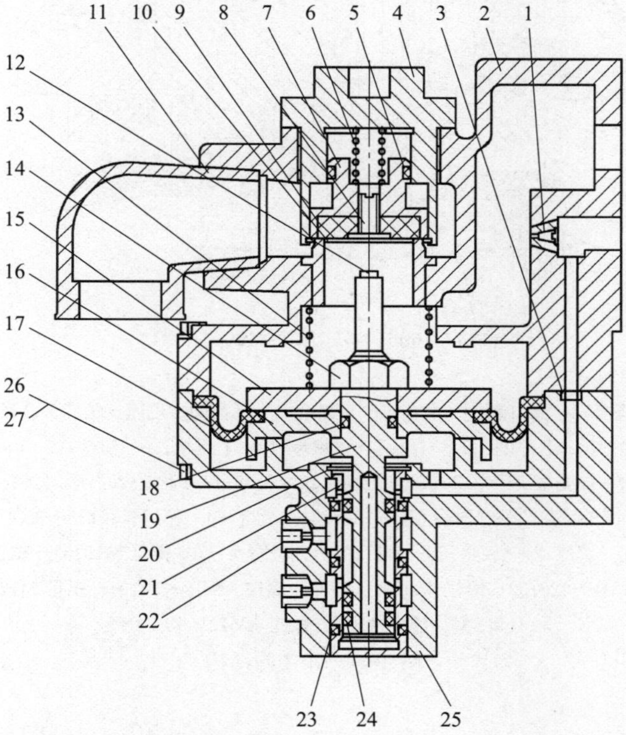

1—缩口风堵；2—紧急放风阀上体；3—胶垫；4—螺盖；5—O形圈；6—放风阀弹簧；7—放风阀；8—螺帽；9—胶垫；10—挡圈；11—内外弯接头；12—触头；13—复原弹簧；14—螺母；15—压板；16—活塞；17—膜板；18—O形圈；19—柱塞杆；20—挡圈；21—放风阀；22—缩口风堵；23，24—O形圈；25—紧急放风阀下体；26—螺母；27—螺栓。

图4-13 紧急部结构

(五)作用阀

作用阀主要由膜板、作用活塞、空心阀杆、供气阀、缓解弹簧、阀体及管座等组成，如图4-14所示。

作用阀共有三个作用位：缓解位、制动位、保压位，各位置作用如图4-15所示，其主要作用是控制机车制动缸的充气和排气，使机车得以制动和缓解。

另外，作用阀还有过充风缸、均衡风缸、工作风缸、降压风缸、紧急风缸、作用风缸、滤尘止回阀、管道滤清器、管道和各种塞门、双针压力表等部件。

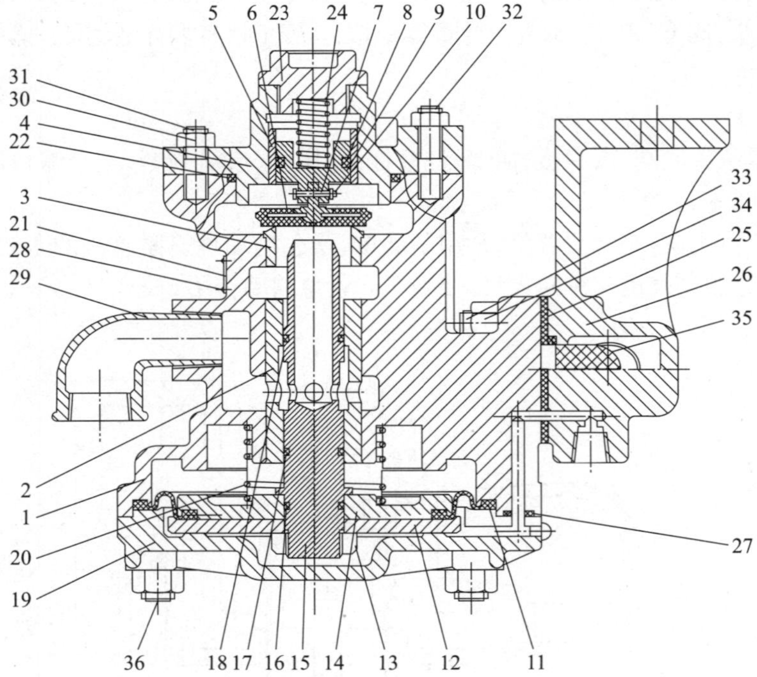

1—阀体；2—阀套；3—阀口套；4—上盖；5—平衡套；6—平衡阀；7—固定销；8—O 形圈 30×3.25；9—导向柱塞；10—销；11—膜板；12—压板；13—螺母；14—上压板；15—阀杆；16—O 形圈 24×2.25；17—O 形圈 24×2.25；18—O 形圈 24×2.25；19—下盖；20—缓解弹簧；21—厂铭牌；22—O 形圈 67.5×3.5；23—上堵；24—作用弹簧；25—安装垫；26—管座；27—胶垫；28—铆钉；29—内外弯头；30—螺母 M10；31—螺柱 AM10×25；32—螺柱 AM10×40；33—螺柱 AM12×30；34—螺母 M12；35—滤尘网；36—螺柱 AM12×55。

图 4-14　作用阀结构

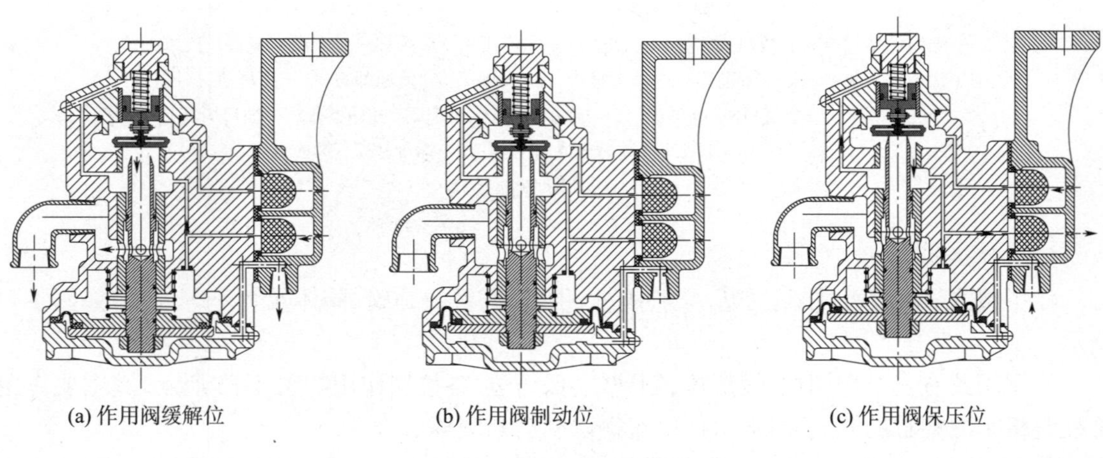

(a) 作用阀缓解位　　(b) 作用阀制动位　　(c) 作用阀保压位

图 4-15　作用阀作用位置

第二节　JZ-7G 型机车制动机综合作用

一、JZ-7G 型制动机中各阀的控制关系

1. 自动制动阀→均衡风缸→中继阀→列车管空气压力变化→车辆制动机→分配阀→作用阀→制动缸

2. 单独制动→作用阀→制动缸

3.(1)手动紧急制动→列车管空气压力骤降至 0→车辆制动机

(2)手动紧急制动→列车管空气压力骤降至 0→机车分配阀→作用阀→制动缸

4.(1)手动紧急制动→列车管空气压力骤降至 0→车辆制动机

(2)手动紧急制动→列车管空气压力骤降至 0→分配阀→作用阀→制动缸

二、JZ-7G 型制动机的作用

(一)自动制动作用

自动制动作用是单阀手柄在运转位,自阀手柄在各位置的综合作用。

1. 过充位

该位置是列车初充气和再充气缓解列车制动时所设的位置,该位的作用如下:

(1)自动制动阀:调整阀向均衡风缸、调整膜板右侧充气,充至定压后,自动保压,重联柱塞沟通均衡风缸和中均管,缓解柱塞将遮断阀管与大气连通,并将总风与过充管和过充风缸连通。

(2)中继阀:由于中均管压力升高,顶开供气阀,总风向列车管迅速充气,此外,过充压力的作用,使列车管的充气压力比规定压力高 30～40 kPa,而后,中继阀处于保压状态。

(3)分配阀:列车管向工作风缸、降压风缸、紧急风缸及各气室充气,最终均充至比规定压力高 30～40 kPa,同时作用风缸的风压排至大气。

(4)作用阀:由于作用风缸的空气已排出,作用阀缓解,制动缸压力排至大气,机车缓解。

2. 运转位

该位置是列车缓解再充气和运转时所设位置,该位置的作用通路与过充位基本相同,不同的是以下几方面:

(1)自动制动阀:缓解柱塞将总风和过充管及过充风缸的通路切断,过充压力由过充风缸的小孔排掉。

(2)中继阀:过充柱塞的压力逐渐降低,中继阀膜板带动顶杆,打开排气阀,逐渐消除列车管内的过充压力。

(3)分配阀的工作风缸、降压风缸的过充压力经副阀逆流到列车管逐渐消失,紧急风缸的过充压力经紧急阀逆流到列车管逐渐消失。

3. 常用制动区

常用制动区设有最小及最大减压位,自阀手柄在制动区的不同位置,列车管的减压量则不同。

(1)自动制动阀:调整阀将均衡风缸、调整膜板右侧和中继阀的中均室的压力排至大气,压力排出多少视手柄停留的位置而异,其最小减压量为 50 kPa,缓解柱塞将总风与遮断阀管连

通，从而关闭总风遮断阀。

(2)中继阀：由于膜板左侧中均室压力降低，排气阀开启，列车管压力迅速排至大气，直至列车管与中均室等压后便处于保压状态。

(3)分配阀：由于列车管压力降低，副阀活塞发生移动，首先将列车管和局减室连通，产生局减作用，同时切断了工作风缸与降压风缸的通路，连通了降压风缸经保持阀排至大气的通路，待降压风缸降至与列车管等压时，活塞再移至保压位。主阀膜板活塞由于列车管的降压而迅速上移，待作用室、列车管和工作风缸三者压力平稳时，主阀便处于保压状态。充气阀在作用风缸压力达 24 kPa 时，活塞动作，关闭局减室排至大气的通路。常用限压阀达规定压力时切断总风向作用风缸的充气通路。

(4)作用阀：由于作用风缸的压力，使作用活塞上移，空心阀杆顶开供气阀，总风向制动缸充气，使机车发生制动。

4. 过量减压位

该位置的作用与常用全制动区基本相同，区别是常用制动区的最大减压量为 170～190 kPa，而该位置的减压量为 240～260 kPa。

5. 手柄取出位

该位置是为重联机车、无动力回送机车及本务机车非操纵端而设置的位置。

(1)自动制动阀：均衡风缸的减压量为 250 kPa，重联柱塞阀将中均管和均衡风缸的通路切断，同时连通中均管与列车管的通路。

(2)中继阀：由于重联柱塞将中均管和列车管联通，中继阀处于自锁状态，失去了对列车的控制能力。

6. 紧急制动位

该位置是操纵列车紧急停车所使用的位置，自阀手柄在此位置时单机列车管压力应在 3 s 内降至零。

(1)自动制动阀：调整阀保持均衡风缸减压量为 250 kPa，重联柱塞将总风与撒砂管连通，中均管通列车管。

(2)中继阀与手柄取出位相同，处于自锁状态。

(3)分配阀：由于列车管压力迅速下降，主、副阀膜板活塞迅速移到制动位，副阀柱塞切断了工作风缸与降压风缸的通路，同时降压风缸经保持阀排至大气，主阀空心杆顶开供气阀，总风先经常用限压阀，后经紧急限压阀向作用风缸充气，其最高压力为 420～450 kPa。

(二)单独制动作用

单独制动作用是自阀手柄在运转位，单阀手柄在制动区的作用及自阀手柄在制动区，单阀手柄在单缓位时的作用。

1. 自阀手柄在运转位，单阀手柄在制动区，此时单阀调整阀处于制动位，总风经调整阀向作用管充气，并经变向阀进入作用阀膜板下方，作用阀进入制动位，制动缸所得压力的高低，视单阀手柄所在位置而定，其最高压力为 300 kPa。

单阀手柄在制动区阶段右移，机车则阶段制动，阶段左移可得到阶段缓解。

2. 自阀手柄在制动区，单阀手柄在单缓位，此位置用于调节列车制动时的运行速度，车辆制动，机车缓解。

手柄移至此位时，单缓柱塞将工作风缸的压力空气排至大气，分配阀的主阀进入缓解位，作用风缸的压力空气排至大气,同时作用阀也将制动缸的压力空气排至大气,机车得以缓解的程度视单阀手柄置单缓位的时间长短而异,自阀手柄在常用制动区及紧急制动位时,机车制动缸的压力均可缓解到零。

三、JZ-7G 型制动机的性能参数

自动制动性能参数见表 4-1。单独制动性能参数见表 4-2。

表 4-1 自动制动性能参数

技术项目	技术要求
全制动位最高制动缸压力	300 kPa
全制动位制动缸自 0 升到 280 kPa 的时间	3 s
以内运转位制动缸自 300 kPa 降至 35 kPa 的时间	4 s 以内

表 4-2 单独制动性能参数

技术项目	技术要求
分配阀工作风缸初充气自 0 上升到 460 kPa 的时间	50～60 s
分配阀降压风缸初充气自 0 上升到 480 kPa 的时间	55～65 s
列车管有效局减量	25～35 kPa
单机列车管减压 20 kPa 前应发生局减作用,同时主阀动作	局减开始,制动缸升压
常用全制动后阶段缓解次数	不少于 5 次(客车位)
均衡风缸自 500 kPa 常用减压至 360 kPa 的时间	5～7 s
常用全制动制动缸最高压力	340～360 kPa
常用全制动制动缸升压时间	5～7 s
制动缸自 350 kPa 缓解至 35 kPa 的时间	5～8 s
紧急制动列车管压力排至 0 的时间	3 s 以内
紧急制动后,制动缸最高压力	420～450 kPa
紧急制动后,制动缸升至最高压力的时间	5～7 s

第三节 JZ-7G 型制动机及附件维护保养及操纵要求

一、JZ-7G 型制动机的维护保养

JZ-7G 型制动机的维护及保养应当按照铁路机车检修规则中有关条文执行。为了保证列车行车安全,延长使用寿命,及时地维护和保养制动机是非常重要的。

(一)JZ-7G 型制动机维护

为了确保 JZ-7G 型制动机正常操作,列车始发之前必须进行如下的检查:

1. 检查各部分的压力是否符合规定值,具体部位及调整方法见表 4-3。

表 4-3　JZ-7G 型制动机各部分压力调整

各部位规定的压力值	调整部位
总风缸压力:700～800 kPa	压力调节阀
列车管及均衡风缸压力:500 kPa	自动制动阀上的调压阀
单独制动阀全制动位时,制动缸压力:300 kPa	单独制动阀上的调压阀
自动制动阀最大减压位时,制动缸压力:340～360 kPa	常用限压阀
自动制动阀紧急制动时,制动缸压力:420 kPa	紧急限压阀

2. 列车管泄漏每分钟不超过 10 kPa。

3. 制动机的制动及缓解性能应符合要求。

4. 空气压缩机工作良好。

5. 其他制动附属装置性能良好(包括基础制动装置)。

(二)运用检查维护

对于 JZ-7G 型制动机应该按检修规则所规定的周期进行如下维护:

1. 各风缸排水阀,总风缸及制动主管的折角塞门不得漏泄并作用良好,制动管路每分钟漏泄不得超过 10 kPa(修造车辆为每分钟 20 kPa)。

2. 对于 JZ-7G 型制动机系统中自阀、单阀、分配阀、继动阀、中继阀须拆下进行清洗,并试验性能良好。

(三)检修

JZ-7G 型制动机各制动阀的检修应在有资质的部门进行。由于采用新型的橡胶膜板、橡胶 O 形圈及止阀等密封结构,为了提高分解检修质量,在分解检修中必须做到:

1. 严格按拆装的工艺过程,使用各专用工具进行分解组装和检修。

2. 对自阀、单阀等各空气阀类要经外部吹扫后,再进行分解,用汽油洗干净,然后吹干,擦拭时采用纱布或绸布,不要使用棉纱,并检查各气路有无异状。

3. 对于自阀凸轮、放大杠杆等相接触的磨耗件,若磨耗得过大,影响其工作性能时应更换(若经过焊修等可修复的则也允许)。

4. 对于各橡胶衬垫进行外观检查,检查有无老化、裂纹、凹坑、翘曲、变形等缺陷,不良者进行更换,O 形圈及膜板等则全部更换。

5. 各橡胶膜板及橡胶 O 形圈及止回阀等密封结构均不能沾柴油、汽油等油质,O 形圈外部可适当涂些白凡士林。

6. 对于各阀弹簧要按图纸检查,锈蚀的弹簧要进行换新,一般较重要的弹簧,可进行工作负荷的检查。

7. 组装时一定要推动各膜板、止阀及柱塞体,动作应灵敏不应有过紧或卡住的现象。

8. 组装后各单阀要在标准的 JZ-7G 型试验台上试验,其试验标准符合 JZ-7G 型机车制动机各单阀试验条件。

二、JZ-7G 型制动机附件的维护保养

(一)空气压缩机(空压机)

1. 按“空压机使用说明书”相关要求加入合适牌号的空压机油。

2. 使用过程中应经常检查空压机皮带张紧状况。空压机皮带张紧力以 3～4 kg 的力按压皮带中部，下压量约 10～15 mm 为宜。皮带松弛时可通过张紧力调整螺栓进行调节。

3. 定期检查空压机机油油位，油位应在油窗中间偏上为宜。

4. 空压机的其他结构及保养维护参见随机附带的“空压机使用说明书”。

（二）总风缸

总风缸是制动系统和其他风动装置的压缩空气源的储存装置。从空压机产生的压缩空气依次经干燥器、油水分离器进入总风缸存储。总风缸底部安装有自动排水阀，如图 4-16 所示，堆积到一定程度后可自动排出底部堆积的污水、杂质等。当电加热排水阀出现故障时，在电加热排水阀前端管路上安装有手动截断塞门，此时可关闭手动截断塞门对总风缸进行保压。

图 4-16　总风缸底部的自动排水阀

（三）空气干燥器

DPT 型接触网作业车所用空气干燥器为双塔连续吸附式干燥器，如图 4-17 所示，干燥器是一种能有效去除压缩空气中的油、水、尘埃等杂质的设备，是一种适合连续供风的无热再生式双塔自动转换压缩空气干燥净化设备。安装本装置可防止车辆制动系统及气动设备产生锈蚀、堵塞、凝水、结冰等现象，从而避免由上述现象引起的制动机及气动设备失灵而造成的行车和运行事故。为保证空气制动机用风的清洁，应在出乘前检查空气干燥器，使其处于正常工作状态。空气干燥器免维护，在特殊情况下，空气干燥器发生故障时，需要按其进出口风路上旁通塞门标识，将空气干燥器隔离，以保证此时压缩空气的正常供给。车辆回库后，须按照空气干燥器说明书进行修理或联系厂家修理。空气干燥器的原理如图 4-18 所示。

图 4-17　空气干燥器管路

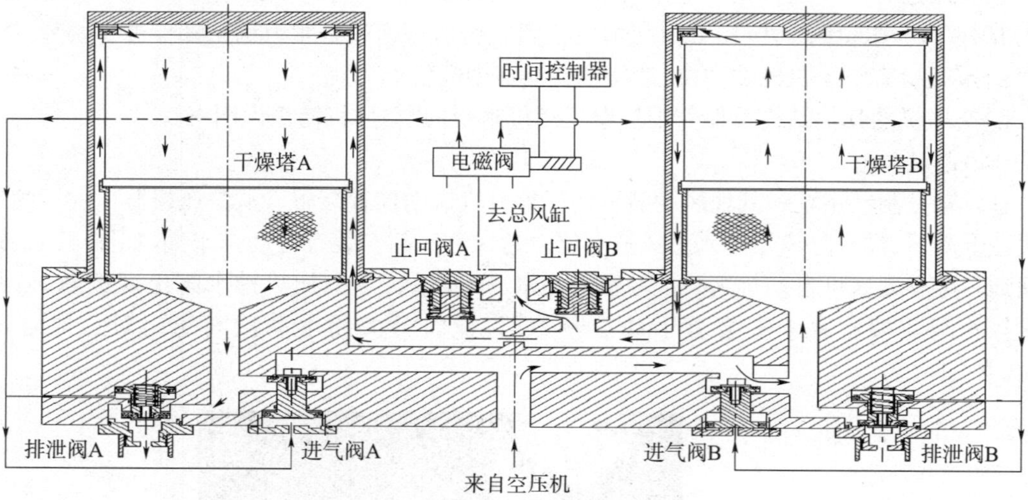

图 4-18　空气干燥器原理

(四)安全阀与调压阀

总风缸出风处装有安全阀,如图 4-19 所示。其调整压力为(850±20)kPa,当总风缸空气压力超过此压力时,安全阀自动打开,将压缩空气排入大气,并发出响声以报警。此时应立即检查空气压缩机的卸荷阀及卸荷回路,使其恢复正常工作状态。

空压机采用自带卸荷阀形式进行调节,当总风缸压力达到(800±20)kPa 时能够自动卸荷空转,当总风缸压力降至(700±20)kPa 时空压机能够自动向总风缸继续补风。

安全阀压力调整:

1. 用扳手拧松锁紧螺母;
2. 顺时针或逆时针拧紧或放松调整螺杆即可改变安全阀的压力;
3. 用扳手拧紧锁紧螺母。

调压阀压力调整:

1. 用扳手拧松锁紧螺母;
2. 顺时针或逆时针拧紧或放松调整螺杆即可改变调压阀的压力;
3. 用扳手拧紧锁紧螺母。

(五)油水分离器

油水分离器可将水分、油污、机械杂质进行分离,如图 4-20 所示。其底部安装有排水塞门,每次作业完毕后,须进行放水处理,以便排出污水和杂质。出乘前检查排水塞门手柄位置,使其处于完全关闭工作状态,防止出现总风缸漏风现象。

(六)分配阀常用限压阀与紧急限压阀的调整

若列车管定压为 500 kPa,常用限压阀应调到 340～360 kPa 的范围;若列车管定压为 600 kPa,常用限压阀应调到 420～450 kPa 的范围。紧急限压阀不论列车管定压为 500 kPa 或 600 kPa,均调到 420～450 kPa 的范围。常用限压阀与紧急限压阀调整方式相同,调整时,用扳手拆下螺帽,再用螺丝刀顺时针或逆时针拧紧或放松调整螺钉即可调整压力,如图 4-21 所示。

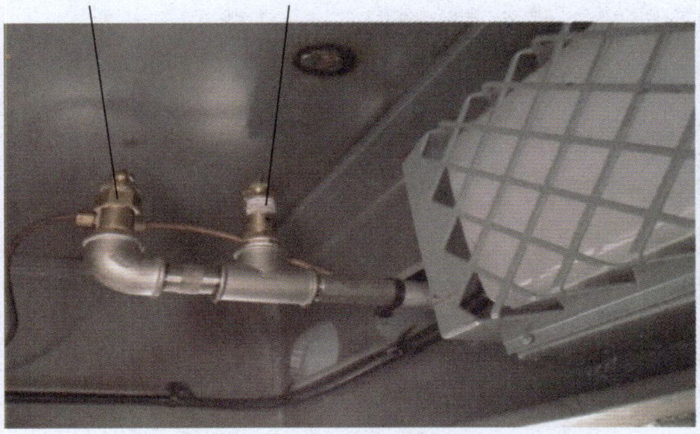

图 4-19 安全阀和调压阀

图 4-20 油水分离器

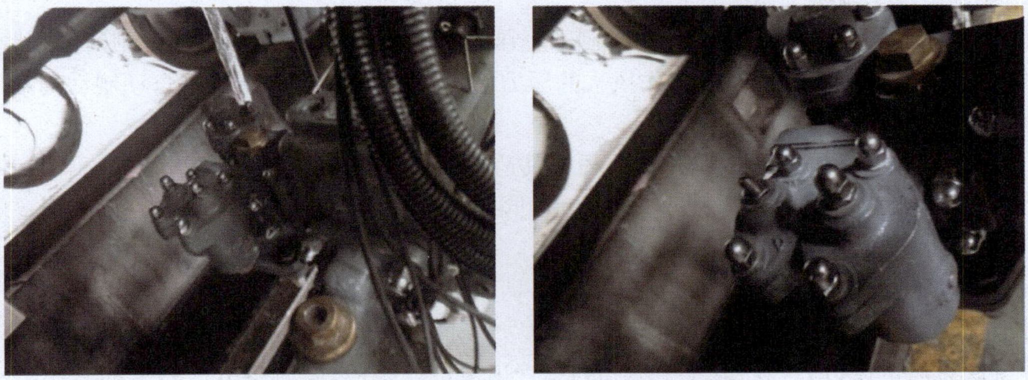

图 4-21 常用限压阀与紧急限压阀的调整螺钉

三、JZ-7G 型制动机操纵要求

(一)制动机操纵原则

1. 运行前必须认真检查制动机各部位是否良好,各截断塞门及放水塞门手柄位置是否正确。待总风缸压力升至规定压力后充分试闸,各压力表显示压力值应在规定范围内,确认制动机性能良好时,方可运行。

2. 列车运行途中,尽量减少不必要的制动,以减少轮瓦的磨损,延长使用寿命。

3. 制动或减速时,保持较均匀地减速,以避免和减少列车冲击,达到平稳操纵。

4. 不必要的情况下,绝不使用紧急制动,以减少轮瓦的急剧磨损。

5. 雨雪天气下,常用制动操作应限制制动缸最高压力 260 kPa。非紧急情况不得使用紧急制动,使用紧急制动时必须辅助撒砂。

6. 实施紧急制动后,应对制动缸、基础制动装置、车钩等进行认真检查,经试闸确认无损,方可运行。

7. 机车出库前,应按规定调好列车管压力,机车在运行中,不允许调整列车管压力。

(二)操作要求

1. JZ-7G 型制动机只允许本务司机一人操纵。

2. JZ-7G 型制动机只配备单独制动阀手柄、自动制动阀手柄各一个。操纵时，应将非操纵端的两个阀手柄置于手柄取出位，并将取出手柄置于操纵端，确保行车安全。

3. 客货车转换阀均置于"货车位"。

4. 自动制动阀可操纵全列车的制动和缓解，而单独制动阀只操纵本车的制动和缓解。

5. 本务司机应熟知制动机性能，并能检修、排除故障，具有实际操纵经验。

(三)操作注意事项

1. 自动制动阀手柄在过充位时的过充量是受限的(高于列车管定压 29.4～39.2 kPa)，且手柄回到运转位后能自动消除列车管的过充压力，无过量供给隐患。

2. 客货车转换阀均置于"货车位"，不具备阶段缓解的功能。

3. 在运行中，不会发生自然制动现象；因此，不需经常推动单独制动阀手柄至单缓位。

4. 在运行中，若自动制动阀减压制动后需要单独缓解时，只需把单独制动阀手柄推至单缓位，制动缸压力就会下降。

5. 在牵引作业时，司机为了使本车制动缸压力小一些，并希望本车制动上闸时间稍晚些，可使用单独制动阀的单缓位，把工作风缸的压力空气排一些到大气，然后把自动制动阀推向制动区进行制动。

6. 本车运行之前，司乘人员首先应根据其运行性质，对制动机作适当处理。

作本务机时：自动制动阀手柄和单独制动阀手柄应置于运转位。无动力装置截断塞门有标牌指示，此时应处于断开状态。

作无动力回送时：自动制动阀手柄置于手柄取出位并取出手柄；单独制动阀手柄置于运转位并取出手柄，客、货车转换阀均置于"货车位"，无动力装置截断塞门此时应处于开放状态，关闭中继阀总风进风口处塞门以及中继阀列车管出风口处塞门，同时将分配阀上的常用限压阀限制压力调整为 245 kPa。当本车由无动力回送该本务机时，应将常用限压阀的压力恢复至 340～360 kPa。

常用限压阀压力的调整：出厂时常用限压阀调定压力为 340～360 kPa，以供该车作本务机时使用。无动力回送时，应将常用限压阀的压力调小，调整方法是按逆时针方向旋转调整螺钉 2～3 圈，然后用自动制动阀施行一次常用全制动，观察压力表制动缸指针的压力，直到制动缸压力为 245 kPa 时再用锁紧螺母锁定螺钉，即压力调整完毕。常用限压阀的结构如图 4-22 所示。

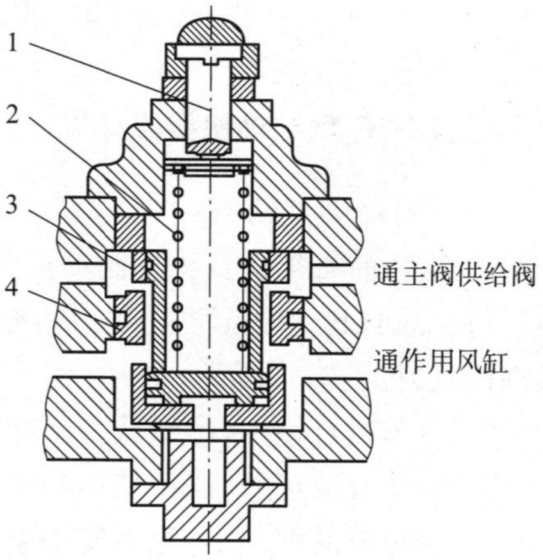

1—调整螺钉；2—常用限压弹簧；
3—柱塞限压阀；4—阀套。
图 4-22　常用限压阀结构

7. JZ-7G 型制动机全部采用橡胶膜板、O 形密封圈及止回阀等密封结构，并且有严格的技术要求。这些零件均不能沾柴油、汽油或其他油类。在清洗阀件或零件后，一定要用压力空气清扫干净。组装时，O 形密封圈上要涂一些工业用凡士林作为润滑剂。

四、JZ-7G 型制动机各主要塞门操纵注意事项(图 4-23)

1. 塞门 1 是总风管支路进作用阀管路上塞门，此塞门关闭后，本车在缓解状态时，用自动制动阀和单独制动阀对本车制动时无制动。但在本车制动状态下关闭此塞门，可用自动制动阀和单独制动阀对本车进行缓解。若在缓解状态制动本车，可按下司机台上的旁路制动按钮进行制动，旁路制动后利用自动制动阀和单独制动阀对本车不能进行缓解，必须再次使用司机台上的旁路制动按钮进行缓解。

2. 塞门 2 是总风管支路进分配阀管路上塞门，此塞门关闭后，本车在缓解状态时，用自动制动阀和单独制动阀对本车制动时无制动。但在本车制动状态下关闭此塞门，可用自动制动阀和单独制动阀对本车进行缓解。若在缓解状态制动本车，可按下司机台上的旁路制动按钮进行制动，旁路制动后利用自动制动阀和单独制动阀对本车不能进行缓解，必须再次使用司机台上的旁路制动按钮进行缓解。

3. 塞门 3 是列车管支路进分配阀管路上塞门，此塞门关闭后，本车在缓解状态时，用自动制动阀对本车制动时无制动，但可用单独制动阀对本车进行制动。在本车制动状态下关闭此塞门，用自动制动阀不能对本车进行缓解，但利用单独制动阀可对本车进行缓解。若在缓解状态制动本车，也可按下司机台上的旁路制动按钮进行制动，旁路制动后利用自动制动阀和单独制动阀对本车不能进行缓解，必须再次使用司机台上的旁路制动按钮进行缓解。

4. 塞门 4 是旁路制动管路上塞门，关闭此塞门后旁路制动按钮无动作，但不影响自动制动阀和单独制动阀的制动和缓解。

图 4-23　制动部件位置

5. 图 4-24 中塞门 1 是无动力回送截断塞门，作本务车时，此塞门断开，作无动力回送时，此塞门打开。塞门 2 和塞门 3 为与前端中继阀相连的总风管路上塞门和列车管路上塞门，塞门 4 和塞门 5 为与后端中继阀相连的总风管路上塞门和列车管路上塞门，作本务车时，此 4 个塞门处于打开状态，作无动力回送时，此 4 个塞门处于断开状态。

6. 制动缸管塞门前后转向架各一个，此塞门关闭后本转向架无制动，图 4-25 中塞门手柄与管路平行为开启，垂直为关闭。

7. 截断塞门 1 关闭，前撒砂与前喇叭都无动作；截断塞门 2 关闭，后喇叭无动作。图 4-26 中塞门手柄与管路平行为开启，垂直为关闭。

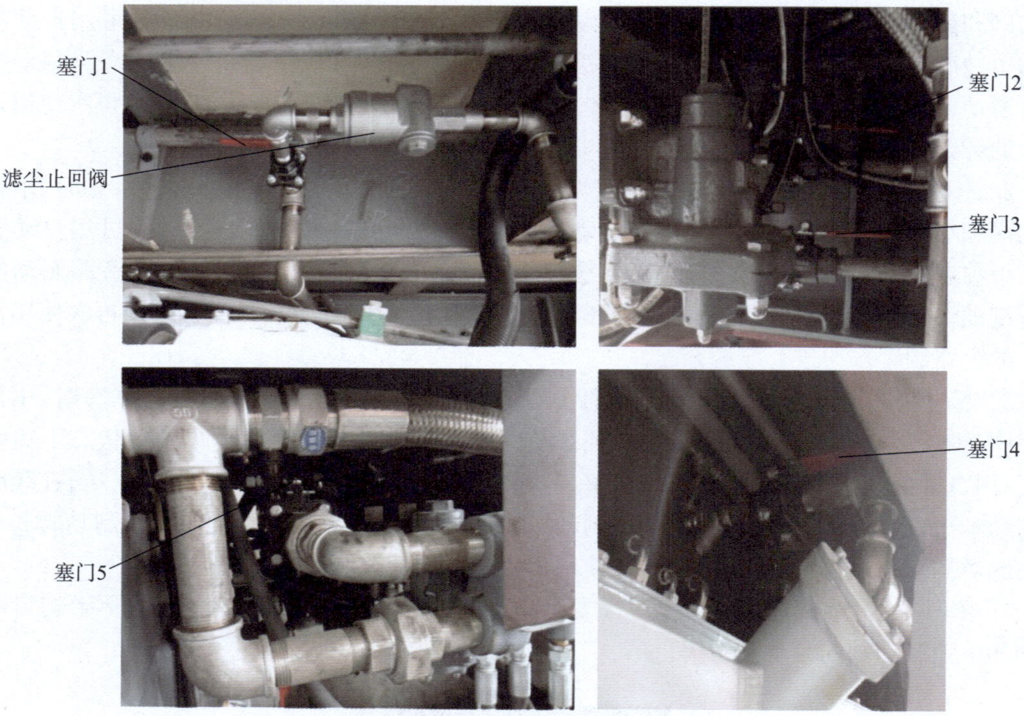

图 4-24　塞门示意 1

图 4-25　塞门示意 2

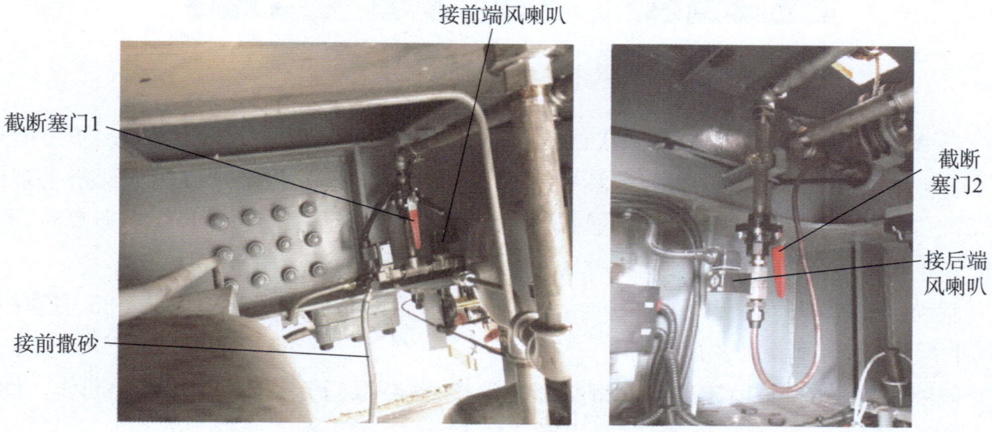

图 4-26　塞门示意 3

第四节　制动系统辅助装置

一、旁路制动装置

DPT 型接触网作业车设有旁路制动装置，具体由梭阀、电磁换向阀、调压阀组成。其作用原理是通过操纵电磁换向阀的得失电，控制气动系统高压风直接向制动缸充气或制动缸排气通路的转换，实现制动与缓解作用。其制动力的大小由调压阀来调节，但为了保证基础制动装置的强度，其值为 300 kPa。梭阀在功能上起“或”门的作用，其两端工作口一端接分配阀制动缸管，另一端接辅助制动系统电磁换向阀工作口，任一端有压缩空气输入时，便将梭阀阀芯推向另一端，将另一端的通路堵死。

辅助制动按钮设在上平台控制面板和Ⅰ位操作台面板上。紧急情况下，按下此按钮，车辆制动，松开此按钮，车辆缓解。

二、风笛装置

DPT 型接触网作业车前后端均装有高低音喇叭各一个，利用操纵台处的喇叭开关进行控制。按下喇叭开关，总风管压力空气供给风喇叭，喇叭膜片发生共振而产生高低音鸣笛。

三、撒砂装置

撒砂的目的是提高车辆的黏着力，防止车辆轮对空转和在紧急制动时车轮滑行，如图 4-27 所示。

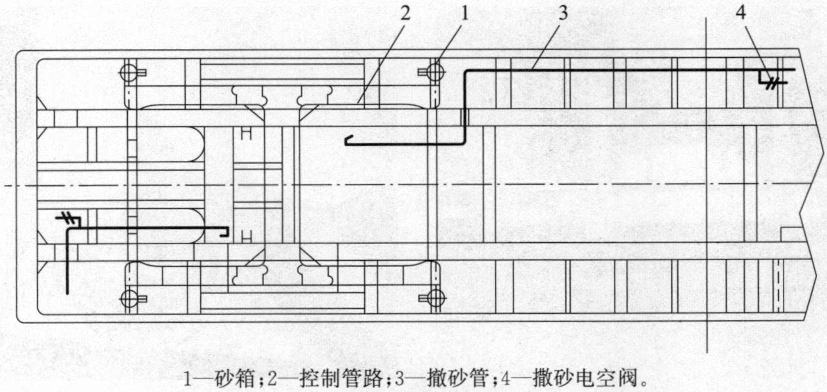

1—砂箱；2—控制管路；3—撒砂管；4—撒砂电空阀。

图 4-27　撒砂装置

撒砂装置由撒砂开关、控制管路、砂箱、撒砂管等组成。撒砂开关装在操纵台主司机位左侧，操作方式为脚踏电控式。砂箱共 4 个，2 个安装在 3 轴、4 轴左侧轮的前面，另 2 个安装在 3 轴、4 轴右侧轮的后面，在Ⅰ位端操纵时前面撒砂；在Ⅱ位端操纵时后面撒砂。撒砂管安装在轨面中部，距轨面高 50 mm。

四、基础制动装置

基础制动装置是车辆制动系统的主要组成部分，是满足车辆紧急制动距离要求及确保行车安全的重要装置，如图 4-28 所示。

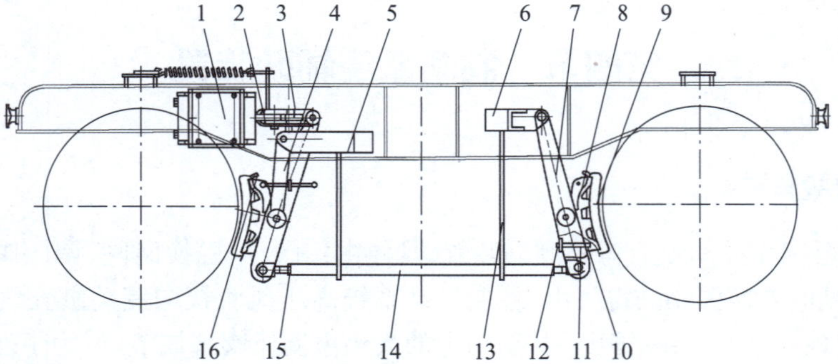

1—制动缸；2—活塞；3—连杆；4—吊板；5—前座体；6—后座体；7—制动杠杆；
8—闸瓦托；9—闸瓦；10—闸瓦平衡螺栓；11—闸瓦平衡弹簧；12—闸瓦平衡螺母；
13—安全吊钩；14—调整套；15—锁紧螺母；16—闸瓦钎。

图 4-28　基础制动装置

基础制动装置是将制动缸活塞的推力经杠杆系统增大后传给闸瓦压紧轮箍，通过轮轨的黏着产生制动作用。基础制动装置由制动缸所驱动的杠杆系统和闸瓦组成。闸瓦为低摩合成闸瓦。基础制动采用单侧制动，每一个轮对有两块闸瓦，安装在左右车轮内侧，整车共 8 块闸瓦。

由于闸瓦经常磨损需要定期检查，调整闸瓦间隙，闸瓦间隙在 3～8 mm 之间为宜。调整时松开锁紧螺母，转动调整套，使闸瓦接近车轮踏面，保持适当闸瓦间隙，通过转动闸瓦平衡螺母压缩平衡弹簧，可调整闸瓦上下间隙，使轮瓦接触均匀；调整闸瓦间隙时，制动缸的活塞行程应为 70～90 mm。闸瓦间隙示意如图 4-29 所示，其调整方法见表 4-4。

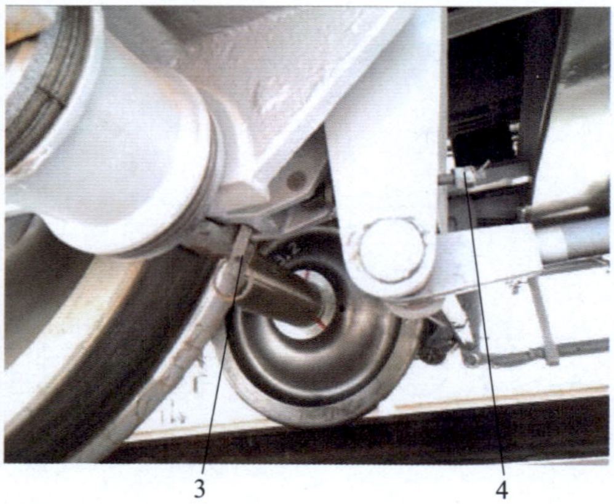

图 4-29　闸瓦间隙调整

表 4-4　闸瓦间隙调整方法

序号	操作对象	功能说明
1	锁紧螺母	防止闸瓦调整杆松动
2	闸瓦调整杆	调节闸瓦间隙（调整杆伸长，间隙减小）
3	闸瓦插销	锁定闸瓦（拔出后闸瓦解锁取出）
4	闸瓦平衡螺钉	调节闸瓦上下间隙均匀

闸瓦间隙及制动缸行程调节方法：

松开锁紧螺母，顺时针或逆时针旋转闸瓦调整杆，观察闸瓦间隙，闸瓦间隙在 3～8 mm 之间为宜。调定间隙后实施制动，观察制动缸行程标尺，行程在 70～90 mm。

闸瓦平衡调节方法：

当闸瓦上下间隙不均匀时，可通过拧紧或放松闸瓦平衡螺钉来调节上下间隙。

闸瓦更换方法：

当闸瓦厚度磨损至小于 17 mm 时，应及时更换闸瓦，拔出闸瓦插销，从闸瓦托上部抽出闸瓦，换上新闸瓦后，调整闸瓦间隙及制动缸行程至合适范围内。

同一轮对左右两侧的制动杠杆板上安装有横向连接拉杆，用以限制闸瓦在制动时横向窜动，防止闸瓦偏磨。

五、人力制动装置

人力制动装置（手制动装置）一般用于对停放在线路上的车辆施以制动，以防溜车。

DPT 型接触网作业车设有一套人力制动装置，安装在车上。

人力制动装置由 NSW 型人力制动机、链条、滑轮、钢丝绳等组成。

在施行人力制动时，按照手轮上的方向指示，按顺时针方向转动手轮，可使链条产生并保持制动拉力。人力制动缓解时，按照手轮上的方向指示，按逆时针方向转动手轮约 40°，人力制动机就可缓解。

在施行人力制动前，车辆必须停止运行，待人力制动操作结束后，才能分解牵引车辆；人力制动缓解前，必须连挂牵引车辆，施加空气制动防溜后，才能缓解人力制动。

注意：长时间使用人力制动机进行防溜时，应在车轮踏面处放置铁鞋。

第五节　JZ-7G 型空气制动机故障及处理方法

JZ-7G 型空气制动机故障及处理方法见表 4-5。

表 4-5　JZ-7G 型空气制动机故障及处理方法

序号	故障项目	可能原因	处理方法
1	自阀手柄在制动区，均衡风缸排风缓慢或不减压	(1)调整阀的排气阀弧槽小或未将弧槽铣到根部。 (2)调整阀压板螺母排气孔小于 ϕ1.3 mm。 (3)排气阀弹簧过软，打不开排气阀。 (4)调整阀的供气阀漏泄，虽然排气阀打开，供气阀不断供气，但却使均衡风缸减压缓慢甚至不减压	(1)用铣床把排气阀弧槽按图纸尺寸加大或铣到根部。 (2)调整阀压板螺母孔加大到 ϕ1.3 mm。 (3)更换排气阀弹簧。若没有配件，可临时在弹簧后加胶垫以增加其弹力，重新安装弹簧座(注意正反面不要堵死 ϕ1.3 mm 的小孔；弹簧加胶垫后不可大于供气阀弹簧作用力)。 (4)找到供气阀漏泄的原因，如被污物堵住应加以清洗；阀口与阀密贴不好需研磨阀与阀口；供气阀弹簧过软，其弹力小于排气阀弹簧力，需更换弹簧或采取临时加垫措施

续上表

序号	故障项目	可能原因	处理方法
2	自阀手柄在制动区，均衡风缸排风过速	(1)调整阀压板螺母排气孔直径大于1.3 mm。 (2)均衡风缸管路堵塞使其容积变小	(1)把调整阀压板螺母排气孔直径恢复到1.3 mm。 (2)清除均衡风缸管路的污物以使均衡风缸恢复原有的容积
3	自阀手柄在制动区，调整阀盖下方漏风	调整阀供气阀杆太短，造成排气阀在保压位时关闭不严	更换调整阀供气阀杆或加焊恢复到原设计尺寸
4	自阀手柄在制动区，其减压量不正确	(1)调整阀凸轮各位间的降程不正确；降程大，减压量小。 (2)调整阀凸轮磨耗	(1)修磨调整阀凸轮，若减压量小，可修磨本位；减压量大，可修其前位；若减压量相差不大，应更换凸轮。 (2)更换调整阀凸轮，或在支承中锯出一槽加焊钢丝，使其恢复原有尺寸
5	自阀手柄在制动区，客、货车转换阀处在货车位，此时手柄向运转位方向移动(未达到运转位)，列车制动管压力仍能上升	(1)缓解柱塞阀组装尺寸不正确，使总风缸管与通路8a不能全部连通或完全不通(柱塞尾端到套端面的距离为7.5 mm)。 (2)阀体内的8a通路堵塞或铸造通路清砂不净。 (3)凸轮盒内胶垫挤死。 (4)客、货车转换阀柱塞组装尺寸不正确(柱塞尾端到阀体端面的距离为8.55 mm)	(1)重新组装缓解柱塞阀，使柱塞尾端到套端面的距离为7.5 mm。 (2)清除阀体内8a通路的污物，使之畅通。 (3)更换胶垫。 (4)重新组装客、货车转换阀柱塞，使之保证柱塞尾端到阀体端面的距离为8.55 mm
6	自阀手柄在过量减压位时，均衡风缸风压下降到零(减压量应为235～255 kPa)	(1)调整阀柱塞组装尺寸(应为61 mm)，或阀体过长，膜板活塞及排气阀座不能按设计尺寸移动，使排气阀不能关闭。 (2)调整阀凸轮支承磨损过限或凸轮磨耗过限	(1)重新组装调整阀柱塞，使之符合组装尺寸，不符合设计尺寸的零件需更换。 (2)加焊支承，使其恢复原设计尺寸或更换凸轮及支承
7	自阀调整阀盖下方漏风	(1)若均衡风缸有风而发生漏泄，是由于供气阀或排气阀漏泄造成的；若此时均衡风缸无风而发生漏泄，则是供气阀漏泄造成的。 (2)排气阀弹簧过硬或弹簧装错。 (3)膜板活塞弹簧或弹簧座发卡或膜板破裂。 (4)供气阀杆过长。 (5)阀和阀口接触不好、研磨不良或被污物垫住或阀口出现伤痕	(1)应首先确定哪个阀有漏泄。若欲确定供气阀是否漏泄，可先把调整阀弹簧全部松开，自阀手柄置于取出位，此时均衡风缸应无风；若调整阀盖下方口漏泄，这说明供气阀漏泄。当自阀手柄由取出位移至运转位时发生漏泄，则为排气阀漏泄。当确定了哪个阀漏泄后，应整修或清除该漏阀的漏泄因素。 (2)更换排气阀弹簧。 (3)重新安装膜板活塞及弹簧座，使之动作灵活或更换膜板。 (4)调整供气阀杆到设计尺寸。 (5)重新对研阀口和阀座使之密贴，或清除阀口污物

续上表

序号	故障项目	可能原因	处理方法
8	自阀手柄在取出位、列车制动管风压降到零。均衡风缸压力保持在 235～255 kPa，但凸轮盒下方排风口排风	(1)放风阀凸轮曲线不正确，造成升程过大，致使在手柄取出位时压缩放风阀排风(但手柄稍回一点就会恢复正常)。 (2)放风阀杆轴不圆，压缩放风阀，造成排出列车制动管的风	(1)修正放风阀凸轮曲线，或相应地减小放风阀杆轴。 (2)更换放风阀杆轴
9	若自阀手柄在过充位或运转位时，凸轮盒下方排风口不漏风，而手柄在制动区或过量减压位时，凸轮盒下方排风口漏风	(1)因过充位或运转位通路 8a 和管 8 均无风，到制动区或过量减压位时通路 8a 和管 8 均有风，若凸轮盒下方排风口有漏风，就是在缓解柱塞阀处漏(套、柱塞的第一道 O 形圈或体内有砂孔)。 (2)客、货车转换阀处漏(套和柱塞上的 O 形圈漏)。 (3)凸轮盒 8 盒的两个胶垫未压紧或孔深，使胶垫压量不够	(1)更换阀套和柱塞上的第一道 O 形圈。 (2)更换客、货车转换阀套和柱塞上的 O 形圈。 (3)更换两个胶垫
10	客、货车转换阀在货车位，自阀手柄从运转位逐渐减压到手柄取出位，再直接回运转位，均衡风缸升压正常，而列车制动管停一段时间才升压或升压缓慢	(1)总风遮断阀管的通路小，在制动区，总风缸压力空气通管 8 使总风遮断关闭。到运转位时，8a 通大气，管 8 经 8a 也排至大气，使总风遮断阀开启，向列车制动管充风。由于管 8 通路小，排气缓慢，使总风遮断阀开启晚，故列车制动管升压滞后。 (2)总风遮断阀套的卡簧脱落。 (3)总风缸遮阀发卡或阀座松动，随动阀一起动作，使阀不能开启或开度不大	(1)清洗管 8 内的污物，使管中畅通。 (2)重新安装卡簧。 (3)重新组装或更换总风遮断阀
11	自阀手柄在制动区，机车起紧急制动作用	(1)均衡风缸管堵塞，使均衡风缸容积大大缩小，这可由检查均衡风缸的排风速度来判定。 (2)分配阀的紧急放风阀第一排风堵与第二排风堵装错或堵塞。 (3)紧急放风阀的充气限制堵被污物堵塞	(1)清除均衡风缸管路中的污物。 (2)重新安装被装错的排风堵或清除风堵中的污物。 (3)清洗充气限制堵中的污物
12	使用自阀操纵后，转用单阀操纵时，制动缸没有压力	在管路系统中有两个变向阀，其作用是转换自阀和单阀对作用阀的操纵，也就是控制自阀和单阀不能同时操纵作用阀。在上述情况下是自阀和单阀转换的变向阀被卡住	先轻轻敲打变向阀体，看其是否能恢复作用。如不能恢复，应将变向阀拆下清洗干净，不须加任何油脂装上即可。变向阀卡住大都是因油脂过多，黏结脏物而造成的
13	自阀手柄在运转位，均衡风缸压力正常，而列车制动管压力达不到定压，手柄移至制动区和过量减压位时，制动缸没有压力；手柄移至紧急制动位时，制动缸压力上升	中继阀膜板顶杆脱落，故在常用制动时，制动缸没有压力。紧急制动时，由于直接顶开放风阀，故制动缸有压力	重新组装膜板顶杆或更换中继阀

续上表

序号	故障项目	可能原因	处理方法
14	自阀手柄在手柄取出位时，中继阀排气口排气	自阀手柄此时并没有真正放在手柄取出位，限制自阀手柄取出的缺口偏斜或过大	更换凸轮盒盖或进行焊修缺口
15	自阀手柄在过充位后移至运转位，过充压力消除较快，引起机车制动	(1)过充风缸中直径 0.5 mm 的小孔过大。 (2)过充管制有漏泄现象。 (3)缓解柱塞阀的第二道 O 形圈（从左数）损伤。 (4)分配阀副阀内的充气阀通路被污物堵塞，使工作风缸过充压力消除不了	(1)缩小过充风缸的小孔，使之恢复到 0.5 mm。 (2)消除过充管制的漏泄。 (3)更换缓解柱塞阀的第二道 O 形圈。 (4)清洗充气阀，排除污物
16	自阀手柄在制动区，虽然自阀调整阀盖下方排气口排风，但均衡风缸和列车制动管均不减压	由于调整阀排气阀弹簧较供气阀弹簧硬，使列车管得不到减压	必须更换排气阀弹簧。在变换组装时，应使排气阀先关闭后再开启供气阀。排气阀弹簧和供气阀弹簧是外形尺寸完全一样的两个零件，只是它们在组装时的预压缩量不一样，供气阀弹簧预压量稍多于排气阀弹簧，用以保证排气阀先关闭再开启供气阀
17	自阀手柄在运转位，工作风缸和降压风缸充气缓慢（充到 471 kPa，前者为 30～50 s，后者 50～70 s）	(1)工作风缸充气限制堵有毛刺或污物。 (2)工作风缸充气止回阀被卡，止回阀座太高，造成开启量不足。 (3)管座的工作风缸通路堵塞。 (4)工作风缸及其管路漏泄。 (5)副阀柱塞套第五道 O 形圈槽（从膜板侧数起）两排充气孔有毛刺或被污物堵塞或其他管路漏泄。 (6)管座降压风缸的通路被污物堵塞。 (7)由于工作风缸充气缓慢，影响降压风缸的充气速度	(1)清除充气限制堵中的毛刺及污物。 (2)找出充气止回阀被卡或开启量不足的原因，使之恢复正常。 (3)清除管座工作风缸通路的污物。 (4)防止工作风缸及其管路的漏泄。 (5)清除两排充气孔内的毛刺及污物。 (6)清除管座降压风缸通路内的污物。 (7)提高工作风缸的充气速度
18	自阀手柄在运转位时，分配阀排气口漏泄	(1)主阀供气阀胶垫不平，污物堵住或阀口有伤痕。 (2)紧急限压阀套或柱塞的第二道 O 形圈（从上方数）损伤或不清洁，使紧急限压阀部的列车制动管风漏到作用管，又经主阀排气口漏到大气	(1)用细砂纸磨平供气阀胶垫、清除污物或用细砂纸修补阀口伤痕（伤痕过大须更换）。 (2)更换紧急限压阀套或柱塞的 O 形圈
19	自阀手柄在制动区，制动缸压力上升缓慢	(1)总风限制堵（直径 1.5 mm）堵塞。 (2)作用风缸的通路漏泄。 (3)常用限压阀套上的孔被堵塞	(1)清除总风限制堵内的污物。 (2)修补作用风缸及其管路的漏泄。 (3)清除常用限压阀套小孔内的污物

续上表

序号	故障项目	可能原因	处理方法
20	自阀手柄在制动区，分配阀排气阀口漏泄	(1)主阀空心阀杆的阀口有伤痕或污物堵住。 (2)通到主阀供气阀盖导向杆背面的通路因污物或胶垫压死，通路缩小，使作用管过充，此时过充压力在排气口排出。 (3)作用管到主阀小膜板上侧的缩口风堵被污物堵塞使其通路变小，造成作用管压力过充，此时过充压力最后在排气口排出。 (4)工作风缸充气止回阀漏泄，使工作风缸压力逆流到列车制管，造成自然缓解	(1)用细砂纸修复阀口伤痕或清除污物。 (2)清除通路内的污物，更换胶垫，使之畅通。 (3)清除污物，使之畅通。 (4)清除工作风缸充气止阀口的污物或用细砂纸修补阀口使之不漏
21	自阀手柄在制动区，列车制动管减压量与制动缸压力不成比例	(1)若制动缸压力高于正常压力，是主阀至充气阀盖的通路不通或通至小膜板上侧的缩口风堵堵塞。 (2)若制动缸压力低于正常压力，是工作风缸没有充到规定压力或因其系统管路漏泄。 (3)主阀大膜板破裂	(1)清除缩口风堵的污物，使之畅通。 (2)确认工作风缸充气压力是否达到规定压力值(这一点对装有工作风缸压力表的机车是很方便的)。若达不到规定压力，则说明工作风缸充气不足。可检查工作风缸充气止回阀(止回阀是否卡阻，开启度是否足够，弹簧弹力是否适当)，再检查副阀充气阀凹槽是否开通，以及副阀柱塞至工作风缸的通路是否开通。 (3)更换主阀大膜板
22	自阀手柄在常用全制动位，制动缸压力高于正常规定压力	常用限压阀堵塞或卡死，起不到限压的作用(除全制动位外的制动区不会出现这个现象，这是因为一般常用制动时，制动缸压力受主阀膜板面积比的限定，常用限压阀是不参加作用的)	拆下常用限压阀，消除污物后，重新组装
23	自阀手柄在常用全制动位或紧急制动位时，作用风缸压力上升缓慢	(1)常用限压阀凹槽或阀套小孔堵塞。 (2)紧急限压阀发卡，达不到紧急制动位，或下部止回阀发卡，开启度不大。 (3)总风限制堵被堵塞	(1)清洗常用限压阀凹槽及阀套小孔。 (2)清洗紧急限压阀，重新组装。 (3)清除总风限制堵的污物
24	自阀手柄在紧急制动位时，制动缸增压不稳定，有时还出现压力下降现象	(1)紧急限压阀柱塞和套的配合间隙过小，或O形圈压缩量过大及污物堵塞使其阻力过大动作不灵敏。 (2)紧急限压阀套或柱塞的第二道O形圈(从上方数)损伤或不清洁，使作用管的风漏入列车制动管	(1)一般可用弹簧抵抗器加以测试，柱塞与套之间的阻力最大不超过6～7 N；如超过8 N则不起作用或不稳定，此时必须检查各部尺寸，使之符合图纸要求后重新组装。 (2)更换紧急限压阀套或柱塞的第二道O形圈
25	自阀手柄在紧急制动或常用全制动后，手柄回运转位，制动缸缓解缓慢或不缓解	紧急限压阀下部止回阀被卡，使其开启量变小或止回阀弹簧装错(如装用工作风缸充气止回阀弹簧，则造成不缓解)	清洗紧急限压阀下部的止回阀，重新组装，更换止回阀弹簧

续上表

序号	故障项目	可能原因	处理方法
26	自阀手柄在制动区，开始工作，风缸与制动缸压力缓慢下降，当工作风缸压力降到与列车制动管压力相同时，制动缸压力迅速下降到零	(1)主阀空心阀杆第二道O形圈损伤。 (2)工作风缸充气止回阀漏泄	(1)更换空心阀杆的第二道O形圈。 (2)整修工作风缸充气止回阀
27	自阀手柄在制动区，副阀部的充气阀尾端排风不止	(1)小充气阀套或柱塞第一道O形圈(从上方数)损伤，使局减室的压力空气漏至大气。 (2)作用风缸到充气阀膜板下侧的通路堵塞，使充气阀不发生作用，因而不能切断局减室排至大气的通路	(1)更换充气阀套或柱塞的第一道O形圈。 (2)检查充气阀盖的胶垫是否被挤死，若被挤死，须更换；否则清除气路的污物
28	自阀手柄在制动区，制动后保压，制动缸压力不断下降	(1)局减止回阀漏泄，使局减室压力向列车制动管逆流，到一定程度，副阀发生自然缓解，从而引起主阀缓解，表现在机车制动缸压力下降。 (2)充气阀套或柱塞的第一道O形圈损伤或不清洁，使局减室压力风排至大气	(1)检查局减止回阀，清除堵塞的污物或用细砂纸修补阀口使之不漏。 (2)更换充气阀套或柱塞的第一道O形圈
29	自阀手柄在制动区，制动缸压力不能保持，发生阶段下降	(1)副阀柱塞的第一道O形圈(从左数)损伤或不清洁，使工作风缸压力漏到降压风缸。 (2)工作风缸充气止回阀漏，使工作风缸压力空气流向列车制动管。 (3)工作风缸管系或降压风缸管系漏泄	(1)更换副阀柱塞第一道O形圈。 (2)检查工作风缸充气止回阀，清洗和排除污物，修补阀口使之不漏。 (3)检查工作风缸及降压风缸的管路系统，使之不漏
30	自阀手柄在制动区，制动保压后发生自然缓解	(1)局减止回阀漏泄。 (2)副阀柱塞的O形圈压缩量过大，制动后，由于O形圈压缩量过大，使其回不到保压位，此时降压风缸的压力空气一直经过保持阀排至大气。当此风压排到副阀膜板两侧的压差足以克服O形圈阻力时，立即就把活塞推到了缓解位，造成副阀的自然缓解。由于副阀的自然缓解，又使工作风缸压力迅速流向降压风缸，进而使主阀发生缓解作用。 (3)降压风缸漏泄，即副阀柱塞的第二、三道O形圈(从膜板侧柱塞上的O形圈数起)损伤，使副阀不能保压。 (4)分配阀主阀空心阀杆组装时，将柱塞卡偏，使O形圈损伤并卡死。 (5)单阀单缓柱塞或单缓柱塞套上O形圈损伤，使工作风缸压力空气漏入大气。 (6)副阀局减止回阀下部漏装缩口风堵	(1)检查局减止回阀，清除堵塞的污物或用细砂纸修补阀口使之不漏。 (2)检查副阀各O形圈压缩量应符合图纸要求。 (3)更换副阀柱塞的第二、三道O形圈。 (4)更换O形圈，重新组装柱塞，预防卡偏。 (5)更换单阀单缓柱塞或单缓柱塞套上的O形圈。 (6)加装局减止回阀的缩口风堵

续上表

序号	故障项目	可能原因	处理方法
31	自阀手柄制动后移回运转位缓解，充气阀尾端排风不止	由于制动时，副阀膜板后侧的降压风缸至副阀柱塞第二道槽(从膜板侧数)的通路不畅通或柱塞套的第三道槽至保护阀的通路不畅通，使降压风缸的压力空气不能经上述通路排向大气。副阀膜板回不到缓解位，从而无法切断列车制动管到局减室的通路，使局减室的压力空气经充气阀尾部排气孔排向大气	检查副阀柱塞套的第二、三道槽，清除毛刺及污物，使之畅通
32	自阀手柄不论在制动区的哪个位置，充气阀通大气口的排风不能停止	充气阀膜板破裂	更换充气阀膜板
33	自阀手柄在运转位或制动区，紧急放风阀排气口漏泄	(1)放风阀胶面不平，阀和套配合过紧。 (2)阀口被污物堵住或阀口有伤痕	(1)取出放风阀，用细砂纸修补阀口伤痕，若伤痕过大，须更换。 (2)清除污物，用细砂纸修补阀口伤痕，若伤痕过大，须更换
34	自阀手柄在运转位，作用阀排气口排风	(1)作用阀的供气阀胶面不平。 (2)作用阀的供气阀口有污物或有伤痕	(1)用细砂纸把胶面磨平整。 (2)清除阀口污物，用细砂纸修补阀口伤痕
35	自阀手柄从制动区回运转位，制动缸缓解或缓解不到零	(1)未装作用阀缓解弹簧。 (2)空心阀杆O形圈阻力大	(1)加装缓解弹簧。 (2)重新组装空心阀杆，使之符合图纸尺寸要求
36	自阀手柄在制动保压位时，作用阀排气口排风	(1)作用阀空心阀杆的阀口有污物或伤痕。 (2)空心阀杆上的第一道O形圈(从上方数)损伤或不清洁。 (3)制动缸到供气阀盖导向杆背面的通路被污物堵塞或弹簧产生永久变形，不能及时关闭供气阀，使制动缸产生过充压力，促使作用膜板下移，打开排气阀口	(1)清除作用阀空心阀杆阀口的污物或用细砂纸打磨阀口伤痕。 (2)更换空心阀杆上的第一道O形圈。 (3)清除供气阀盖导向杆背面充气通路中的污物或更换弹簧
37	单阀手柄在运转位时，作用管无风压，排气阀呈开启状态	此漏泄为供气阀造成，如供气阀口被污物堵着、排气阀口未研磨好或供气阀弹簧被卡等原因，均可造成供气阀漏泄	清除供气阀口污物，用细砂纸修补伤痕及研磨阀口，重新组装供气阀弹簧或将其更换
38	当单阀手柄在运转位时，单阀调整阀盖排气口不漏泄，而手柄在制动区时有漏泄	(1)排气阀弹簧太硬。 (2)排气阀被污物堵住或研磨不好。 (3)排气阀弹簧被卡。 (4)排气阀杆断裂或排气阀顶部触头脱落	(1)更换排气阀弹簧。若在运行中漏泄很大，作为临时措施，可适当减少弹簧圈数以减小弹力，回段后，及时更换。 (2)清除污物，研磨阀口。 (3)重新组装排气阀弹簧或更换。 (4)更换排气阀或加装排气阀的触头

续上表

序号	故障项目	可能原因	处理方法
39	单阀手柄从运转位移至制动区，空走行程大	(1)调整凸轮从运转位到制动区的台阶倒角过大或磨损过限，使凸轮的升程不正确。 (2)调整柱塞组装尺寸小(应选用上限)。 (3)调整凸轮的支承头部磨耗过限	(1)修补凸轮台阶的倒角或更换凸轮。 (2)重新组装调整阀柱塞，使之符合要求。 (3)更换调整凸轮的支承头部尺寸
40	单阀手柄由运转位移到制动区后，产生过充的现象(即作用管压力上升后又有所下降)	(1)单独作用管到调整阀膜板活塞内侧的缩孔(1 mm)被污物或毛刺堵塞，使通路缩小，则单独作用管风压不能及时到达膜板活塞内侧，使膜板活塞左移，打开排气阀，排出过充压力。若此缩孔被全堵塞，则单独作用管压力可达到总风缸压力。 (2)膜板活塞发卡，作用不灵敏	(1)清除缩口风堵内的污物及毛刺。 (2)重新组装膜板活塞，使其作用灵敏
41	使用单阀时，有时发现机车制动缸压力在 49 kPa 以下时不能缓解	由于单阀调整柱塞 O 形圈预压量过大，或因脏物堵住，增加移动阻力，使 49 kPa 的单独作用管压力推不动调整柱塞，排气阀因而不能开启，使单独作用管的 49 kPa 的压力空气排不到大气	检查调整阀柱塞 O 形圈的压缩量，清除其中堵住的污物。在运行中，发生此现象，可把单阀手柄推至全制动位后，立即再移到运转位，使机车制动完全缓解。目前新出厂的单阀，在调整柱塞内增加了一个缓解弹簧，以增加推力
42	使用单阀操纵时，发现机车制动缸压力缓解不了或不缓解	(1)在非操纵端，单阀手柄没有取下而误动了手柄。 (2)单阀手柄在运转位时，调整阀的排气阀未开启	(1)如果非操纵端单阀手柄没有取出，应及时收出，以免产生误动作。 (2)单阀手柄在运转位时，调整阀排气阀应是开启状态，如果发现没有开启，须检查排气阀弹簧是否卡死或太软，此时应更换弹簧。 (3)更换单阀的手柄或芯轴，并对正作用位置
43	单阀单缓柱塞排气口排气不止	(1)单缓阀套及柱塞 O 形圈损坏或不清洁。 (2)单缓柱塞阀杆弯曲，使弹簧不起作用	(1)更换损坏的 O 形圈。 (2)调直或更换单缓柱塞阀杆
44	单阀手柄由运转位向制动区移动时，手柄推不动	单阀调整凸轮的磨耗太深，被卡在凸轮上造成故障	拆下单阀凸轮盒，检查支承的磨损，焊修加硬或更换
45	列车制动管在已有风的情况下，发现中继阀排气口漏泄，此时中继阀的排气阀或供气阀均可能漏泄；若在列车制动管没有风的情况下排风口漏泄，为供气阀口漏泄	(1)供、排气阀面的胶垫不平。 (2)阀口被污物堵住或出现伤痕。 (3)O 形圈损伤或不清洁。 (4)阀套松动窜风。 (5)排气阀与套配合过紧，使排气阀不能完全关闭。 (6)中继阀座垫处总风缸管与列车管窜风，使均衡活塞列车管侧压力高于均衡风缸压力，使排气阀处于开启状态。 (7)排气阀弹簧过软	(1)用细砂纸修补阀平面。 (2)清洗阀口，除去污物或用细砂纸修补阀口伤痕。 (3)更换或清洗 O 形圈。 (4)更换套 O 形圈后重新组装。 (5)排气阀套内径不圆，进行旋修后，重新组装。 (6)更换中继阀座垫。 (7)更换排气阀弹簧

第五章　电 气 系 统

DPT 型接触网作业车电气控制系统主要包括 DC 24 V 直流控制系统、AC 220 V、AC 380 V 交流供电系统。

DC 24 V 直流控制系统主要由电源(包括本车蓄电池组和充电发电机)、操作控制系统(用于发动机启动调速控制、液力传动箱换向换挡控制、仪表监视、作业系统控制)、照明及刮水器等辅助装置控制等组成。其工作过程主要为:通过蓄电池及发动机上的充电发电机给整车电器进行供电,当启动发动机时,蓄电池的电输送给发动机上的起动马达,发动机启动后又通过发动机的充电发电机给蓄电池充电,同时通过空气断路器给车上控制电路及电器供电。

交流系统主要由柴油发电机组及发电机等组成。其工作过程主要为:通过柴油发电机组对车上电取暖器、空调供电,同时车辆两侧的插座箱还能从外引入 AC 380 V 电给车上的交流电器供电;发电机主要是通过车端输出插座为现场提供大功率的交流电源。为保证设备安全,交流线路中设有断路器、交流接触器、漏电保护器保护用电设备的安全。

DPT 型接触网作业车根据生产批次不同采用两种不同的操作控制系统。早期车采用与 JW-4G 型接触网作业车相同的换挡控制器和油门控制器作为控制核心的操作系统。后期车采用以多路网关模块、新型通用输入输出板为控制核心的操作系统。

第一节　早期 DPT 型接触网作业车电气系统

早期 DPT 型接触网作业车电气控制的开关、仪表及与行车监测密切相关的电气元件,主要布置在车内前、后端操纵台上,其他电气元件的分布主要是以功能实现为原则。

早期 DPT 型接触网作业车前、后端均设有模块化整体式操纵台,两端操纵台上的布置基本一致。

一、操纵台布局及各开关作用

操纵台布局如图 5-1 所示。

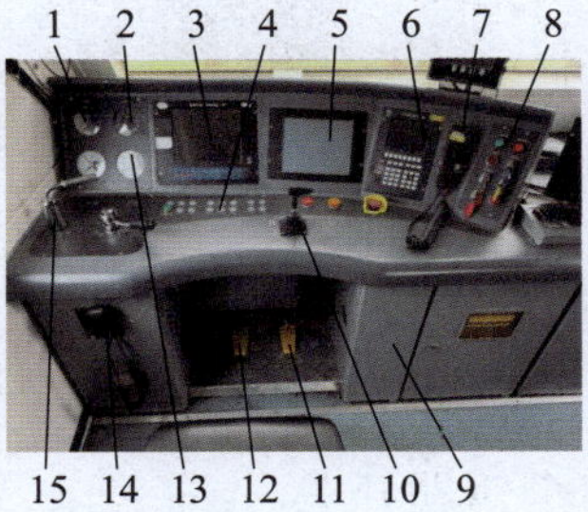

1—发动机转速表;2—车速里程表;3—运监显示器;4—电气元件按钮;5—车控系统显示器;6—电台人机界面;7—电台送(受)话器;8—控制面板一;9—控制面板二(柜门内);10—油门手柄;11—撒砂踏板;12—风喇叭踏板;13—空气系统压力表;14—受话器;15—JZ-7 型制动阀。

图 5-1　操纵台布局

控制面板操作开关见表 5-1。

表 5-1 控制面板操作开关说明

	司机台控制面板一	司机台控制面板二	说明
Ⅰ端	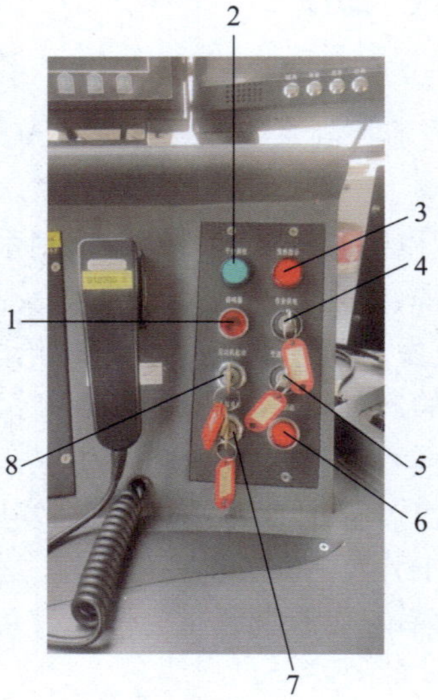	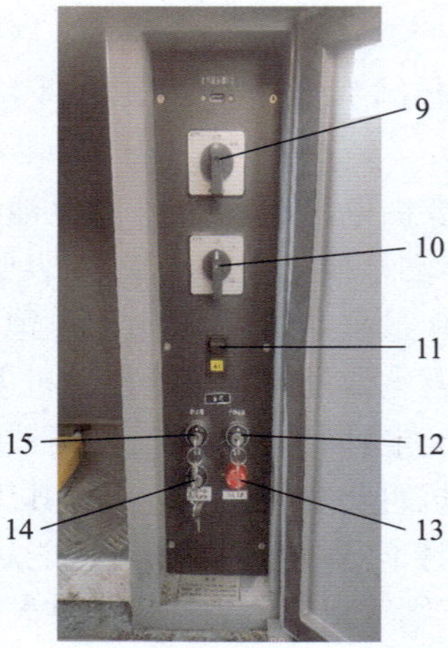	1—蜂鸣器； 2—平台到位指示灯； 3—预热指示灯； 4—作业供电钥匙开关； 5—变速箱工作钥匙开关 ； 6—旁路制动按钮； 7—本端操作钥匙开关； 8—发动机启动钥匙开关； 9—电热玻璃控制开关； 10—低速走行速度选择开关； 11—备用开关； 12—手动电源钥匙开关； 13—应急报警； 14—作业故障应急走行钥匙开关； 15—排水阀钥匙开关
	司机台控制面板一	司机台控制面板二	说明
Ⅱ端	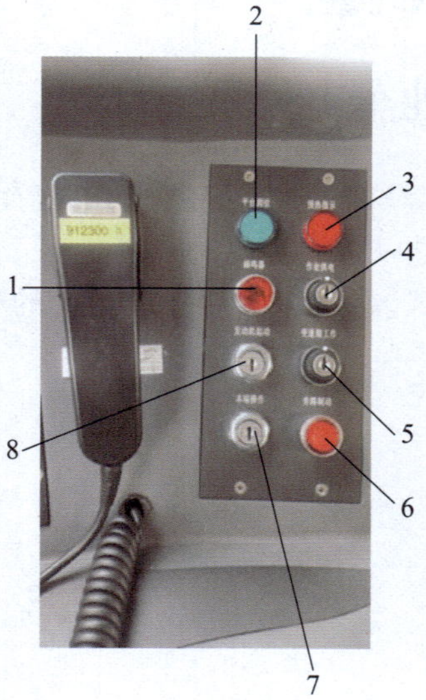	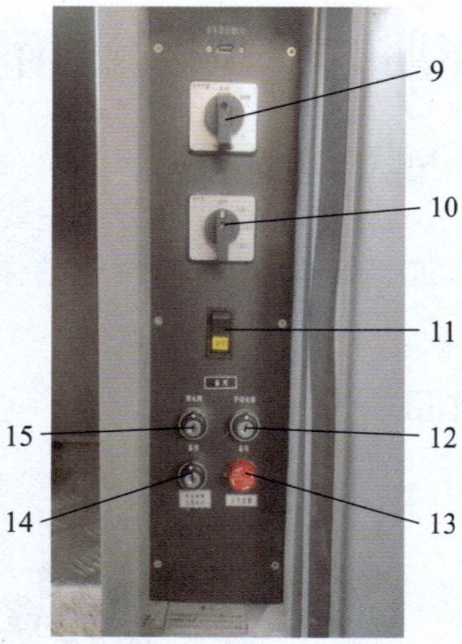	1—蜂鸣器； 2—平台到位指示灯； 3—预热指示灯； 4—作业供电钥匙开关； 5—变速箱工作钥匙开关； 6—旁路制动按钮； 7—本端操作钥匙开关； 8—发动机启动钥匙开关； 9—电热玻璃控制开关； 10—低速走行速度选择开关； 11—备用开关； 12—手动电源钥匙开关； 13—应急报警； 14—作业故障应急走行钥匙开关； 15—排水阀钥匙开关

(一)本端操作钥匙

司机台控制面板一左侧第四个钥匙开关为本端操作开关,其控制原理如图 5-2 所示。此开关的功能是接通本操作端手柄、开关电路,同时隔离非操作端各操作开关。插入钥

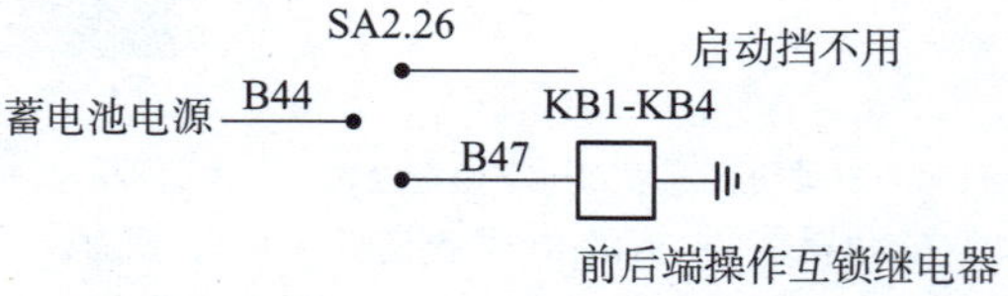

图 5-2 本端操作开关控制原理

匙，扳至右侧 45°，方可在本端进行操纵车辆。

（二）发动机启动钥匙开关

司机台控制面板一左侧第三个钥匙开关为主机启动开关。此开关的功能是用于控制本机的启动。该开关有启动、运转两挡，当开关旋转至最右端为启动挡，松手后自动回转至运转挡。控制原理如图 5-3 所示。

（三）蜂鸣器

司机台控制面板一左侧第二个指示灯为蜂鸣器。此蜂鸣器的功能是当发动机、液力传动箱发生故障或车辆发生故障时，蜂鸣器将会发出声光报警信号，提醒司机注意。控制原理如图 5-4 所示，报警信号由控制器输出至继电器线圈，由继电器触发报警蜂鸣器响。

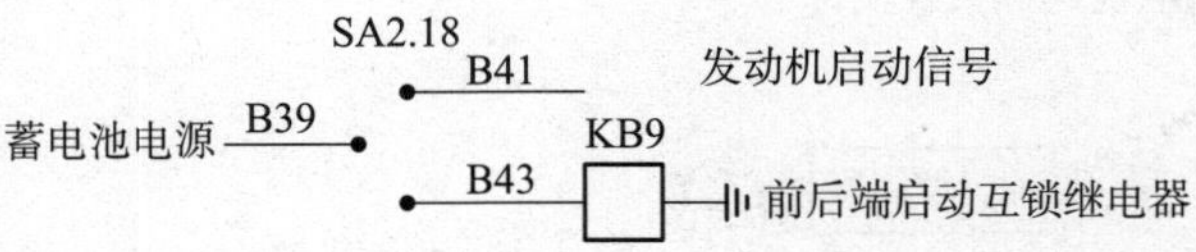

图 5-3 主机启动开关控制原理

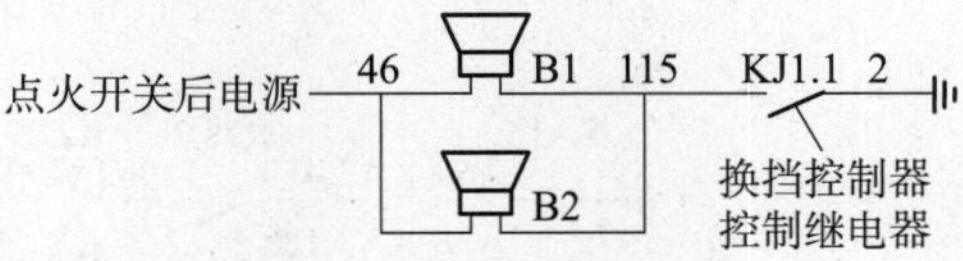

图 5-4 蜂鸣器开关控制原理

（四）平台到位指示灯

平台到位指示灯控制原理如图 5-5 所示，司机台控制面板一左侧第一个指示灯为平台到位指示灯。平台到位指示灯显示绿灯，表示三平台系统在运输位，相关信号由三平台控制系统输出。

（五）预热指示灯

司机台控制面板一右侧第一个指示灯为预热指示灯，其功能一是当主机启动开关打到运转位，发动机 ECU 通电时预热指示灯亮，此时发动机 ECU 处于自检状态，自检完成后，预热指示灯熄灭。二是当发动机 ECU 检测进气温度低于规定值，输出预热信号，同时预热指示灯亮到指示发动机预热状态。预热指示控制原理如图 5-6 所示。

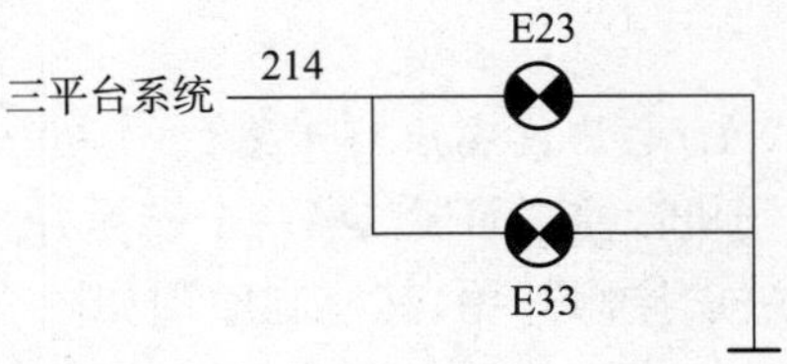

图 5-5 平台到位指示灯控制原理

图 5-6 预热指示控制原理

（六）作业供电钥匙开关

司机台控制面板一右侧由上至下第二个钥匙开关为作业供电钥匙开关，此开关的功能是与作业装置控制柜内开关配合使用，用以接通作业机具（三平台、拨线装置）电源使其工作，其控制原理如图 5-7 所示。

（七）变速箱工作钥匙开关

司机台控制面板一右侧第三个钥匙开关为变速箱工作钥匙开关，此开关的功能是控制液力传动箱的工作状态，将该开关扳至右侧 90°，液力传动箱开始工作，回至中位时，液力传动箱停止工作。控制原理如图 5-8 所示，其基本原理为：通过控制 119 的通断，并将此信号传给换挡控制器，由换挡控制器输出控制信号至液力传动箱。

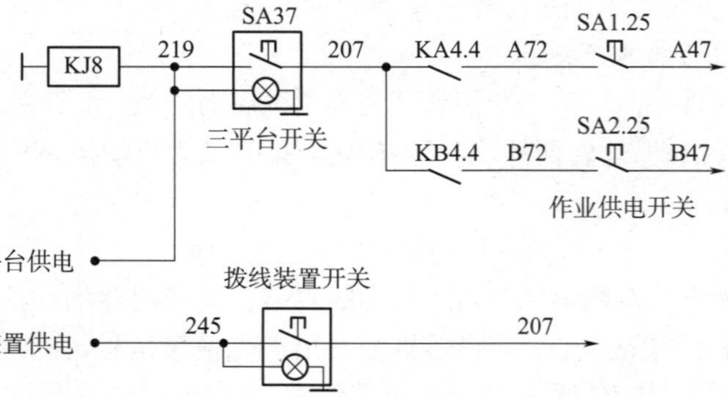

图 5-7　作业供电钥匙开关控制原理

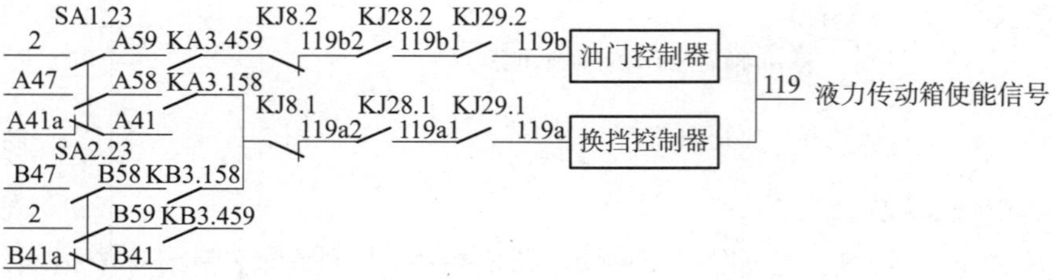

图 5-8　液力传动箱工作开关控制原理

注意:发动机启动前,应确认“变速箱工作”开关是否在“零”位,如果“变速箱工作”开关扳至工作位,发动机将无法启动；当空气压缩机工作开始打风时,切勿将“变速箱工作”开关扳至工作位,否则在向前或向后扳动该手柄提升发动机转速时,车辆将会开始运行。

(八)旁路制动按钮

司机台控制面板一右侧第四个按钮开关为旁路制动按钮。在紧急情况下,可通过按下此按钮使整车制动。同时,在作业平台三个操作盒中也各有一个旁路制动按钮,用于平台操作员在紧急情况下按下按钮使整车停车,原理如图 5-9 所示。

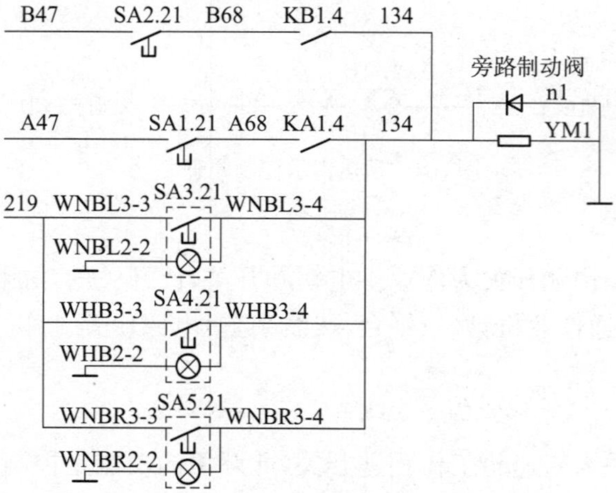

图 5-9　旁路制动控制原理

(九)电热玻璃控制开关

司机台控制面板二第一个转换开关为电热玻璃控制开关,其控制原理如图 5-10 所示。

电热玻璃是根据车辆所在地区的气候条件决定的选装件,当车辆安装有电热玻璃时,利用该开关可以控制电热玻璃的关闭或加热。严禁长时间使用电热玻璃,以免蓄电池亏电,造成发动机下次启动困难。

(十)低速走行速度选择开关

司机台控制面板二第二个转换开关为低速走行速度选择开关,在自动换挡、正常行车工况下,打开此开关的一个速度点,整车将按设定速度运行。其控制原理如图 5-11 所示。

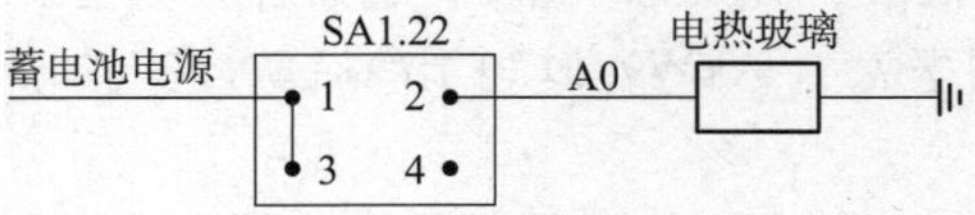

图 5-10 电热玻璃控制原理

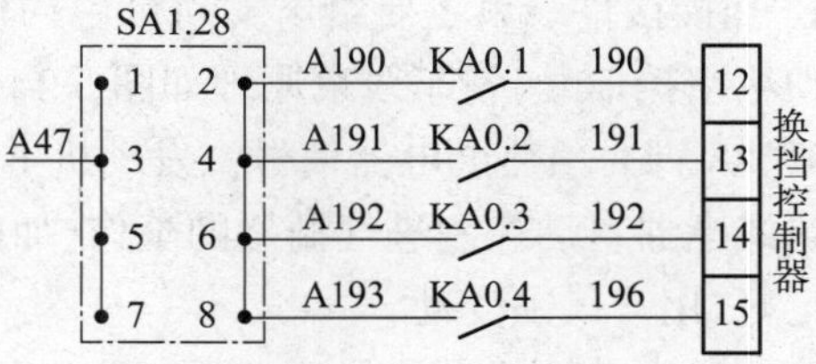

图 5-11 低速走行开关控制原理

(十一)手动电源钥匙开关

司机台控制面板二中设有手动电源钥匙开关,当换挡控制器系统故障时,司机将该开关扳至右侧 90°,可以切换至油门控制器对发动机进行调速控制、对液力传动箱进行换向换挡控制。其控制原理如图 5-12 所示。

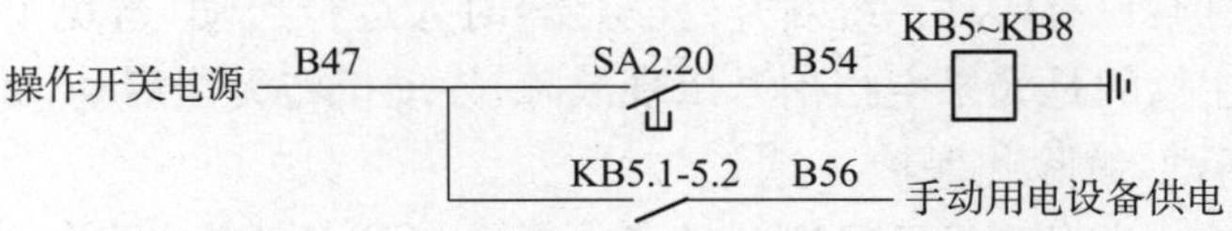

图 5-12 手动电源控制原理

二、主要电气元件

(一)发动机电子控制单元 ECU

DPT 型接触网作业车采用潍柴 WP12.480 型电喷水冷柴油发动机,发动机的启动、调速都受电子控制单元 ECU 控制。

发动机 ECU 安装在发动机上,主要连接线束由喷油器线束、传感器线束和整车线束组成,其中喷油器线束和传感器线束在发动机出厂时已安装完毕,主机生产厂家只连接整车线束。

整车线束由一根 10 孔插件线束和一根 42 孔插件线束组成,其中 10 孔插接件为电源线束,42 孔插接件为控制线束,如图 5-13 所示。

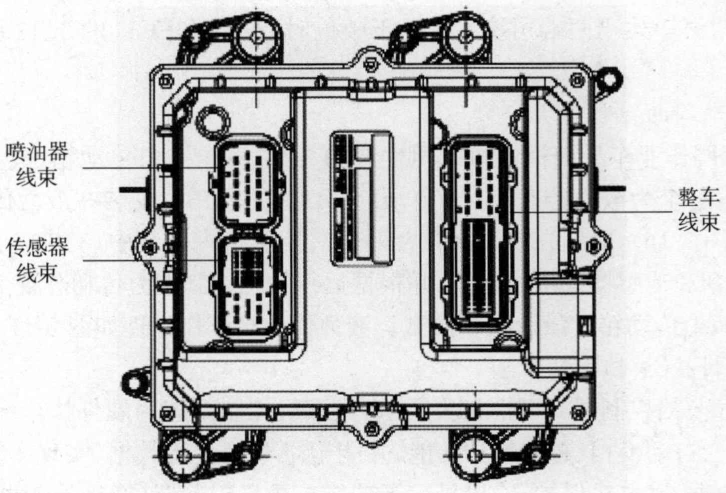

图 5-13 电子控制单元外形

42 孔插接件线束主要给出发动机启动信号、启动加热信号、诊断检测信号、油门信号、液力传动箱空挡信号，整车线束原理如图 5-14 所示。

37、38 脚为预热继电器信号。发动机 ECU 根据发动机上的温度传感器感应环境温度，通过加热继电器自动控制进气栅格的工作(加热功率为 1.9 kW)，以利于冷启动，进气加热时间已标定好，用户无须变动。

发动机启动加热电控过程为：打开点火钥匙，发动机 ECU 根据环境温度自动进行预加热，一般加热 1 min 后，加热停止，此时可以启动发动机，启动完成后发动机 ECU 根据环境温度自动进行后加热，一般加热 2 min，环境温度低于－10 ℃时进行后加热。

8、9 脚为启动继电器信号。潍柴 WP12 电喷式发动机与传统发动机启动方式不同，传统发动机为启动继电器直接控制起动电机，潍柴 WP12 电喷式发动机为启动受发动机 ECU 控制，由 ECU 控制启动继电器。俗称启动受 ECU 控制，此做法的优点有：

(1)空挡启动保护：只有传动系统断开(挂空挡)时才运行启动，避免了挂挡启动后车辆即运行的危险。需要注意的是如果空挡信号出现故障，发动机将无法启动，此时把点火开关打到启动位 3 s 以上再启动，解除此保护。

(2)二次启动保护：当发动机已经启动且点火钥匙打到启动位(开关发卡等故障或误操作等情况)时，ECU 不输出该信号，以免损坏起动机的齿轮。

(3)长时间启动保护：如果发动机没有启动，而启动信号有效超过 12 s 时，ECU 自动切断该信号输出，主要保护起动机、蓄电池等。

(4)预热控制：进气加热在环境温度较低时自动进行，为保护蓄电池，此时禁止启动发动机，如果有启动信号，ECU 不输出该信号。

10 脚为启动信号：前端操纵台点火开关的启动信号通过逻辑控制器互锁后给 ECU 启动指令，ECU 是否输出启动继电器信号由 ECU 自动判断。

11 脚为控制电源：前端操纵台点火开关的运转信号通过逻辑控制器互锁后给 ECU 的控制电源。

2、3 脚为 J1939 信号：J1939 通信线。

4 脚为诊断及监测接口：数据传输用，用于 ECU 与诊断检测工具的数据通信。

1、17 脚为空挡信号：当两端司控手柄处于中位时，车接通 ECU 的 1、17 脚，通知 ECU 此时为空挡。

(二)液力传动箱的控制模块

DPT 型接触网作业车采用福伊特公司生产的 T211re.4 液力传动箱，液力传动箱随机带有两个控制模块，一个为液力传动箱控制单元 VTDC(图 5-15)，安装在液力传动箱上；一个为诊断模块 D.IF(图 5-16)，安装在前端操纵台的电气控制柜内。其中，VTDC 用于处理车辆控制系统发出的命令和传感器发出的信号，并根据运行状态控制液力传动装置上的执行器，诊断模块 D.IF 用于液力传动箱故障诊断和调试。液力传动箱工作原理如图 5-17 所示。

(三)微机控制器(换挡控制器)

微机控制器(换挡控制器)如图 5-18 所示，是微机控制系统的硬件执行元件，能实现轨道车调速、换向保护、自动换挡、超速保护功能，并能记录车辆走行数据、实现车辆的故障诊断及报警、采集数模数据、发电机保护、输出显示等功能。微机控制器(换挡控制器)配线如图 5-19 所示。

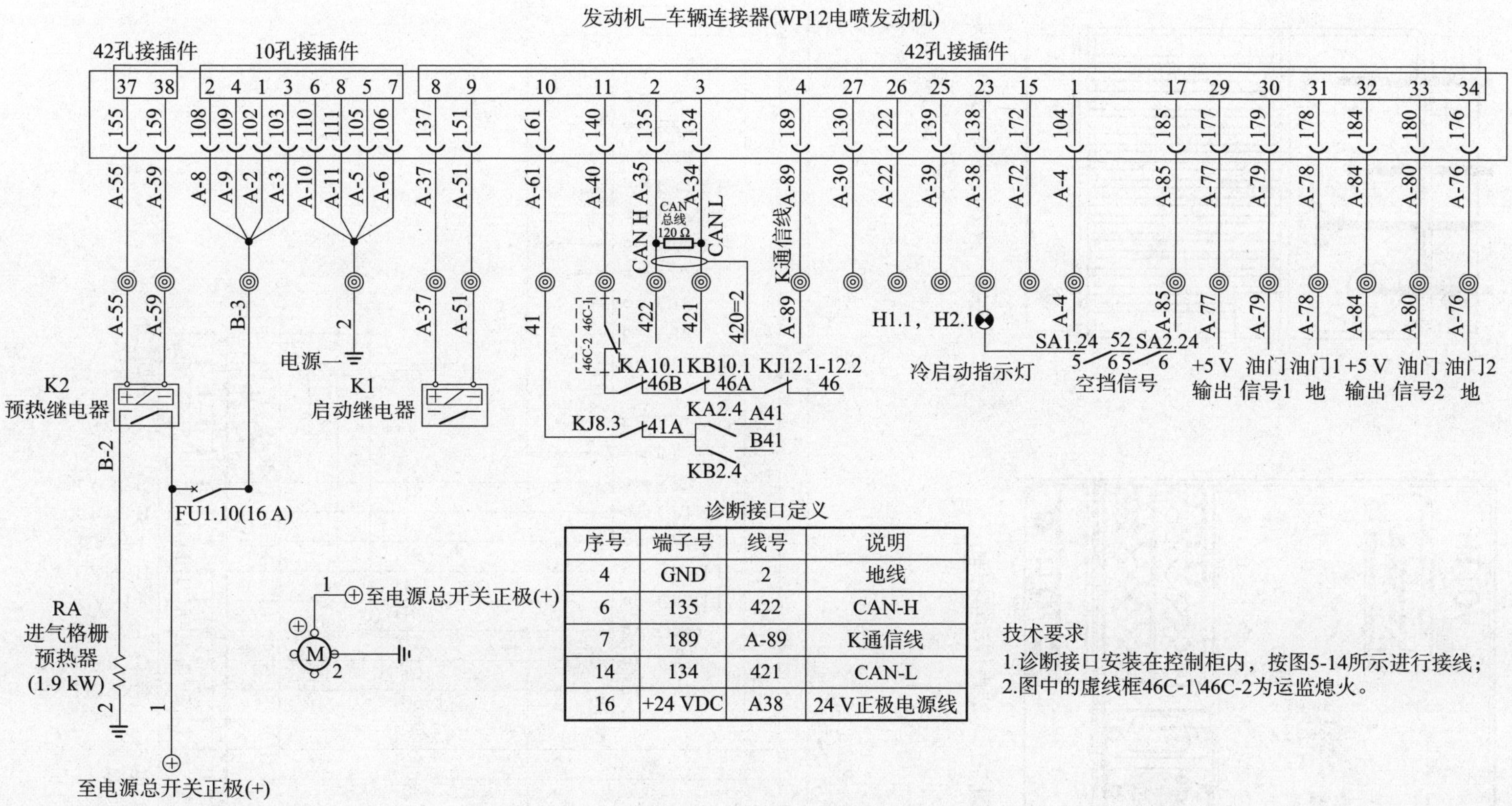

诊断接口定义

序号	端子号	线号	说明
4	GND	2	地线
6	135	422	CAN-H
7	189	A-89	K通信线
14	134	421	CAN-L
16	+24 VDC	A38	24 V正极电源线

技术要求

1.诊断接口安装在控制柜内，按图5-14所示进行接线；

2.图中的虚线框46C-1\46C-2为运监熄火。

图 5-14　发动机整车线束原理

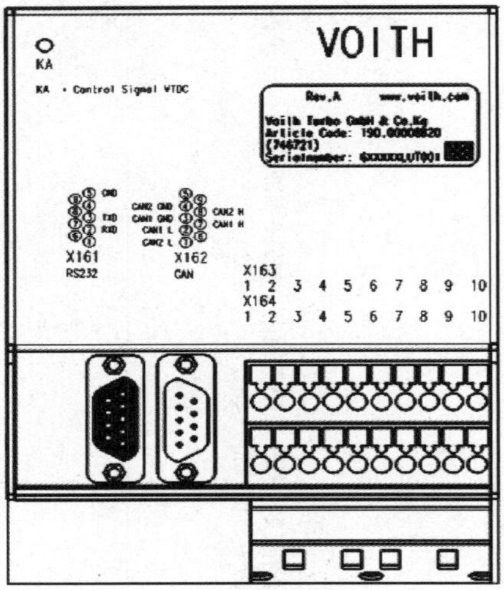

图 5-15　液力传动箱控制

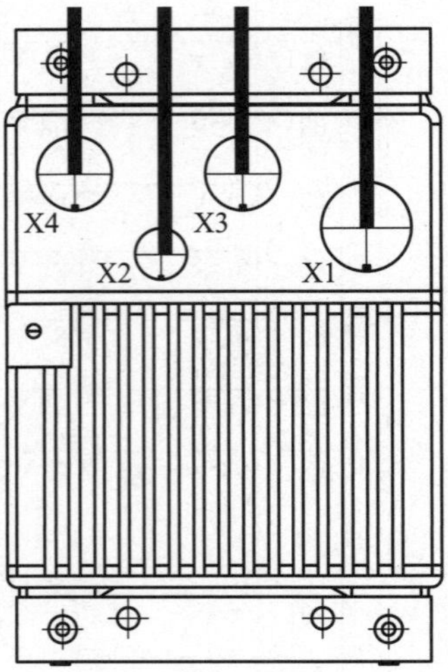

图 5-16　液力传动箱单元 VTDC 诊断模块

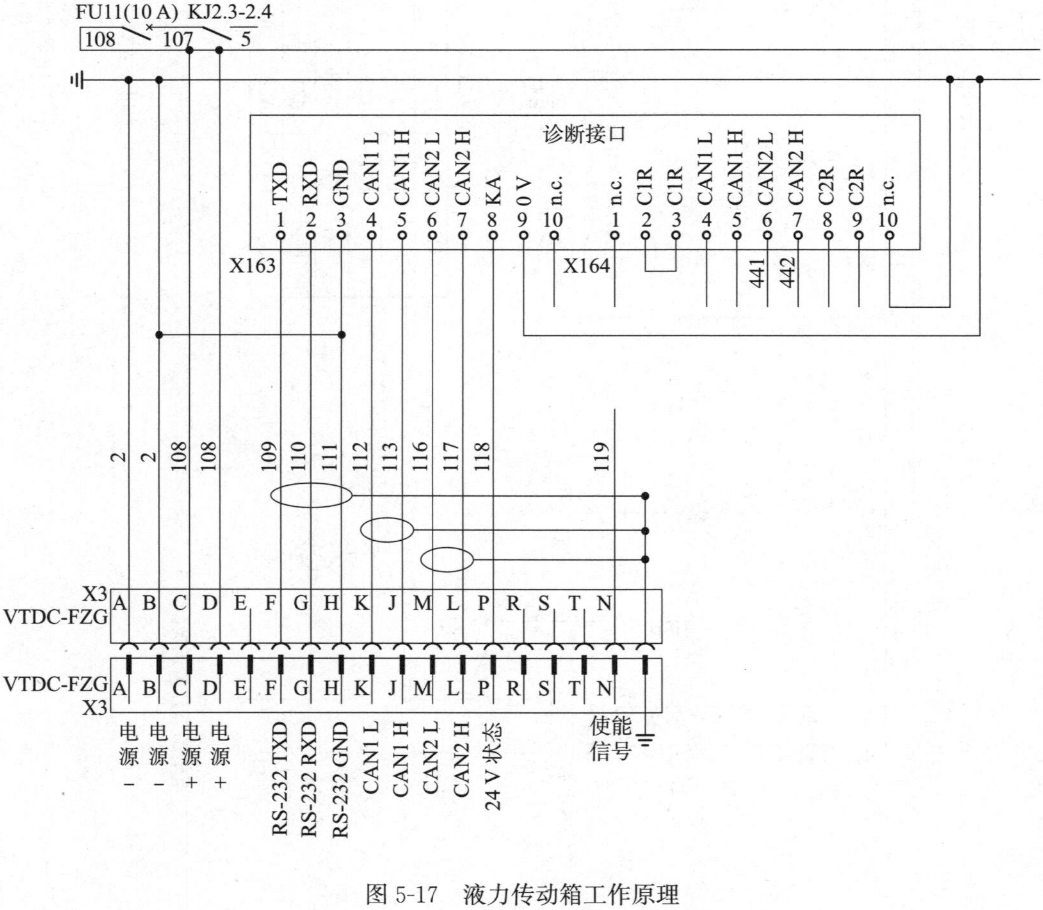

图 5-17　液力传动箱工作原理

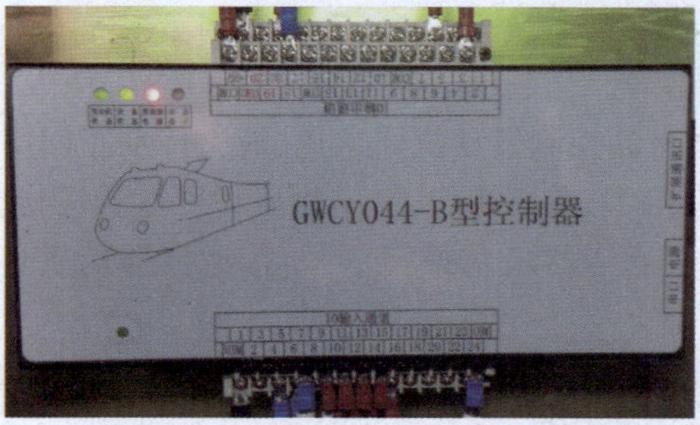

图 5-18　微机控制器(换挡控制器)

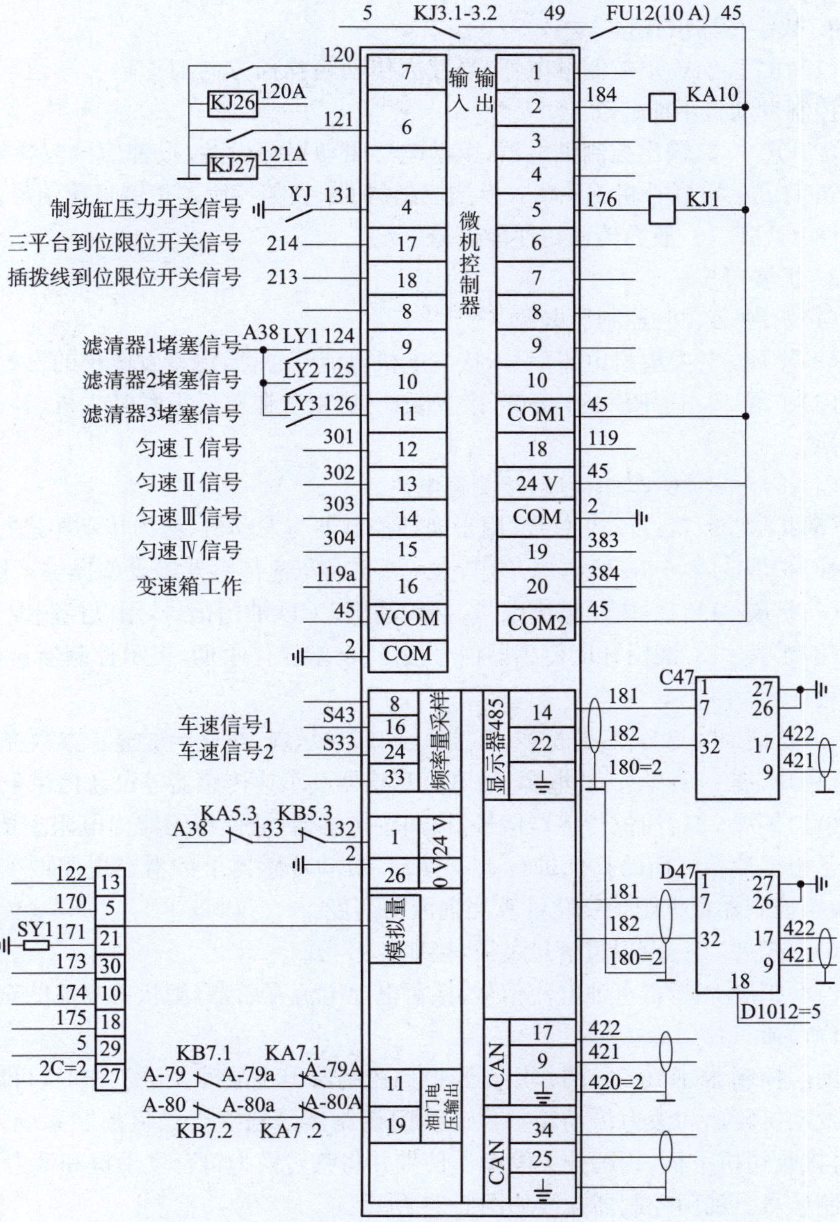

图 5-19　微机控制器(换挡控制器)配线

1. 数字量输入接口

(1)IN.4:制动缸压力信号。当制动缸压力达到(260±10)kPa 时,说明车辆在制动,此时动力单元应卸载,控制器会自动控制发动机回怠速、液力传动箱回空挡。

(2)IN.6、7:方向信号,接Ⅰ、前端操作手柄,用以识别车辆运行方向。

(3)IN.9、10、11:为 3 个滤清器堵塞报警信号,接滤清器堵塞传感器,接收到信号有效后发送给显示屏进行显示。

(4)IN.12、13、14、15:为低速 4 个速度点的信号,控制车辆以设定速度点的低速运行。

(5)IN.16:液力传动箱工作信号,该信号有效时,控制器输出液力传动箱使能信号并控制液力传动箱自动换挡。

2. 数字量输出接口

(1)OUT.2:输出控制继电器,当液力传动箱挂挡方向与车辆实际运行方向不一致时,继电器控制发动机不能启动。

(2)OUT.5:输出控制继电器,由继电器驱动报警设备,报警信号包含发动机 J1939、液力传动箱 J1939、重联补机 RS-485、换挡控制器 DI、换挡控制器扩展口等信号。

(3)OUT.18:液力传动箱使能信号。

3. 扩展口

(1)扩展.1、26:控制器电源。

(2)扩展.5:发电机电流信号,接发电机电流互感器,测量发电机的发电电流。

(3)扩展.6、31:RS-485 接口,接重联补机,用于在双机重联时主机、补机控制器之间的数据交换。

(4)扩展.8、16:车速接口,接测速电机。

(5)扩展.9、17:J1939 总线,用于换挡控制器与发动机、液力传动箱进行数据交换。

(6)扩展.10:+15 V 电源,给电流互感器及车速传感器等设备提供+15 V 电源。

(7)扩展.11、19:电压输出信号,接发动机 ECU 油门信号,用以控制发动机转速的大小。

(8)扩展.13:油门开度传感器信号接Ⅰ、前端操作手柄,提示控制器司机期望的发动机转速变化。

(9)扩展.14、22:RS-485 接口,接Ⅰ、前端显示屏,给显示屏显示参数提供数据。

(10)扩展.18:+15 V 电源,给电流互感器及车速传感器等设备提供+15 V 电源。

(11)扩展.21:油位传感器信号,接油位传感器,油位传感器为电阻型传感器,其原理为油箱浮子根据油箱液面的高低进行上下浮动,带动传感器上的滑动电阻改变位置,进而改变阻值,换挡控制器根据阻值变化计算当前液面高度。

(12)扩展.27:模拟量信号负极,接地。

(13)扩展.30:蓄电池电流信号,接蓄电池电流互感器,测量蓄电池的充放电流。

(四)油门控制器

油门控制器(图 5-20)的作用是当换挡控制器出现故障无法工作时,可以使用油门控制器控制发动机转速和液力传动箱挡位。油门控制器是独立于微机控制系统之外的一个控制模块,可接收司机手柄、钥匙开关等操作信号并将其转换为符合发动机和液力传动箱控制器要求的控制信号。油门控制器配线如图 5-21 所示。

图 5-20　油门控制器

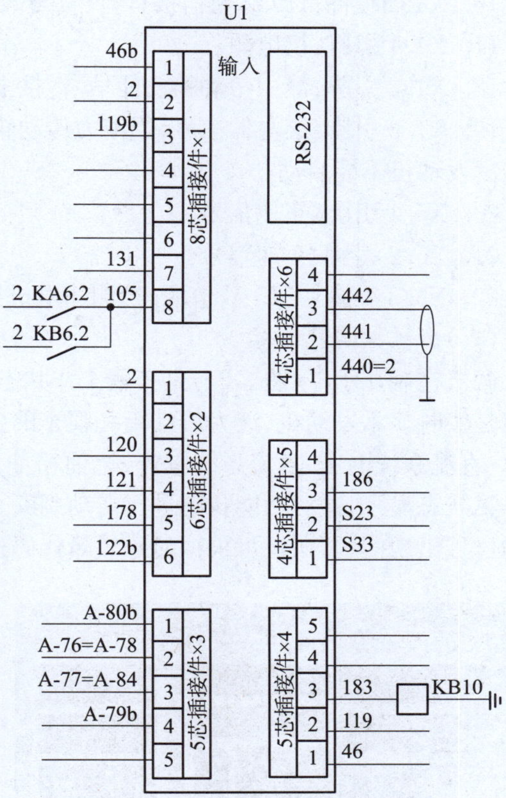

图 5-21　油门控制器配线

1. X1.1 引脚：点火开关后电源，用于给油门控制器供电。

2. X1.2 引脚：电源负极接地。

3. X1.3 引脚：液力传动箱工作开关信号，该信号低电平有效。

4. X1.4～6 引脚：本车不用。

5. X1.7 引脚：油门急降信号，该信号低电平有效，本车接制动缸压力开关，当制动缸压力达到(260±10)kPa 时，说明车辆在制动，此时动力单元应卸载，油门控制器会自动控制发动机回怠速、液力传动箱回空挡。

6. X1.8 引脚：手动控制使能信号，该信号低电平有效，该信号有效时，油门控制器才有输出，否则油门控制器不工作。

7. X2.1 引脚：电源负极接地。

8. X2.2 引脚：中位信号，该信号低电平有效，接手柄中位开关。

9. X2.3 引脚：后退信号，该信号低电平有效，接手柄后退开关。

10. X2.4 引脚：前进信号，该信号低电平有效，接手柄前进开关。

11. X2.5 引脚：+15 V 电源，油门控制器输出信号，给手柄电位计供电。

12. X2.6 引脚：模拟量控制信号，接手柄电位计模拟量输出，以控制发动机转速大小。

13. X3.1、4 引脚：发动机转速控制信号，输出至发动机 ECU 以控制发动机转速。

14. X3.2、3 引脚：发动机转速控制信号电源，本车该电源由发动机 ECU 提供。

15. RS-232 接口：串口，连接电脑等调试工具用。

16. X6 插接件：J1939 通信接口，负责与液力传动箱通信。

17. X4.1 引脚：接电源。

18. X4.2 引脚：液力传动箱使能信号，接液力传动箱。

19. X4.3 引脚：继电器信号，当液力传动箱挂挡方向与车辆实际运行方向不一致时，继电器控制发动机不能启动。

20. X5.1 引脚：车速信号。

21. X5.2 引脚：车速信号。

22. X5.3 引脚：+15 V 电源，给测速电机提供电源。

（五）微机控制显示器

微机控制显示器（图 5-22）是车辆工作状态的人机交换界面，是换挡控制器的显示屏。其功能是实时显示发动机、液力传动箱和整车的各种运行参数，如发动机转速、液力传动箱油温、车速、直流系统电压、直流系统电流、燃油箱油位等，控制原理如图 5-23 所示。显示分主显示及采集状态显示，并对功能状态进行自动判断，如果某功能状态显示红色，说明该功能或参数传输过程出现问题，司机可根据显示故障代码进行处理。

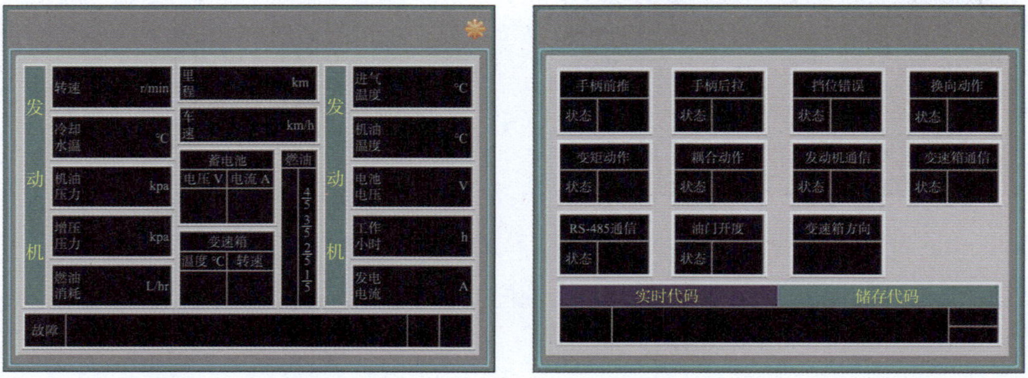

图 5-22　微机控制显示器

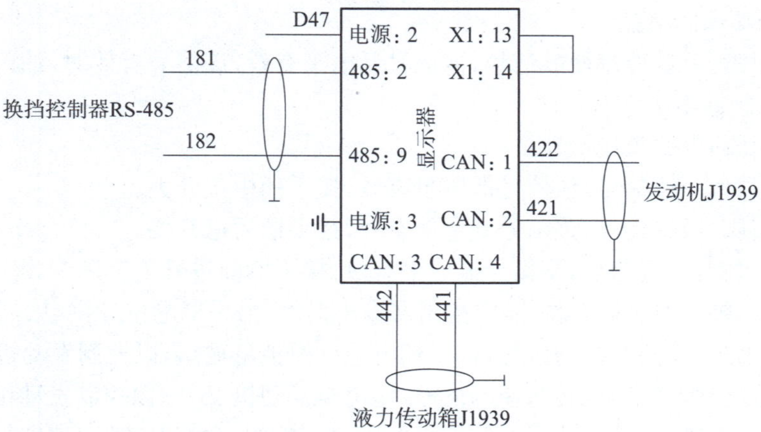

图 5-23　微机控制显示器控制原理

(六)司控手柄

司控手柄(图 5-24)的作用是控制发动机的调速及液力传动箱的换向。当“变速箱工作”开关未打开时,将该手柄提起并向前扳,发动机转速逐渐上升直至达到最大转速;将该手柄提起并向后扳,发动机转速逐渐上升直至达到最大转速。当“变速箱工作”开关打开时,将该手柄提起并向前扳,发动机转速逐渐上升,车辆向前行驶;将该手柄提起并向后扳,发动机转速逐渐上升,车辆向后行驶,控制原理如图 5-25 所示。

图 5-24　司控手柄

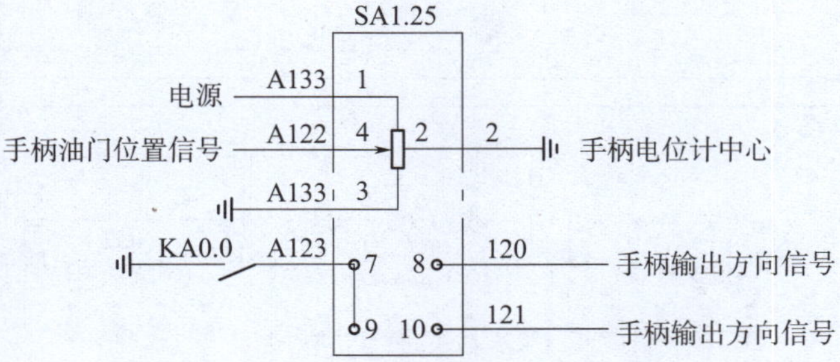

图 5-25　手柄控制原理

(七)继电器

继电器(图 5-26)控制电路中起着自动调节、安全保护、转换电路等作用。在 DPT 型接触网作业车使用的继电器每个提供 4 组触点开关,每组开关可根据需要使用常开或常闭触点。图纸标号 KA * 、KB * 、KJ * 。DPT 型接触网作业车主要继电器如图 5-27 所示。

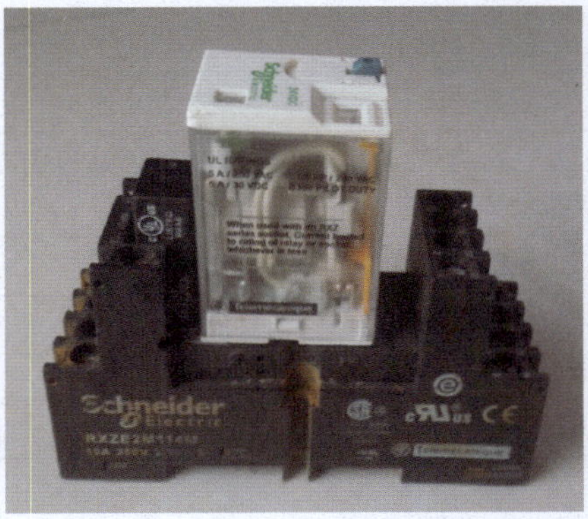

图 5-26　继电器

图 5-27　DPT 型接触网作业车主要继电器

第二节　后期 DPT 型接触网作业车电气系统

后期 DPT 型接触网作业车电气控制系统采用多平台作业车用操作控制系统(型号:TEA681000000)。

一、工作原理

DPT 型接触网作业车用操作控制系统是基于 CAN 总线的分布式网络控制系统。整个系统主要由人机交互模块、电源模块、多路网关模块、新型通用输入输出板等组成，如图 5-28 所示，其模块配置见表 5-2。

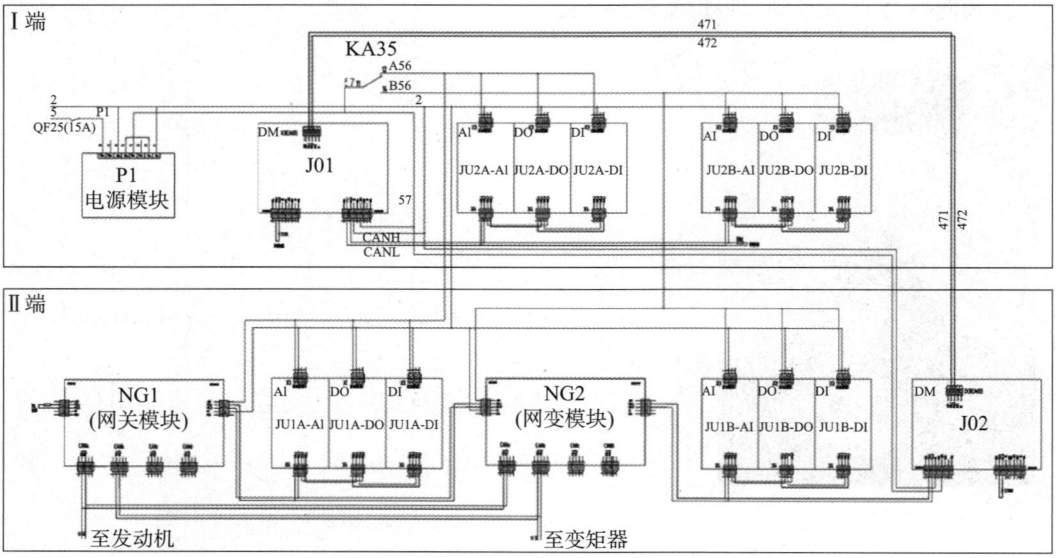

图 5-28 CAN 网络构成

表 5-2 模块配置

模块代号	模块类型	功 能
P1	电源模块	为底层模块提供电源
J01	显示模块	为Ⅰ端司机室驾驶人员提供人机界面
NG1	多路 CAN 总线模块	与车载设备如发动机、变矩器进行 J1939 通信，实现控制功能
JU2	新型通用输入输出模块	由 1 个 48 路 DI 模块，1 个 16 路 AI 模块，1 个 32 路 DO 模块组成，实现数字量的输入和输出，模拟量输出功能
NG2	多路 CAN 总线模块	与车载设备如发动机、变矩器进行 J1939 通信，实现控制功能
JU1	新型通用输入输出模块	由 1 个 48 路 DI 模块，1 个 16 路 AI 模块，1 个 32 路 DO 模块组成，实现数字量的输入和输出，模拟量输出功能
J02	显示模块	为Ⅱ端司机室驾驶人员提供人机界面

系统通过新型通用输入输出模块采集车上的数字量、模拟量信号，并通过该模块输出数字控制信号，实现对车载电磁阀、灯、蜂鸣器等外围器件的控制，并对外输出或采集联锁控制信号。系统通过多路 CAN 总线模块与发动机、变矩器进行 J1939 通信，实现对发动机、变矩器的控制。

二、接口及功能说明

接口主要是设备与设备，人与设备之间联系或识别的纽带，主要包含人机接口及电气接口。

(一)人机接口

DPT 型接触网作业车用操作控制系统的人机接口主要集中在司控台,如图 5-29 所示,驾驶人员通过司控台下达控制命令,并从司控台上获取反映车辆工作状态的参数信息,司控台上的触摸显示屏也是重要的人机接口。

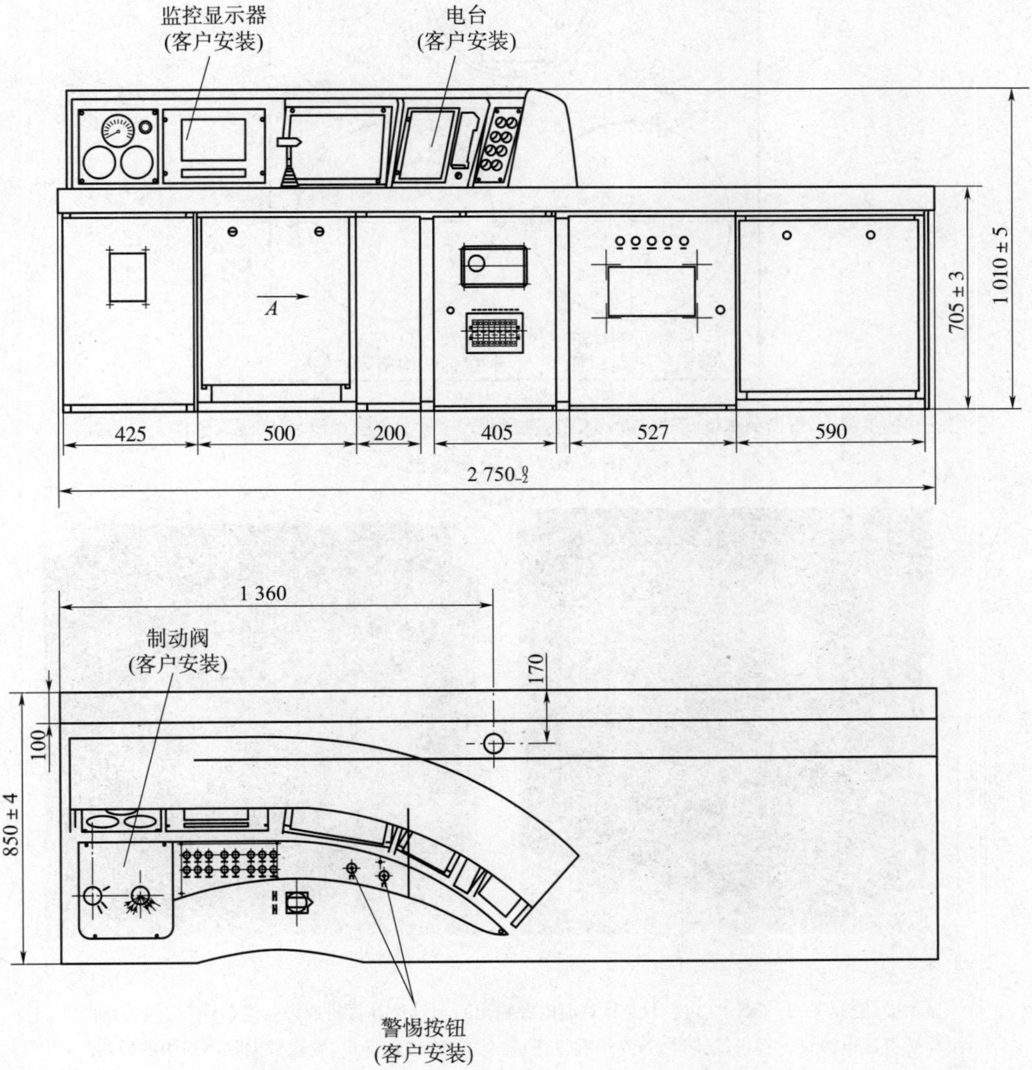

图 5-29　司控台(单位:mm)

(二)仪表安装板

仪表安装板如图 5-30 所示,该板集成了双针压力表、车速里程表及紧急停机按钮,通过双针压力表可监控系统制动压力,通过车速里程表可显示车辆的行驶速度,通过紧急停机按钮能实现紧急停止发动机。

(三)行车显示屏

行车显示屏如图 5-31 所示,实现行车主要参数显示和系统状态监控。

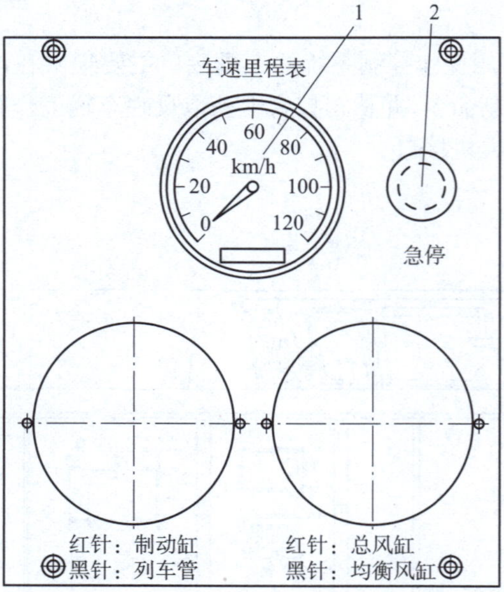

1—车速里程表，可监测车辆行驶速度，记录行驶里程；2—紧急停机按钮，可实现紧急停止发动机。

图 5-30　仪表安装板

1—显示屏、触摸屏；2—RS-232 接口(5 V 直流电源输出)，与其他计算机或设备通信连接，并为其提供 5 V 直流电源；3—键盘线接口，与专用键盘连接；4—网络输出接口，发送数据到网络中的模块或显示器，并为其提供 24 V 直流电源；5—网络输入接口，接收网络中模块或显示器的数据，并提供 24 V 直流电源给本显示器；6—以太网接口，下载程序，并与其他计算机或设备通信；7—USB 接口，数据转储和数据更新。

图 5-31　行车显示屏

显示器主界面主要用于显示行车数据和报警指示，如图 5-32 所示。

主界面包含了行车所需的必要信息。两个虚拟仪表：车速里程表、发动机的转速表。4 个故障指示报警灯：发动机机油压力故障、变矩器压力故障、总风压力低、低水位报警。7 个柱状参数表：油门开度、冷却水温、变速箱油温、蓄电池电压、蓄电池电流、机油压力、燃油油位。所有参数均设置了报警红区，方便司机全面地监控行车状态。

辅助参数界面可显示发动机、变速箱的详细参数，如图 5-33 所示。

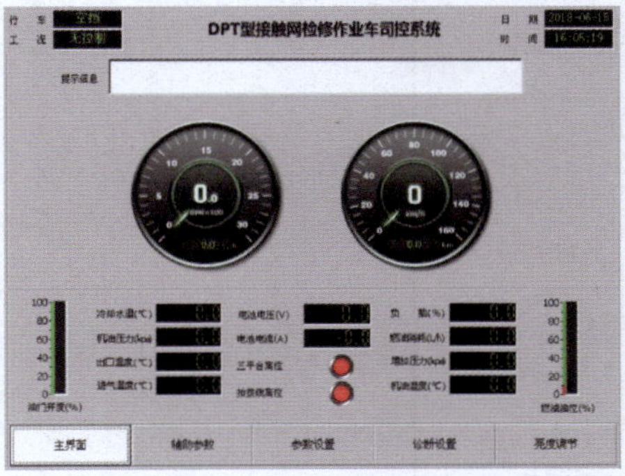

图 5-32 主界面

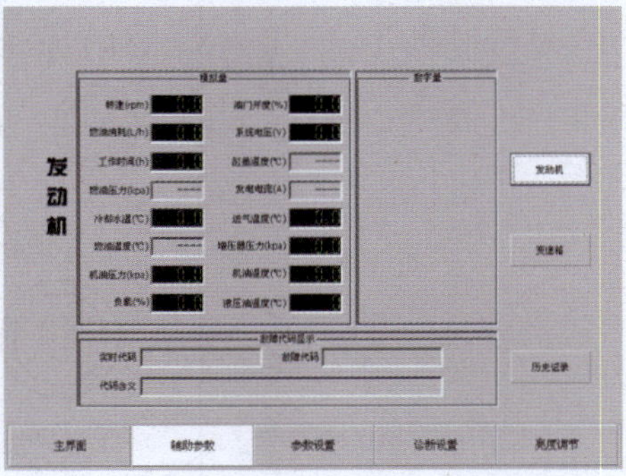

图 5-33 辅助参数界面

报警记录界面将系统内的报警信息进行详细记录，包括发生的时间，方便司机进行查询追溯，如图 5-34 所示。

诊断设置界面是开放给系统调试、维护人员快速查询系统故障、进行软件维护的界面，如图 5-35 所示。

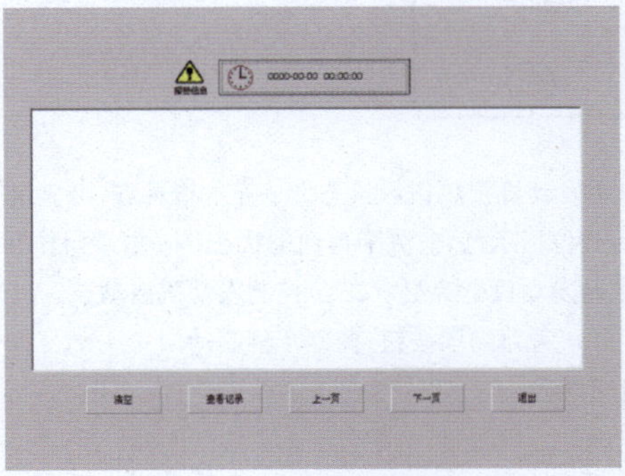

图 5-34 报警记录界面

图 5-35 诊断设置界面

（四）柜门 2

柜门 2 集成了显示器 USB 接口、电热玻璃开关、空气管路加热开关、发动机诊断开关、网络选择开关。USB 接口，可实现显示器程序的下载；网络选择开关，可实现网络切换；报警蜂鸣器，当出现设备安全隐患或不正当操作时鸣笛报警。

（五）矩形板

矩形板如图 5-36 所示，集成了发动机诊断指示灯、发动机预热指示灯、充电指示灯、作业供电开关、平台到位指示灯、本端操作开关、发动机启动钥匙开关、变速箱工作开关、旁路制动按钮等，通过这些开关按钮可实现发动机组的启动停机操作以及诊断、预热状态监控等。

（六）柜门 3

柜门 3 集成了直流断路器、有线通信装置，可使此装置与另一端司机台进行通话。

（七）柜门 4

柜门 4 Ⅰ位预留有发电机控制面板及控制开关开孔，Ⅱ位为空门板。

（八）大小闸板

大小闸板集成了大小闸操作机构，司机可通过该机构进行制动操作。

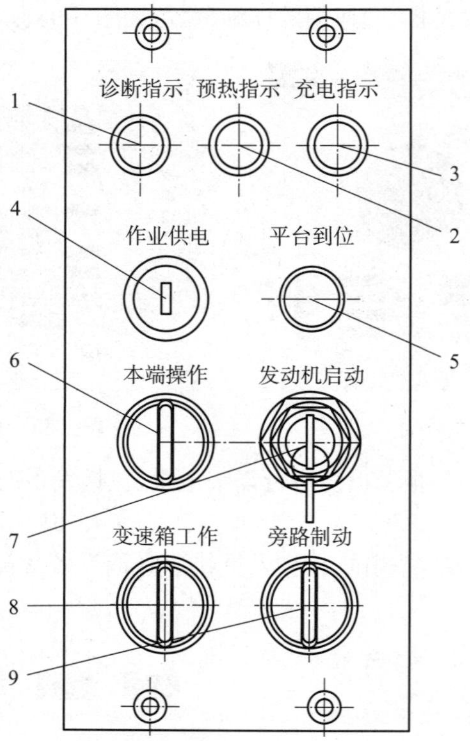

1—诊断指示灯，可显示发动机诊断状态；2—预热指示灯，可显示发动机预热指示状态；3—充电指示灯，可显示发电机发电状态；4—作业供电开关，控制作业电源的供给；5—平台到位指示灯，监测平台到位状态；6—本端操作开关，控制本端电源的给定；7—发动机启动开关，1 位控制发动机电源给定，2 位控制发动机启动；8—变速箱工作开关，控制变速箱电源给定；9—旁路制动按钮，控制车辆制动。

图 5-36　矩形板

(九)异型板

异型板如图 5-37 所示，集成了雨刮开关、照明、喷水、喇叭、风扇、撒砂等设备控制按钮，可实现对辅助系统的操作。

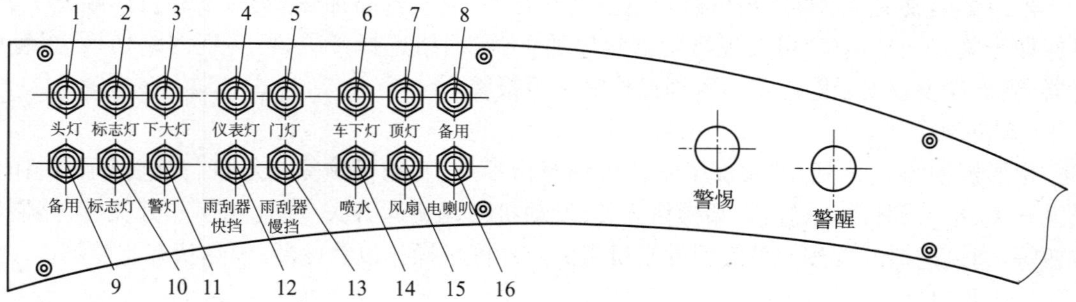

1—头灯控制按钮；2—标志灯控制按钮；3—下大灯控制按钮；4—仪表灯控制按钮；5—门灯控制按钮；6—车下灯控制按钮；7—顶灯控制按钮；8—顶灯控制按钮或备用按钮；9—备用按钮；10—标志灯控制按钮；11—警灯控制按钮；12—雨刮器快挡控制按钮；13—雨刮器慢挡控制按钮；14—喷水控制按钮；15—风扇控制按钮；16—电喇叭控制按钮。

图 5-37　异型板

第六章　液压系统

第一节　液压系统基础

一、基本组成

液压系统是以液体(液压油)为工作介质,利用流动着的液体的压力能来进行能量传递和控制的一种传动形式。

图 6-1 所示为液压系统的组成示意,虚线框内的箭头线代表油液的流动方向。

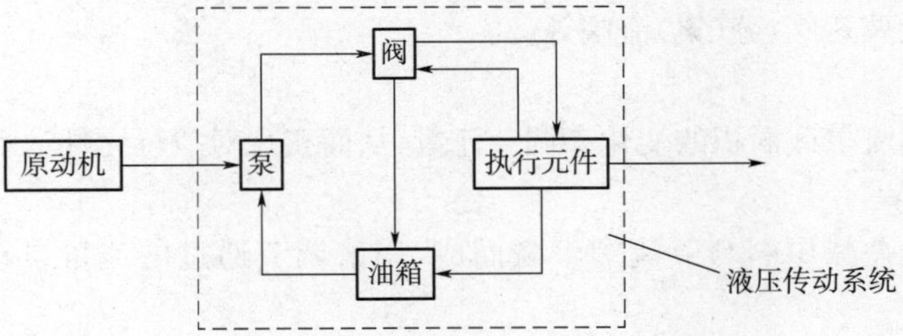

图 6-1　液压系统的组成示意

从图 6-1 中可以看出,一个完整的液压系统主要由动力元件、控制元件、执行元件、辅助元件和工作介质五个部分组成。

(一)动力元件

动力元件指液压泵,其作用是将原动机(电动机或发动机)的机械能转换成液体的压力能,并向系统提供具有一定压力和流量的油液。液压泵的结构形式一般有齿轮泵、叶片泵和柱塞泵等。

液压泵按排量可分为定量泵、变量泵;按结构形式可分为齿轮式液压泵、叶片式液压泵、柱塞式液压泵。

(二)控制元件

控制元件指各类液压阀,其作用是调节液压系统中油液的工作压力、流量和运动方向,以满足工作机械要求,主要有压力控制阀、流量控制阀和方向控制阀。

1. 压力控制阀

液压系统压力控制的目的是使系统实现调压、减压、稳压和安全运行,使执行元件顺序动作。液压系统压力控制元件称为压力控制阀,分为溢流阀、顺序阀、减压阀、压力继电器等。

(1)溢流阀

当液压系统压力达到或超过溢流阀调定压力时,系统压力液体经该阀溢流,防止系统过载,保障系统安全;或将系统压力稳定在调定值。溢流阀是液压系统必不可少的压力控制元件。

(2)顺序阀

顺序阀是依靠液压系统压力变化控制回路的通或断，串联于液压回路中。系统压力达到或超过顺序阀调定值时，阀口开启，允许液流通过。在液压系统中，顺序阀主要用于执行元件顺序动作。

(3)减压阀

减压阀是将出口压力调节到低于进口压力的控制元件，使液压系统某一支路得到较供油压力低的稳定压力。

(4)压力继电器

压力继电器是将液压系统的压力信号转换为电信号的控制元件，由液压部分和电气元件两部分组成。系统压力达到压力继电器调定值时，即发出电信号，控制电动执行元件动作，以完成各项预定任务。

2. 流量控制阀

流量控制阀通过改变节流阀口开度来调节通过它的流量，以实现对系统某负载流量控制的阀类，如节流阀、调速阀、分(集)流阀等。

(1)节流阀

节流阀是利用流量截面积的变化来调节流量，从而实现对执行元件运动速度的无级调速。

(2)调速阀

调速阀是由定差减压阀与节流阀串联而成，用来调节通过的流量自动补偿负载变化的影响。

(3)分(集)流阀

分(集)流阀是用来保证多个执行元件速度同步的流量控制阀，又称为同步阀。

3. 方向控制阀

液压系统中执行元件的启动、停止或改变运动方向是通过控制液流通断及改变流动方向实现的。完成上述控制功能的元件，称为方向控制阀。方向控制阀可分为单向阀和换向阀两大类。

(1)单向阀

单向阀是用来控制液压系统中液流的通或断，允许液流在一个方向顺利通过，不能反向流动，所以又称止回阀。单向阀有球式单向阀和锥式单向阀两种。

液控单向阀在无控制信号时的作用与单向阀相同，加控制信号后液流正反两个方向都可通过。加在阀上的控制信号大多为液压力，所以称液控单向阀。

(2)换向阀

换向阀的操作方式有手动、机动、电动或电液动等，可以根据工作需要来选择。其中电磁换向阀的换向回路应用最为广泛，尤其在自动化程度要求较高的组合液压系统中被普遍采用。

电磁换向阀依靠电磁铁推动阀芯改变其在阀孔内的位置，以控制液流通、断或流动方向。按供电方式电磁铁分为直流(DC)电磁铁和交流(AC)电磁铁。直流电磁铁换向平稳，换向频率高，工作可靠。交流电磁铁启动快，换向冲击大，换向频率低，滑阀卡住时线圈烧毁，可靠性差。电磁换向阀有二位二通、二位三通、二位四通、三位四通多种类型。

电磁式滑阀因受电磁力的限制，所控制的滑阀流量较小。控制较大流量必须加大控制力，应采用电液动换向阀。电液动换向阀是以电磁换向阀作先导控制阀，以其控制的压力液体推动液动主阀芯运动换向。电液动换向阀有二位三通、二位四通、三位四通多种类型。

（三）执行元件

执行元件指液动机，包括做直线运动的液压缸和做旋转运动的液压电动机，其作用是将液体的压力能转换成工作装置需要的机械能，以实现预定的工作目的。

（四）辅助元件

辅助元件包括油箱、蓄能器、密封圈、滤油器、管道、管接头、压力表等，其作用是负责油液的储存、净化、密封、散热和输送等辅助性工作，以保证液压系统完整和满足其正常工作。

（五）工作介质

工作介质指液压油，其作用是传递液压能，同时还起散热和润滑作用。目前，液压系统采用的液压油主要是矿物油，其他还有高水基液压油和合成型液压油等。

二、工作原理

液压系统的基本工作原理为：动力装置带动动力元件（液压泵）旋转，液压泵从油箱中吸入静态的液压油后，通过液压泵的旋转，排出压力油，也就是将机械能转化为液压油的压力能；带压力的液压油通过管道经控制元件（液压阀）后进入执行元件（液压缸或液压电动机），驱动工作机构做直线往复或旋转运动，也就是将液压油的压力能转化为机械能。

三、液压油的选择

液压油是液压系统中传递能量的介质，能起到润滑、防锈、防腐和冷却的作用。液压系统能否可靠、有效地工作，在很大程度上取决于所选用的液压油。

（一）对液压油的要求

1. 有合适的黏度，并有较好的黏温特性。黏度是液压油最重要的物理性质，也是选择液压油的主要指标，黏度过高，液压元件中各部件的运动阻力增大，管道压力降低和功率损失增加；反之，黏度过低又会加大系统的泄漏。所以工作介质要有合适的黏度范围，同时在温度压力变化下，油的黏度变化要小。

2. 润滑性能好，在压力和温度发生变化时，应有较厚的油膜厚度。

3. 质地纯净，杂质少。

此外，对液压油的防蚀性、防锈性、抗泡沫性、相容性和稳定性等也有相应的要求。

（二）选用原则

一般液压设备制造商在设备说明书或使用手册中规定了该设备系统使用的液压油品种、牌号和黏度级别，用户首先应根据设备制造商的推荐选用液压油。但也会遇到许多场合，用户所用系统的工况和使用环境与设备制造商所规定的有一定出入，需要自行选用液压油。一般可根据下列原则来选用：

1. 无确定系统应选用什么类型液压油。这要根据系统的工况和工作环境来确定。

2. 其次要确定系统应选用什么黏度级别的液压油。

3. 了解所选用液压油的性能。

4. 了解产品的价格。

（三）液压油品种的选择

1. 根据液压系统的工作压力和温度选择液压油品种。

2. 根据液压系统的工作环境选择液压油品种。

3. 根据特殊性能要求选择液压油品种。

（四）液压油黏度的选择

选用黏度级别首先要根据泵的类型决定，每种类型的泵都有它适用的最佳黏度范围：叶片泵为 25～68 mm^2/s，柱塞泵和齿轮泵都是 30～115 mm^2/s。叶片泵的最小工作黏度不应低于 10 mm^2/s，而最大启动黏度不应大于 700 mm^2/s。柱塞泵的最小工作黏度不应低于 8 mm^2/s，最大启动黏度不应大于 1 000 mm^2/s。齿轮泵要求黏度较大，最小工作黏度不应低于 20 mm^2/s，最大启动黏度可达到 2 000 mm^2/s。选用黏度级别还要考虑泵的工况，使用温度和压力高的液压系统要选用黏度较高的液压油，可以获得较好的润滑性，相反，温度和压力较低，应选用较低的黏度，这样可节省能耗。此外，还应考虑液压油在系统最低温度下的工作黏度不应大于泵的最大黏度。

四、液压系统符号

液压元件的图形符号是指用某一规定的简单图形来代表该元件。在液压系统图中，图形符号只反映各元件的职能和在油路连接上的相互关系，而不表示元件的具体结构和空间安装位置。使用图形符号既便于绘制，又可使液压系统简单明了。因此，在工程实际中，除某些特殊情况外，一般都是用图形符号来绘制液压系统原理图。接触网作业车所用液压元件的图形符号见表 6-1。

表 6-1　接触网作业车液压系统图形符号

序号	名　称	图形符号	序号	名　称	图形符号
1	压力表		7	单向阀	
2	手油泵	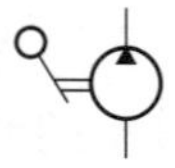	8	液压电动机	
3	测试胶管		9	溢流阀	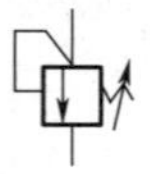
4	快换接头		10	梭阀	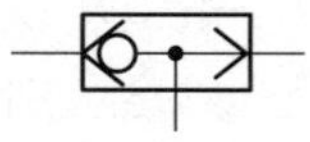
5	蓄能器		11	测压接头	
6	液压泵		12	球阀	

续上表

序号	名称	图形符号	序号	名称	图形符号
13	液压油箱		23	电磁溢流阀	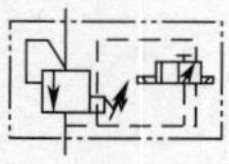
14	电动机	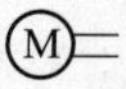	24	单向顺序阀（平衡阀）	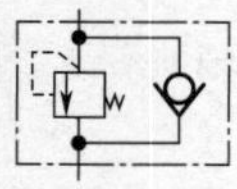
15	管路（压力管路、回油管路）	— —	25	三位六通手动换向阀	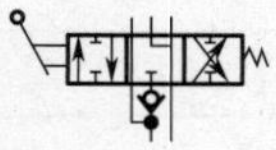
16	控制管路（可表示泄油管路）	- - - -	26	直流应急泵	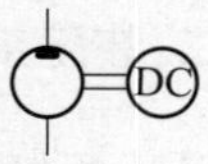
17	双联泵	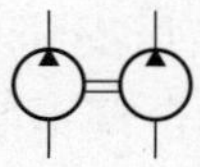	27	双液控单向阀（液压锁）	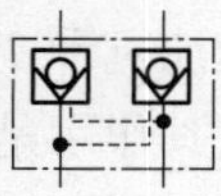
18	过滤器	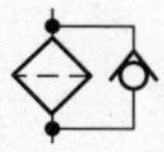	28	减压阀	
19	单向变量液压泵		29	单向节流阀	
20	空气过滤器		30	双单向节流阀	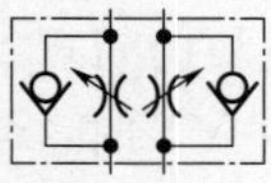
21	二位四通电磁换向阀	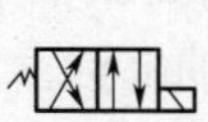	31	连接管路（两管路相交连接）	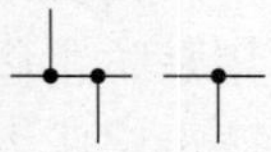
22	三位四通电磁换向阀		32	交叉管路（两管路交叉不连接）	

第二节 液压系统主要组成及工作原理

一、液压系统主要组成

DPT 型接触网作业车的液压系统是为液压支腿、平台调平装置、三平台作业装置、抬拨线装置、发动机变速箱散热系统提供动力。其中液压支腿、平台调平装置共用一个排量为 16 mL/r 的齿轮泵。三平台作业装置、抬拨线装置共用一个排量为 60 mL/r 的变量柱塞泵。发动机变速箱散热系统由一个双联齿轮泵提供动力，排量均为 33 mL/r。三平台作业装置主要技术参数见表 6-2。

表 6-2　三平台作业装置主要技术参数

三平台作业装置型号		PAFINGER PA1002
主平台	平台底面距轨面最大高度	4 780 mm
	额定载重	500 kg
辅助平台	最大水平外伸量	距轨道中心左右 4 225 mm
	平台底面距轨面最大高度	7 600 mm
	额定载重	250 kg
净质量		4 520 kg
外形尺寸		4 636 mm×2 480 mm×2 815 mm

二、液压系统工作原理

DPT 型接触网作业液压系统包括液压支腿、平台调平装置、三平台作业装置、抬拨线装置、柴油机和变速箱散热驱动回路，如图 6-2 所示。液压支腿和平台调平装置回路设有液压手动泵，其作用是当齿轮泵出现故障时将活动支腿和平台调平装置快速复位。三平台作业装置和抬拨线装置回路设有一个电机油泵，其作用是当柱塞泵出现故障时将三平台作业装置和抬拨线装置快速复位。所有子系统共用一个液压油箱。

(一)液压支腿液压回路

液压支腿在作业时起支撑作用，使整车稳定安全。车辆前端两侧设有两个滚动式活动支腿，以保证作业平稳性。其工作原理如图 6-3 所示，由排量为 16 mL/r 的齿轮泵提供压力油，先后通过支腿、调平控制阀组，活动支腿控制阀供油给活动支腿油缸。支腿、调平控制阀组(电磁铁 DT1、DT2 同时得电)出来的工作油进入前端车架下方的支腿控制阀 Z15F-YT-J 和 Z15F-YT 时，操纵该阀手动换向的手柄，完成支腿油缸地伸出和回缩。

本车在使用作业装置前，首先操纵手动换向阀将支腿油缸伸出，油缸上装有双向液压锁，其作用是防止作业时支腿油缸缩回以及行驶过程中油缸活塞杆自由下落。每个手动换向阀上溢流阀设定压力为 15 MPa。

(二)平台调平装置回路

由排量为 16 mL/r 的齿轮泵提供压力油，先后通过支腿、调平控制阀组，调平控制阀供油给调平装置。平台调平装置回路原理如图 6-4 所示，支腿、调平控制阀组的右位(电磁铁 DT1、DT3 同时得电)向调平装置供油。平台调平装置由四个垂直布置的调平油缸和两个水平布置的锁定油缸控制，在调平油缸上设置有双向平衡阀，锁定油缸上设置有双向液压锁，以保证油路切断时油缸处于保压状态。

(三)三平台作业装置和抬拨线装置回路

三平台作业装置主要用于接触网及其辅助设施的安装、日常维护、保养和检修。该装置由三个平台组成，三个作业平台独立操纵。主平台主要用于接触导线作业，可向上移动；辅助平台主要用于承力索、支柱、支撑装置等作业，可向上和分别向左右移动。三平台作业装置和抬拨线装置回路原理如图 6-5 所示。

抬拨线装置主要用于检修作业时将承力索和接触导线拨至预期位置，抬拨臂可左右移动 650 mm。拨线力 3.5 kN；拨线高度可达到 8.6 m。

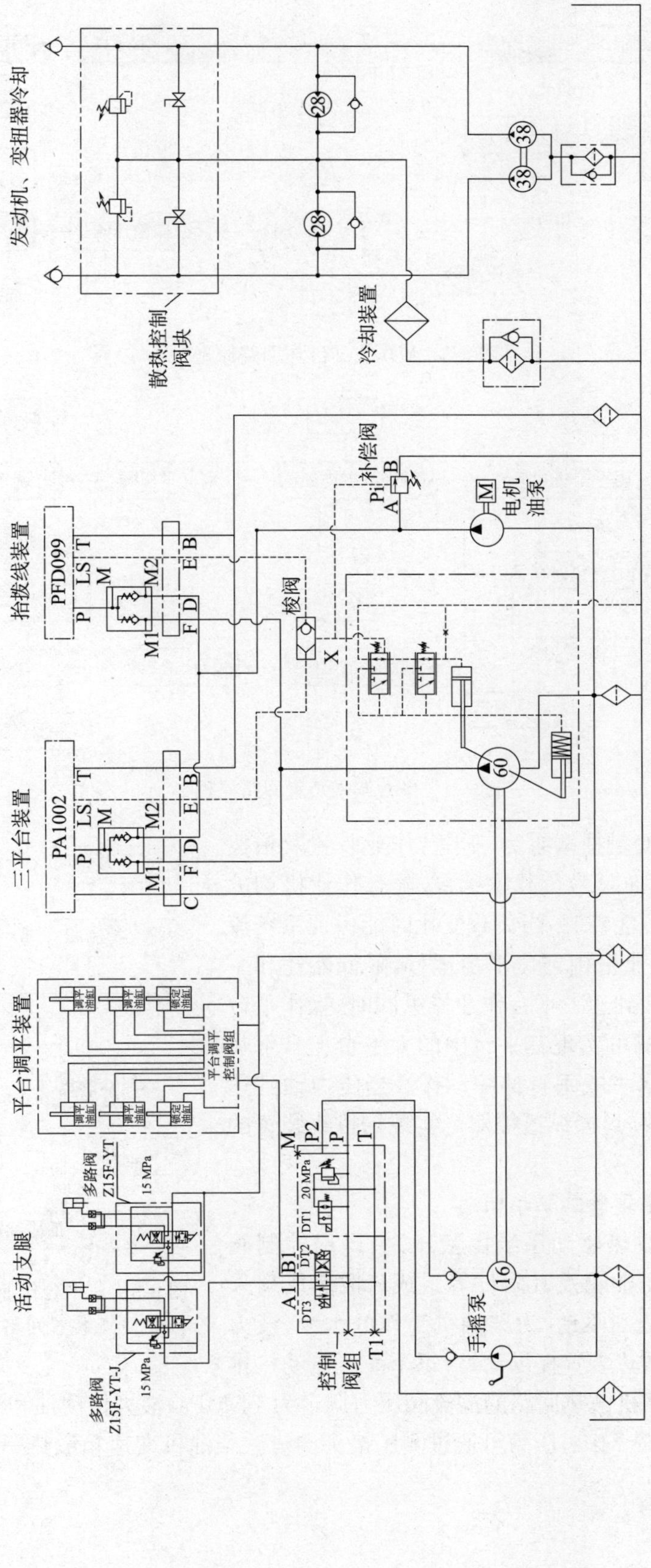

图 6-2 DPT 接触网检修作业车液压系统原理

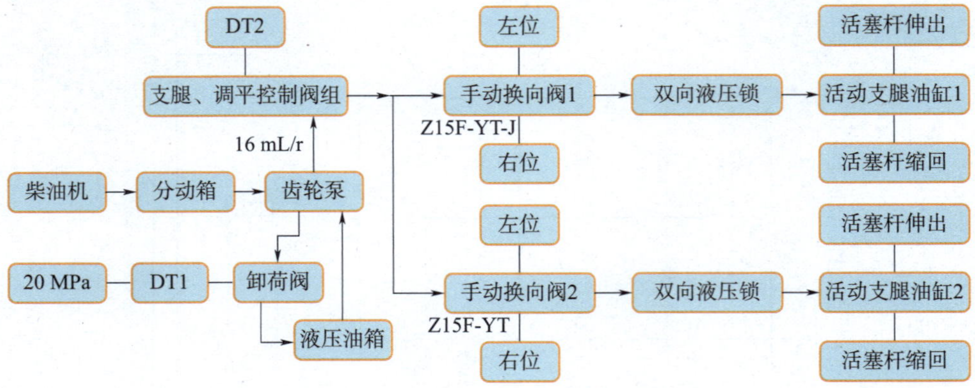

图 6-3　液压支腿液压回路原理

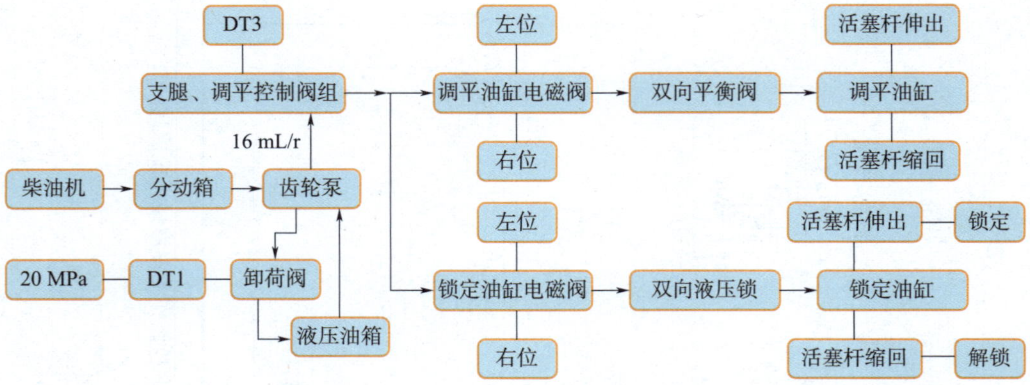

图 6-4　平台调平装置回路原理

排量 60 mL/r 变量柱塞泵为三平台作业装置及抬拨线装置提供动力，该油泵为负载敏感泵，配合作业机构的负载敏感阀可实现节能控制，当负载变化时能保证系统流量随之变化，确保作业机构匀速平稳运行，降低能耗和系统发热量。当压力油到达三平台作业操纵阀时，操作平台操纵面板上相应手柄可实现三平台中的大平台上升下降动作和两个小平台水平或垂直伸缩动作。当压力油到达抬拨线装置控制阀块时，操纵遥控器可实现抬拨线装置的变幅和伸缩功能。

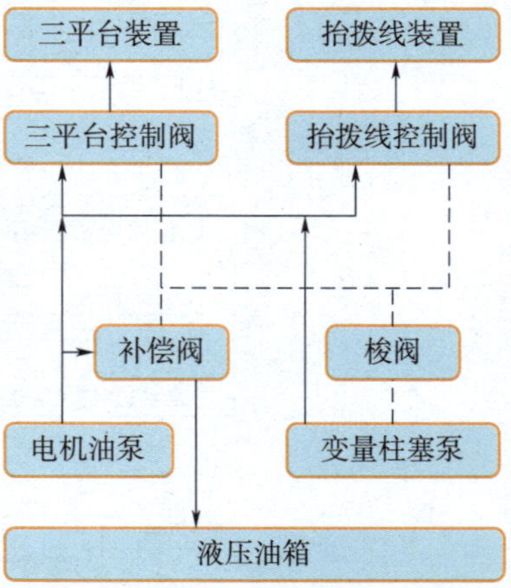

图 6-5　三平台作业装置和抬拨线装置回路原理

(四)柴油机变速箱散热驱动回路

柴油机变速箱散热驱动系统由液压泵、风扇控制阀块、液压电动机、液压油箱及其附件等组成。散热风扇采用两个液压电动机分别驱动，为柴油机工作的水汽、液力传动油以及液压油散热装置提供动力，每个液压电动机排量为 26 mL/r。柴油机散热回路的溢流阀压力调定为 14 MPa，液力传动油和液压油散热回路溢流阀压力调定为 12 MPa，压力可通过测压接头测量。柴油机变速箱散热驱动回路如图 6-6 所示。

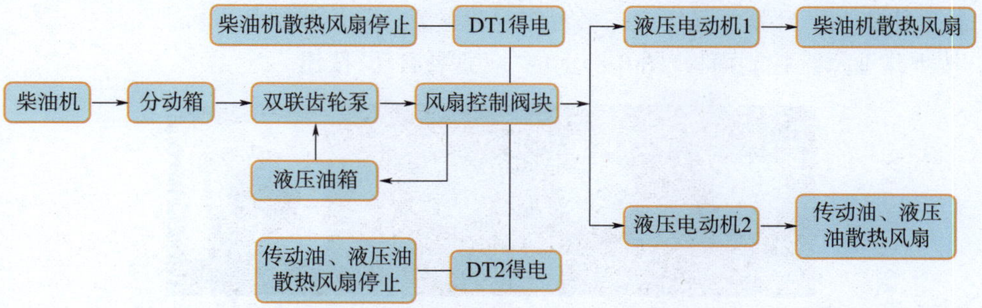

图 6-6 柴油机变速箱散热驱动回路

三、液压系统的其他性能

(一)压力测量

拧开测压接头上的防尘帽后与测试胶管对接,观察与测试胶管另一端连接的压力表显示的压力可知各溢流阀压力设定值。溢流阀压力测试完毕后需重新拧上测压接头的防尘帽和测试胶管上的防尘帽。为确保安全,每次测量前检查测试胶管接头与压力表是否拧紧。

当溢流阀出现故障或更换,需重新安装时,先将溢流阀调节旋钮调到全松位置安装后,再调节溢流阀压力至规定值,调好后将调节旋钮用螺母锁紧。

(二)液压油箱

在液压油箱上安装有空气滤清器、吸回油过滤器和液位液温计。吸油过滤器具有自封性能,拧开外盖,即可将油箱与管路切断,可以进行系统的维修,如取出滤芯进行清洗或更换、拆卸油泵、油管等。回油过滤器为精滤器,过滤精度为 20 μm,如果堵塞会增加系统回流背压,因此应定期拆洗或更换滤芯。空气滤清器是保证液位变化时,箱内空气的顺利流通,并防止外界脏物进入油箱,也可以作为油箱的加油口使用。液位液温计可以直观地显示箱内液压油的温度和液面高度,工作时,油温不应超过 80 ℃。

第三节 液压系统应急操作

一、应急泵

如果因动力系统原因、油泵故障及电气系统故障造成系统不能正常工作时,应启用应急电动泵或手油泵使各种作业机构紧急恢复至行车状态。应急电动泵位于平台下方,用于三平台作业装置及抬拨线装置的紧急复位;手动泵位于平台下方,用于调平装置和支腿装置复位,如图 6-7 所示。

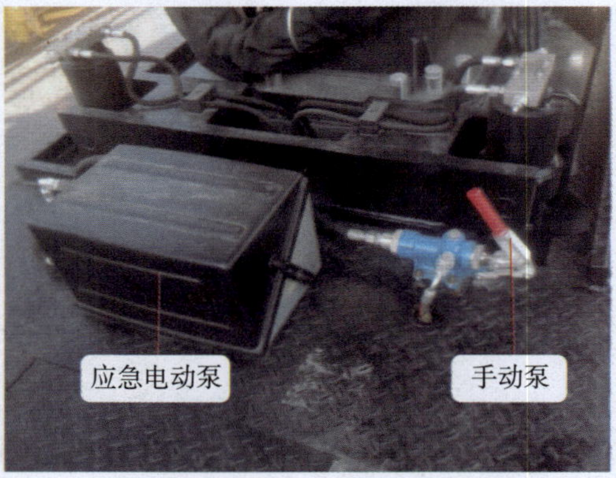

图 6-7 应急泵

二、三平台作业装置复位

当动力系统、液压油泵或电气系统出现故障时,应使用应急电动泵及三平台作业装置手动控制装置使作业平台紧急复位。三平台作业装置紧急复位步骤如下：

1. 按下作业系统控制面板(图 6-8)上的“应急泵启动”按钮。

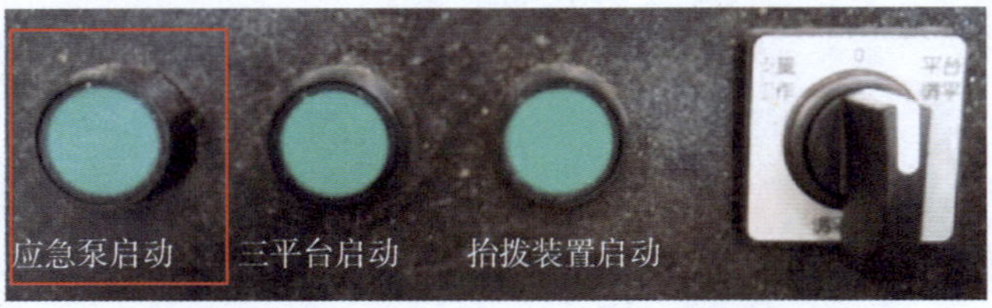

图 6-8　作业系统控制面板

2. 右手往下按住最右边的总阀手柄不松手，左手再操作左边多路阀往上或往下扳动手柄，即可完成各平台相应动作，如图 6-9 所示(所有手柄都带自复位功能，松开手即自动回零位或中立位)。

图 6-9　三平台应急手柄

三、抬拨线装置复位

当动力系统、液压油泵、电气系统或无线控制系统出现故障时，使用应急电动泵及抬拨线装置的手动控制阀使其紧急复位。紧急复位步骤如下：

1. 将作业系统控制面板(图 6-8)上的“应急泵启动”按钮按下。

2. 打开手动控制阀上的黄色盖帽(图 6-10 蓝色圈内)，拧开总阀应急螺钉。

图 6-10　手动控制阀

3. 将“无线控制和手动控制转换开关”扳至“手动控制位”，操纵抬拨线装置相应的手动控制阀，使抬拨线装置恢复至安全行车状态，如图 6-11 所示。

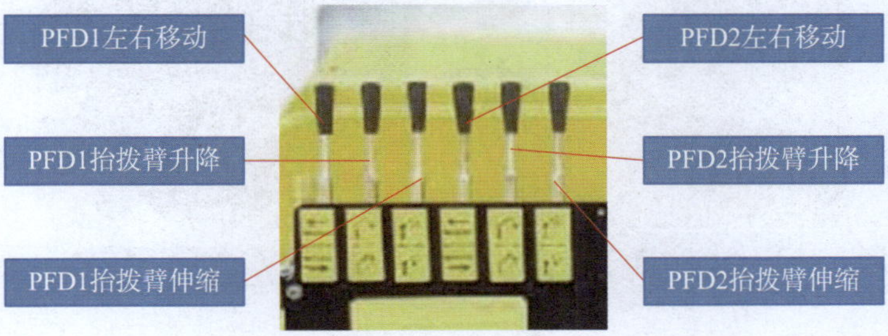

图 6-11　抬拨线装置手动手柄

手动复位结束后，关闭“应急泵启动”按钮，将手动控制阀恢复至原始状态。

注意事项：应急电动泵为 DC 24 V 蓄电池供电，仅限于使三平台作业和抬拨臂恢复至行车位置，禁止使用应急电动泵驱动进行作业，以防造成蓄电池亏电，导致柴油机无法启动。

四、支腿复位

当液压系统或动力系统出现故障时，打开车辆后端司机室外控制阀柜。按下阀柜内总阀应急操作按钮，将单联电磁阀组打至支腿操作位，同时操作车辆前端车架下方支腿控制阀，往复搬动手油泵手柄使支腿复位，如图 6-12 所示。

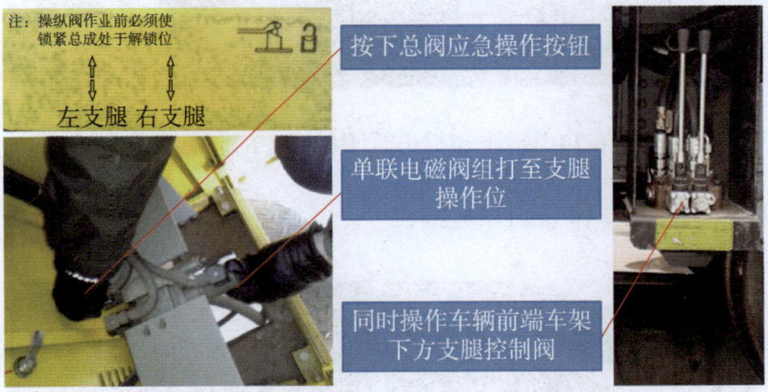

图 6-12　支腿应急复位操作

五、调平装置复位

当液压系统或动力系统出现故障时，打开车辆后端司机室外控制阀柜，按下阀柜内总阀应急操作按钮，将单联电磁阀组打至调平位，同时按下三平台作业下方调平控制阀柜总阀应急按钮，操作调平控制阀相关手柄，往复搬动手油泵手柄使调平装置复位，如图 6-13 所示。

六、水平伸缩臂卡滞问题应急(电气液压系统正常，一个臂机械卡滞问题处理)

若允许另一侧臂伸出，将两侧臂连接，通过两侧臂协同操作缓解卡滞：一侧收臂＋一侧伸臂。

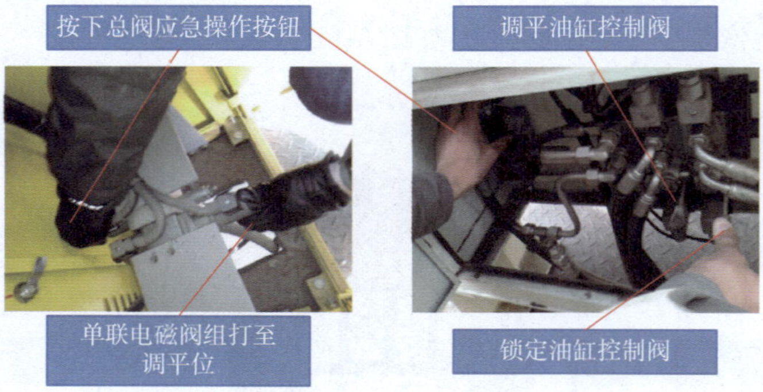

图 6-13　调平装置应急复位操作

1. 拆下盖板进行 PA1002 的应急操作(图 6-14)。

图 6-14　拆下盖板进行 PA1002 的应急操作

2. 将另一侧臂收回至最佳位置(图 6-15)。

图 6-15　将另一侧臂收回至最佳位置

3. 主发动机关机。
4. 将绳索绑附在卡滞的臂上(图 6-16)。

图 6-16　将绳索绑附在卡滞的臂上

5. 将绳索绑附在另一侧臂上(图 6-17)。

图 6-17　将绳索绑附在另一侧臂上

6. 将两侧臂通过绑带、链条和卸扣连接(图 6-18)。

图 6-18　将两侧臂通过绑带、链条和卸扣连接

7. 对绳索和手拉链条使用软管保护(图 6-19)。

图 6-19 对绳索和手拉链条使用软管保护

8. 主发动机启机。
9. 将卡滞臂收回,同时操作将另一侧臂伸出(图 6-20)。

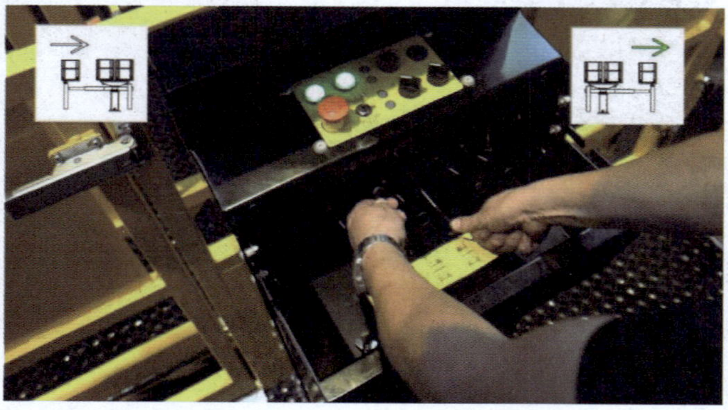

图 6-2C 将卡滞臂收回,同时操作将另一侧臂伸出

10. 操作该系统方案直到卡滞臂缓解或收回至存放位置(图 6-21)。

图 6-21 操作该系统方案直到卡滞臂缓解或收回至存放位置

11. 主发动机关机。
12. 将所有的绳索和链条拆除。
13. 主发动机启机。
14. 将所有的臂收回至运输存放位并锁上。
15. 将 PA1002 应急操作的盖板重新装回。

第七章　作业车操纵保养

第一节　作业车操纵注意事项

一、出车前检查

1. 静态下检查发动机润滑油，液力变速箱传动油，膨胀水箱冷却液，车轴齿轮箱润滑油、空压机油应符合要求。

2. 检查燃油管路、机油系统、冷却水管路、空气制动管路及液压管路等部位应无渗漏现象。

3. 检查蓄电池箱内蓄电池接线应牢固。

4. 目视检查传动轴螺栓及各悬挂安装螺栓应无松动。

5. 检查车钩三态应正常。

6. 检查一系、二系减振弹簧应无裂纹。

7. 检查牵引杆销螺母不应松动，开口销及油嘴的状态应良好。

8. 排除风缸、集尘器中的水分及灰尘，排除空气净化装置内的污水。

9. 检查必备的随机工具、随机关键备件等，要求齐全，状态或功能应良好。

10. 检查发动机皮带、空压机皮带张力应良好。

11. 检查制动缸活塞行程、闸瓦间隙、闸瓦磨损情况应符合要求。

12. 检查安全装备、运行监控设备及附属设备连接螺栓、连接销、开口销、熔断器垫及安装托架应紧固可靠。

二、启机前准备

（一）非操作端处理

1. 行车操作前作业车司机需先确认在哪一端（Ⅰ端或Ⅱ端）操作，即操作端，并做好非操作端的处理。

2. 将非操作端单独制动阀和自动制动阀手柄取出。

3. 油门手柄置于怠速位（中间位）。

4. 将非操作端启动钥匙拔出。

5. 各开关必须置于非工作位。

（二）操作端检查

1. 检查作业供电钥匙开关应置于非工作位。

2. 检查操作端液力变速箱工作开关置于非工作位；油门手柄置于中间位。

3. 检查操纵端车控系统自动/手动选择钥匙应置于自动位。

三、发动机启动

（一）操作步骤（图 7-1）

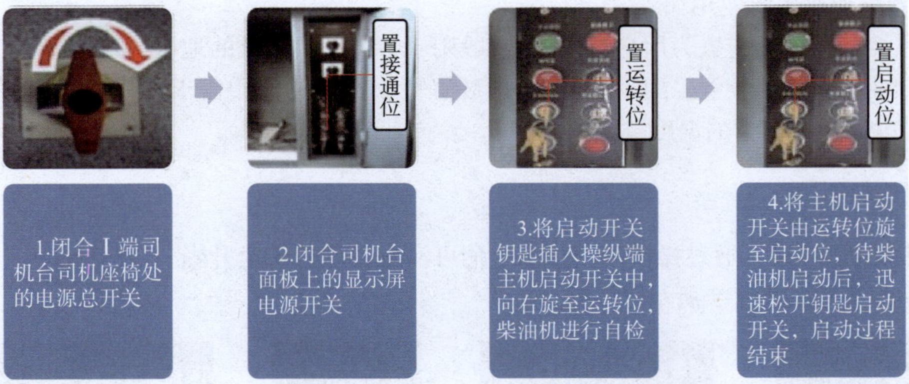

图 7-1　发动机启动操作步骤

（二）注意事项

1. 启动钥匙置运转位时，发动机先进行自检，即仪表板上的诊断指示灯闪烁后熄灭，表明发动机无故障，自检结束；如果诊断指示灯常亮，表明发动机有故障，需排除故障后再启动发动机。

2. 启动发动机的时间不得超过 15 s，如果一次启动失败，可进行第二次启动，两次启动时间必须间隔 1～2 min。

3. 如果连续三次仍不能启动，则应检查发动机及相关部件是否正常。

4. 发动机启动后，先怠速运转 3 min，然后将怠速提高到 1 000～1 200 r/min。

5. 当环境温度在 0 ℃以下时，发动机的 ECM 将根据环境温度自动进行预热，预热时司机台预热指示灯亮。预热期间禁止启动发动机，预热指示灯闪烁即预热结束，预热指示灯熄灭后即可按正常方式启动发动机。

（三）启动后检查

1. 发动机怠速时，应检查车控系统显示屏上发动机参数、蓄电池电压、蓄电池充放电电流、柴油箱液位等参数应在表 7-1 范围内。

表 7-1　车控系统显示屏上各参数的正常范围

序号	参数显示	正常范围	序号	参数显示	正常范围
1	发动机怠速	(700±50)r/min	5	变速箱油温	≤110 ℃
2	发动机机油压力	＞100 kPa(怠速)	6	电压	(27±1)V
3	发动机机油温度	≤100 ℃	7	蓄电池充放电流	正值
4	发动机冷却水温	≤96 ℃	8	柴油箱液位	＞20%

2. 检查发动机油路、液力变速箱循环油路应无渗漏和异常响声。

3. 提高发动机转速，空压机开始向总风缸充风，当风压达到规定值时，对 JZ-7G 型空气制动机进行“五步闸”检查试验（Ⅰ、Ⅱ端均检查）。

4. 如发现显示参数有异常、动力单元有异响应立即熄火检查。

5. 作业车充风状态下，发动机转速应≤1 500 r/min。

(四)发动机低温启动

当环境温度在 0 ℃以下时，按要求加注相应牌号的燃油、冷却液，并开启燃油管路加热系统，燃油管路加热系统使用如下：

1. 燃油管路加热装置为用户选配件，一般用于冬季气温较低的地区。

2. 燃油管路加热装置采用手动控制，即装置可根据实际使用需求打开和关闭，使整个循环燃油温度保持在正常的温度范围内。

四、发动机调速

1. 发动机启动后，通过操作油门控制手柄可实现发动机转速升降。

2. 注意事项如图 7-2 所示。

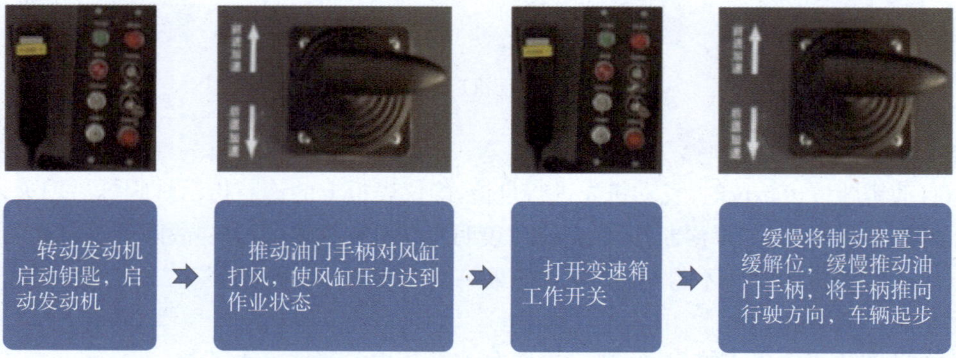

图 7-2　发动机调速注意事项

(1)在机油压力未达到 100 kPa 前严禁将发动机转速升至 1 000 r/min 以上。

(2)发动机启动后，先怠速运转 3～5 min，然后将转速提高到 1 000～1 200 r/min 运转。

(3)变速箱在空载状态下，发动机转速严禁超过 1 500 r/min。

(4)发动机不允许长时间怠速运转。

五、作业车起步、换挡及换向

(一)起步操作步骤

起步操作注意事项：

1. 起步前要确认作业车上下、左右、前后部范围内无人员作业及人员机具侵限。

2. 车辆启动时务必确认司机台上“平台到位”指示灯及“抬拨线到位”指示灯亮。

3. 作业车起步时，油门手柄应缓慢拉动，若车辆未起步，需将油门手柄退回至怠速位再重新操作。

4. 作业车车速在 75 km/h 左右，由变矩器挡换到耦合器挡时，发动机转速会自动迅速下降至 1 300 r/min，然后再逐步上升。

(二)换挡操作

作业车起步后，通过操作油门控制手柄来实现作业车的速度控制。DPT 型接触网作业车液力传动箱只有两个挡位，即变矩器挡和耦合器挡。作业车起步后液力变速箱在变矩器挡工作，当车速约 75 km/h 时，作业车将自动换挡（无须司机操作），即从变矩器挡换到耦合器挡运行。

（三）换向操作

1. 作业车换向可通过操作油门手柄来实现，油门手柄可向前/向后拉动。在车辆行进时，油门手柄的推动仅对油门产生提速/降速影响。在换向行驶前，须先将发动机回到怠速，将车辆停下，当车速为 0 km/h 时，油门手柄向哪个方向推动，车辆将向哪个方向行进，继续操作油门手柄将控制车辆车速功能。

2. 换向注意事项：作业车必须在车停稳后方可换向；作业车换向应在发动机转速低于 1 100 r/min 下进行。

六、作业车停车

（一）停车操作步骤（图 7-3）

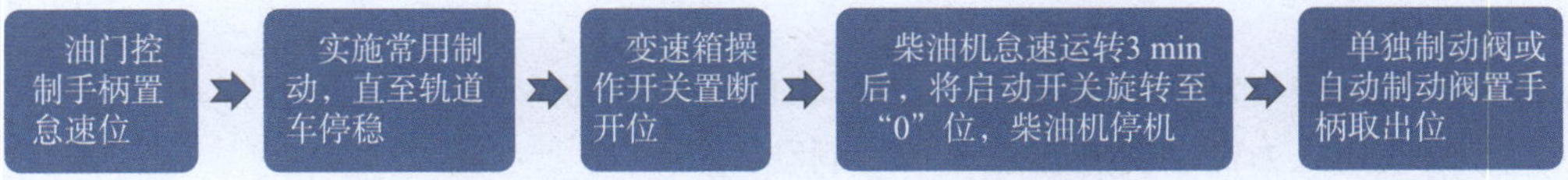

图 7-3　作业车停车操作步骤

（二）注意事项

1. 严禁在作业车未停稳后将变速箱工作开关置断开位。

2. 在发动机停机前应将发动机怠速运转 3 min 左右。

七、制动操作及注意事项

（一）常用制动操作

1. 作业车只配备单独制动阀手柄、自动制动阀手柄各一个，制动机只允许本务司机一人操作。

2. 制动机客货车转换阀均应置于货车位。

3. 雨雪天气下，常用制动操作应限制制动缸最高压力为 260 kPa。

（二）紧急制动操作

1. 作业车设置了三种紧急制动方式，操作方法如下：

（1）将Ⅰ端或Ⅱ端司机台上的自动制动阀手柄，推至紧急制动位可实现紧急制动。

（2）按下Ⅰ端或Ⅱ端司机台上的急停开关，可实现发动机紧急停机。

（3）将Ⅰ端或Ⅱ端司机台主司机位处的手动紧急制动阀手柄，逆时针旋转 90°可实现紧急制动。

2. 注意事项：

（1）非紧急情况下不建议实施紧急制动。

（2）采用自动制动阀进行紧急制动时，从手柄推向紧急制动位后开始计算，时间需经过 10 s 后才可将手柄推向运转位缓解，否则只会浪费压缩空气而毫无作用。

（3）实施紧急制动后，应对基础制动装置、车轮、车钩等进行认真检查，经试闸确认无损，方可继续运行。

（三）驻车制动操作（图 7-4）

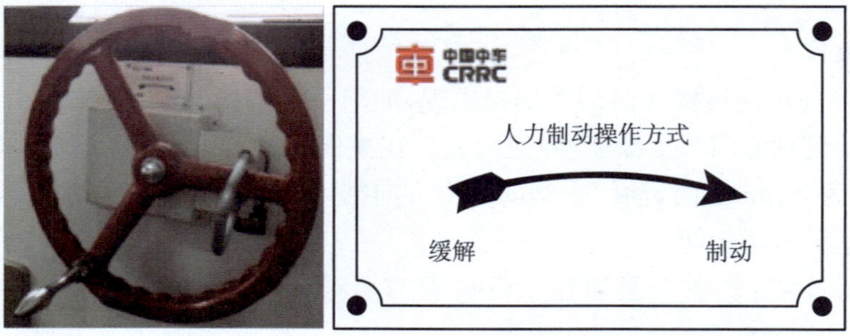

图 7-4　驻车制动操作

1. 作业车设置了人力制动装置，可通过操作人力制动手轮来实现作业车驻车，人力制动手轮布置在Ⅰ端副司机位后的侧墙上。手轮顺时针旋转，实现制动；逆时针旋转，实现缓解。

2. 注意事项：

（1）在不实施空气制动的情况下，人力制动仅满足单机在≤20‰坡道上驻车。

（2）严禁使用人力制动实施作业车常用制动。

（3）实施人力制动后，应将安全锁锁好。

八、柴油发电机组操作

1. 作业车配置有柴油发电机组，其额定功率为 8 kW。发电机组主要给室内电暖气、空调等设备供电。发电机组采用远程控制，远程控制柜布置在Ⅰ端司机台柜体内，在柜门处有控制面板，交流接线板设置在柜体中，控制面板如图 7-5 所示，各项功能说明见表 7-2。

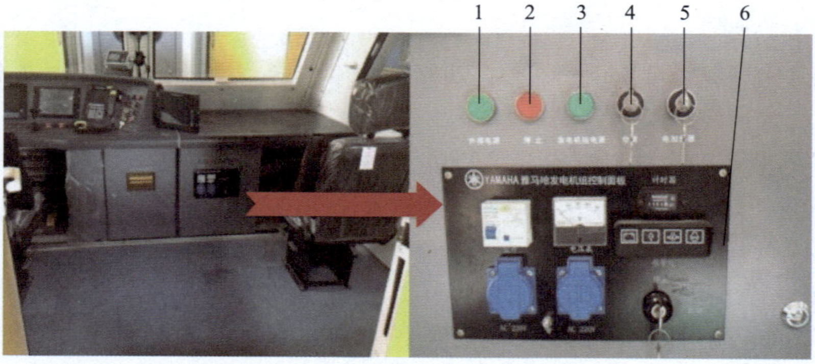

图 7-5　发电机控制面板

表 7-2　控制面板功能说明

序　号	操作对象	功能说明
1	外接电源按钮	按下该按钮，可以利用外接的交流电源为作业车的空调、电加热器等交流用电设备提供交流电源
2	停止按钮	按下该按钮，切断外接交流电源或作业车发电机组的供电
3	发电机组供电按钮	按下该按钮，可以利用作业车发电机组为作业车的空调、电加热器等交流用电设备提供交流电源

续上表

序　号	操作对象	功能说明
4	空调钥匙开关	打开后，发电机组可为空调提供电源
5	电暖器钥匙开关	打开后，发电机组可为电暖器提供电源
6	发电机组控制面板	对发电机组的工作状况进行监视并输出交流 220 V 电源，详见发电机组随机带说明书

2. 启动操作步骤：

(1)将发电机组控制面板上的启动钥匙转至"启动"位，并持续 5～10 s，待发电机组运行稳定后松开钥匙，钥匙自动回至"运行"位；

(2)发电机组启动。

3. 停机操作步骤：

(1)关闭所有交流用电设备；

(2)将发电机组控制面板上的启动钥匙转至"停止"位；

(3)发电机组停机。

4. 发电机组低温启动：

当环境温度在 0 ℃以下时，按要求加注相应牌号的燃油、冷却液，并开启发电机组燃油管路加热系统，该系统的操作和发动机燃油管路加热系统是同步的，即打开了发动机燃油管路加热系统又打开了发电机组燃油管路加热系统。

5. 注意事项：

(1)启动前必须检查发电机组柴油机润滑油、冷却液无渗漏且加注量在规定范围内。

(2)发电机组启动和关闭前应切除负载。严禁带负载启动和停机。

(3)发电机组柜体内设置了各交流用电设备过载保护空气断路器，当供电负载过大时，将自动切断电路。

(4)发电机组在运转过程中，如有报警及异响，应立即停机检查。

(5)因发电机组功率限制，冬季严禁同时打开所有电暖器和空调等用电设备，确保接入的交流用电设备总功率不大于发电机组输出功率的 90%。

6. 整体标配交流用电设备功率分配见表 7-3。

表 7-3　整体标配交流用电设备功率分配

序　号	交流用电设备	数　量	总功率	备　注
1	电暖器(0.8 kW)	4	3.20 kW	标准配置
2	电暖器(1.0 kW)	6	6.00 kW	寒冷地区配置
3	空调(制冷时)	2	2.10 kW	单台 1.05 kW
4	空调(制热时)	2	5.04 kW	单台 2.52 kW
5	作业平台照明灯	6	0.18 kW	单个 0.03 kW

九、逆变电源操作

1. 作业车配置了逆变电源，逆变电源安装在Ⅰ端司机台柜体内。逆变电源具有两种工作状态，即"充电"和"逆变"。当作业车蓄电池馈电，影响作业车正常启动时，将逆变电源置充电状态，则发电机组输出的交流电可通过逆变电源给蓄电池充电。当作业车无电时，将逆变电源置逆变状态，逆变电源可以将蓄电池直流电逆变成 220 V 交流电，给外接交流设备（如手机）供电。

2. 逆变电源“充电”操作步骤如图 7-6 所示。

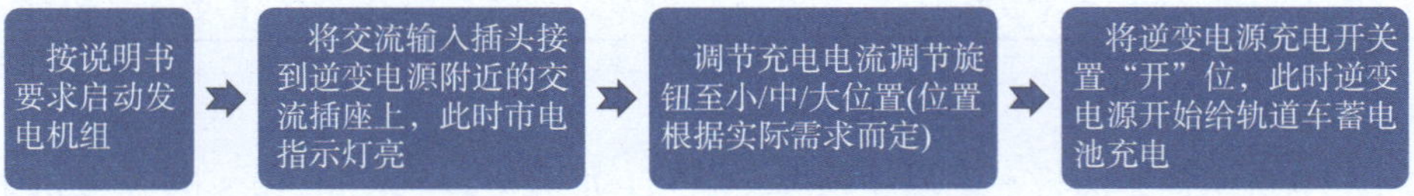

图 7-6　逆变电源“充电”操作步骤

3. 逆变电源“逆变”操作步骤如图 7-7 所示。

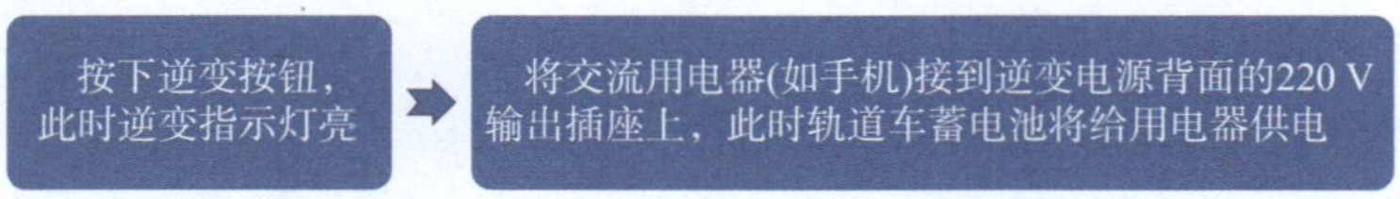

图 7-7　逆变电源“逆变”操作步骤

4. 注意事项：

（1）逆变电源无电池充满自停装置，电池充满时，需将充电开关断开，以防止电池过充而损坏。

（2）逆变电源功率为 1 000 W，严禁超载使用。

（3）充电电流调节旋钮可提供大小不同的充电电流，一般开始充电时，充电电流大些，电瓶将充满时，电流减小。如果长时间充电时应将充电电流置最小位，保持小电流恒压浮充状态。

（4）逆变电源具有电池欠压和保护功能，当电瓶电压低于额定电压的 90%，逆变器欠压保护功能启动，此时蓄电池输出电压接近于零。

（5）逆变器具有过流保护功能，当逆变器负载严重超载、短路或负载浪涌电流大，超过设定的模块保护电流时，逆变器即发生过流保护，输出电压为零。

第二节　DPT 型接触网作业车油水整备

一、柴油机油水整备

DPT 型接触网作业车采用的是高速柴油机，型号为潍柴 WP12.480 电喷发动机，是整车的动力来源，确保柴油机的油水质量及数量是保证柴油机正常运行的根本。

（一）燃油的规格

DPT 型接触网作业车柴油机的燃油牌号夏季为 0 号，冬季为－10 号等轻柴油。具体应用须根据不同地区，随季节和气温的变化而作出相应的规定。

（二）机油的规格

潍柴 WP12.480 电喷发动机对机油的品质要求很高，推荐采用 CH-4 级机油。机油黏度级别一般采用 15W/40，要求每年至少更换一次机油。机油容量为 30 L。

（三）冷却水的规格

柴油机冷却用水必须清洁，水质硬度的酸碱度应适当，一般加注长效防冻液。推荐使用蓝星 HEC-Ⅱ型冷却液。注意不同品牌的防冻液不要混加，要定期进行更换。水箱容量为 110 L。

二、液力变速箱的油润要求

变速箱采用的液力油牌号为德国爱德龙 ADDINOL SGL 18，容量为 100 L。更换液力油品牌时，只能使用 VOITH 许可的传动油，但必须清洗干净，两种不同牌号的油不得混用。加注未经认可的传动油会损坏液力传动装置。

三、分动箱及车轴齿轮箱油润要求

分动箱及车轴齿轮箱都采用 80W/90GL-5 重负荷齿轮油。分动箱容量为 14 L，车轴齿轮箱一级容量为 15 L，二级为 20 L。定期保养时要检查分动箱及车轴齿轮箱润滑油，如遇变质需更换。新车走合期满后应换油一次，以后每运行 6 000 km 或使用半年换油一次。

四、空压机油润要求

空压机采用夏季空压机油，如 19 号空压机油，油量为 2 L。平时注意检查油量，不够时添加，一般在年修时更换空压机油。

五、液压油要求

液压油推荐采用美孚 DTE10 超凡 32 号液压油，容量为 275 L，也可使用 Palfinger 公司许可的液压油品牌，但不同牌号的液压油不得混用。

六、安全说明

作业车进行任何维护保养作业前，必须遵守的安全说明有：

1. 关闭作业车总电源开关！
2. 关闭发动机！
3. 关闭液压系统！
4. 关闭空气系统！
5. 实施人力制动，并打好双向止轮器！
6. 必须将维修计划告知作业车操作人员和使用该作业车的所有人员！
7. 必须由专业合格的人员主要负责维护保养作业，并从安全的各个方面进行监督！
8. 作业车维护保养完毕后，必须告知作业车操作人员和使用该作业车的所有人员！

第三节　DPT 型接触网作业车保养项目

车辆的使用和保养是不可分割的统一体，保养是为了更好地使用，使用必须注意保养。保养工作关系着车辆质量、经济性能和运用安全。车辆司机应熟悉所用车辆的结构、各部件名称及工作状态，掌握车辆容易出现故障的部件和关键部件，掌握常见故障的现象及检查方法，正确使用工具，明确职责，牢固树立爱车思想，以极端负责的态度操纵、保养所使用的车辆。

一、日常保养

作业车日常保养是在每天或出乘前后，按规定项目进行以清洁、检查、调整、紧固、润滑为主要内容的预防性维护工作，使作业车经常保持良好技术状态。

（一）动力系统日常保养项目

1. 检查发动机润滑油、液力变速箱液力传动油、膨胀水箱冷却液是否符合要求。检查方法及合格标准见第七章第四节。

2. 检查发动机、液力变速箱是否有异响，机体是否有漏水、漏气、漏油现象。

3. 检查散热系统管路是否有漏水、漏油、漏气现象，清除散热器防护网内的杂物。

4. 检查供油系统管路是否有漏油现象。

5. 检查发动机、变速箱、散热器、空滤器、消音器连接螺栓是否紧固完好。

6. 发动机其他日常保养见随车附带的"WP12 系列发动机维修手册"。

7. 清洁动力单元上的油渍、污渍。

8. 检查动力单元插接件是否有松动。

9. 检查发动机皮带张紧度应符合要求，两根手指用约 100 N 的力同时按压三根皮带中部，压下量为 5～10 mm 为宜。

10. 检查散热系统、进气系统连接胶管及卡箍是否有破损或松动。

重要提示：动力系统部件出现渗漏时属于正常现象，应及时紧固。

（二）传动系统日常保养项目

1. 检查分动箱润滑油应符合要求。检查方法及合格标准见第七章第四节。

2. 检查各传动轴输入、输出法兰连接螺栓应无松动。

3. 检查分动箱应无漏油现象。

4. 检查分动箱安装螺栓应紧固完好，防脱开口销应安装完好。

5. 检查传动轴平衡块应完好。

（三）电气系统日常保养项目

1. 检查发电机组机油应符合要求，检查方法及合格标准见随车附带的发电机组使用保养说明书。

2. 检查发电机组冷却液应符合要求，检查方法及合格标准见随车附带的发电机组使用保养说明书。

3. 检查发电机组应无漏油、漏气、漏水现象。

4. 检查蓄电池极柱连接情况应良好。

5. 检查灯光、仪表、雨刮器、电喇叭、撒砂装置应工作正常。

6. 检查紧固 GYK 的速度传感器、电磁阀及轴温传感器连接、保护装置螺栓应无松动，防脱开口销应完好。

7. 检查机感器安装螺栓应无松动，防脱装置应完好。

8. 检查视频监控装置安装支架螺栓应无松动，防脱开口销应完好。

（四）作业装置日常保养项目

1. 检查液压油箱油量是否符合要求，检查方法及合格标准见第七章第四节。

2. 检查作业装置（三平台作业装置、抬拨线装置、调平装置及液压支腿）液压系统管路无漏油现象。

3. 检查作业装置(三平台作业装置、抬拨线装置、调平装置及液压支腿)安装螺栓是否有松动,防脱开口销是否完好。

4. 检查液压支腿锁定销是否锁好。

(五)空气制动系统日常保养项目

1. 检查空压机润滑油油量应符合要求,检查方法及合格标准见第七章第四节。

2. 检查和调整空压机皮带张力,两根手指用约 100 N 的力同时按压三根皮带中部,压下量为 5～10 mm 为宜。

3. 检查皮带张紧轮润滑状态,及时补足润滑脂。

4. 及时清除和排放总风缸、油水分离器、过充风缸、降压风缸、均衡风缸、工作风缸、紧急降压风缸、作用风缸及空气净化单元中的积水和油污。空气净化单元的操作见随车附带的空气净化单元说明书。

5. 检查和调整制动缸活塞行程,闸瓦间隙。更换磨损到限的闸瓦。

(六)转向架日常保养项目

1. 检查车轴、车轮弛缓线应正常。

2. 检查齿轮箱润滑油油量应正常。

3. 检查转向架拐臂、齿轮箱悬挂、轴箱止挡润滑状态应良好。

(七)其他日常保养项目

1. 对车钩进行"三态"作用试验,检查钩舌、钩销应良好,车钩固定螺栓应紧固可靠。

2. 检查行车安全用品应齐全有效,缺损应及时补充更换。

3. 检查排障器、车钩高度应符合要求。

4. 检查电喇叭、风喇叭工作应正常。

二、定期保养

定期保养是按规定的间隔时间或里程,按规定项目进行的以全面检查、调整、紧固、润滑和处理不正常状态为主要内容的周期性维护工作。定期保养周期为 3 个月或(3 000±300)km。

(一)动力系统定期保养项目

1. 发动机按"WP12 系列发动机维修手册"WG Ⅰ类、4 级保养要求进行保养。

2. 清洗或换新空气滤清器主滤芯和安全滤芯。

3. 清洗方法:拆下空气滤芯,用适当压力的压缩空气吹干净表面的灰尘,如果没有压缩空气,可用重物轻轻敲打滤芯,然后用毛刷刷干净外部污垢。

4. 更换液力变速箱油,更换传动箱滤清器。

5. 检查冷却系统管路胶管不应有破损、龟裂,如有需更换。

6. 全面检查发动机、液力变速箱安装螺栓不应有松动,防脱开口销应齐全;全面检查发动机、液力变速箱减振胶垫应完好、无裂纹。

7. 全面检查进气系统、排气系统紧固螺栓应无松动,防脱开口销齐全。

8. 全面检查发动机、液力变速箱、散热系统应无漏油、漏水、漏气现象。

9. 拆下散热器防护罩,全面清除散热片上的杂物及灰尘。

10. 重要提示:

(1)一般情况下空气滤清器主滤芯和安全滤芯在 5 个定期保养周期后(清洗 5 次)需换新,

在恶劣工作环境下，需提前更换。

(2)液力传动箱自投入使用后，每 20 000 km 或工作 500 h，需更换精滤芯。

(3)液力传动箱自投入使用后，每 300 000 km 或工作 5 000 h，需更换传动箱油及传动箱粗滤器。

11. 注意事项：如忽视以下指示，可能会缩短液力传动箱寿命，严重时会损坏液力传动箱。

(1)更换传动油时，严禁更换非本说明书推荐牌号的传动油。

(2)更换推荐不同品牌牌号的传动油时，应将原传动油排放干净，然后清洗箱体及散热器传动箱粗滤器。

(二)传动系统定期保养项目

1. 检查所有传动轴万向节十字轴、花键磨损情况，磨损严重时应及时更换。

2. 检查传动轴锁片应完好，轴套焊缝、突缘叉是否有裂纹。

3. 更换传动轴万向轴润滑油脂。

4. 检查分动箱润滑油，如遇变质需更换。

5. 全面检查分动箱不应有漏油，安装螺栓应紧固完好，防脱开口销应齐全。

(三)电气系统定期保养项目

1. 按发电机组使用保养说明书要求更换柴油发电机组机油。

2. 按发电机组使用保养说明书要求补充发电机组冷却液。

3. 全面检查发电机组不应有漏油、漏气、漏水现象。

4. 检查蓄电池电压值，清洁连接极柱，按蓄电池使用保养说明书的相关要求对蓄电池进行保养。

5. 全面检查灯光、仪表、雨刮器、电喇叭、撒砂装置开关是否完好，运转是否可靠灵活。

6. 全面检查紧固 GYK 的速度传感器、电磁阀及轴温传感器连接、保护装置螺栓不应有松动，防脱开口销应齐全。

7. 全面检查机感器安装螺栓不应有松动，防脱装置应完好。

8. 全面检查视频监控装置安装支架螺栓不应有松动，防脱开口销应完好。

9. 全面检查作业车裸露线束连接应可靠，对防护装置磨损的部位应进行重新防护。

10. 全面检查各用电器插接件应连接可靠。

(四)作业装置定期保养项目

1. 检查液压油是否有变质，如有需更换。

2. 清洗或更换液压油箱进回油口滤芯。

3. 检查各作业装置动作灵活可靠，限位装置可靠有效。

4. 全面检查各作业装置润滑状态，补充润滑部位润滑油脂。

5. 全面检查各作业装置安装螺栓是否有松动，防脱开口销是否齐全。

6. 三平台作业装置、抬拨线装置、调平装置见随机附带说明书。

(五)空气制动系统定期保养项目

1. 清洗管道滤尘器。

2. 更换空压机润滑油及进气滤芯。

3. 调整空压机皮带张紧度，必要时更换皮带。

4. 全面检查空气系统各阀组安装螺栓不应有松动，防脱开口销应齐全。

5. 检查闸瓦磨损情况，如有裂纹、掉块、磨损超限时应及时更换。

6. 应按规定(6 个月)对制动系统各阀、列车管、风压表进行校验。

7. 紧固各管路和接头，修复或更换不良部件。

8. 检查空气制动系统各胶管不应有龟裂，如有需更换。

(六)转向架定期保养项目

1. 检查转向架构架不应有裂纹和变形。

2. 检查液压减振器的紧固和工作状态应良好。

3. 检查转向架二系橡胶旁承、拉臂、拉杆、悬挂橡胶元件是否有裂纹和破损。

4. 检查基础制动各杆件、销轴、开口销应无变形和断裂，修复或更换不良的部件。

5. 检查轮轴弛缓线、轮缘、踏面的磨耗及擦伤情况。

6. 按规定(12 个月)进行车轴无损探伤检查。

7. 全面检查转向架悬挂部件安装螺栓不应有松动，防脱开口销应完好。

8. 检查转向架侧挡间隙应在规定范围内(两侧挡间隙之和不超过 24 mm)，必要时更换转向架侧挡。

9. 检查轴箱止挡间隙应在规定范围内(轴箱止挡间隙在 4～6 mm 范围内)，必要时更换轴箱磨耗板。

10. 车轴齿轮箱悬挂、牵引杆、拐臂、轴箱止挡补充润滑脂。

11. 检查一系悬挂弹簧间隙，间隙应均匀，最小间隙应不小于 4 mm，如有需及时更换。

(七)其他定期保养项目

1. 全面检查作业车车架应无裂纹和变形。

2. 全面检查车架下部所有悬挂部件的安装座应无裂纹，悬挂部件安装螺栓应无松动，防脱开口销应齐全。

3. 检查车钩的工作高度(845～890 mm)及各主要部件磨损情况；检查车钩与车架铆钉应完好；给车钩钩舌、钩身、钩座等滑动面补充润滑脂。

4. 检查、调整排障器距轨面高度(110～130 mm)；紧固排障器固定螺栓；必要时更换扫石装置。

5. 检查人力制动工作良好，旋转部位及滑轮座补充润滑脂。

6. 检查夹轨器各部位焊缝应无开裂，旋转螺杆，加注润滑脂，保证其工作灵活可靠。

三、换季保养

1. 换季保养是季节温度、湿度变化时进行的季节性维护工作。作业车运用单位应根据实际情况，按照当地的防寒过冬要求，对作业车进行防寒处理。换季保养可结合定期保养进行，在每年的 4 月和 10 月前后各进行一次。

2. 入冬时，作业车最好停放在具有取暖设备的车库中。

3. 入冬时，检查车内电取暖器及空调制热工作是否良好。

4. 入夏时，要对散热器进行彻底的清洗，清除散热器污垢，清理散热器防护罩内的树叶等杂物。

5. 在换季时根据说明书推荐的各部位润滑油加注表对作业车润滑部件更换润滑油。

6. 在换季时根据说明书推荐的各部位油液加注表对作业车燃油及液压油进行更换。

7. 对于没有配置空气系统防寒装置的作业车，在冬季（－15 ℃左右）要对制动系统各管路及阀体进行防寒包扎。

8. 根据冬季气温的变化对扶手、脚踏等进行防滑处理。

四、走合期保养

1. 走合期保养是指作业车在出厂初期行驶（2 500±500）km 进行的特定性维护工作。

2. 发动机、液力传速箱走合期保养根据随车附带的“WP12 系列发动机维修手册”及“T211re.4 液力变速箱保养手册”进行。

3. 发电机组走合期保养根据随车附带的“发电机组使用保养说明书”进行。

4. 作业车在行驶 500 km 后需更换分动齿轮箱、车轴齿轮箱、空压机润滑油。

5. 作业车在行驶 500 km 后应检查基础制动装置中各闸瓦应无异常磨耗、裂纹、掉块、偏磨等现象；各杠杆处应无变形、卡滞现象；各销轴处应无裂纹，各开口销应无断裂或松脱现象。

6. 作业车在行驶 500 km 后应调整制动缸活塞行程到规定值。

7. 作业车在行驶 500 km 后应检查液压油清洁度应满足要求；更换液压油箱进回油口过滤器滤芯。

8. 走合期间，应检查各走行传动部件、液压泵、液压电动机、空压机运转情况和温升情况；观察各箱体、液压泵、液压电动机、空压机及连接管路应无渗漏。

9. 走合期满后，应进行一次定期保养。

五、作业车长期停放处理

1. 作业车长期停放时应清洗空气滤清器和柴油滤清器。

2. 作业车长期停放时将空气滤清器、发动机排气口扎好，避免潮湿空气进入缸内。

3. 作业车长期停放时所有油杯处加注润滑脂。

4. 定期启动作业车，开动作业车前后运行，蓄电池充电，进行检查保养。

第四节　油水整备要求

1. 发动机润滑油液位检查、加注及排放（图 7-8）。

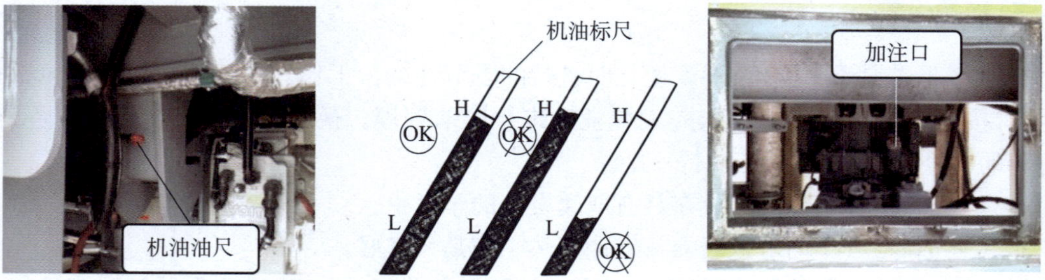

(a)　(b)　(c)

图 7-8　发动机润滑油液位检查、加注及排放

(1)检查方法：拔出润滑油油尺，观察油尺尾部的油位及刻度。

(2)合格标准:如图 7-8(b)所示,油尺油位应接近刻度 H 处,机油油位高于刻度 H 或低于刻度 L 时应立即处理。

(3)加注方法:打开平台上活动地板,打开发动机润滑油加注口盖子[图 7-8(c)],加入说明书推荐的润滑油即可。

(4)润滑油排放:打开发动机底部放油螺堵即可排放。

(5)警告事项:若忽视如下指示,可能会损坏柴油机。

①当润滑油油面低于油尺下刻度线,高于油尺的上刻度线时,严禁启动发动机。

②严禁在柴油机运转状态下测油量;检查油量时,至少在停机 5 min 后进行。

③油尺低位至油尺高位的油量差为 3 L。

2. 液力变速箱传动油油位检查、加注及排放(图 7-9)。

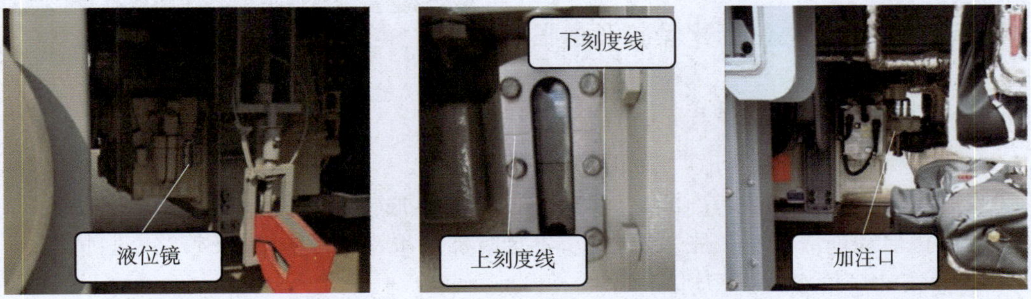

(a)　(b)　(c)

图 7-9　液力变速箱传动油油位检查、加注及排放

(1)检查方法:观察液力变速箱油位显示镜上下刻度及油位。

(2)合格标准:启动柴油机,使其空转 3 min 左右,停机后 2 min 内,观察油位观察窗,如图 7-9(b)所示,油面应在油窗上下标度之间并接近上刻度线为易。油面高于上刻度线或低于下刻度线时,应立即处理。

(3)加注方法:如图 7-9(c)所示,打开液力变速箱传动油加注口盖子,向加注口加入过滤后的传动油,直到油位达到观察窗的最大油量标志位置。启动柴油机,使其空转 3 min 左右,停机后 2 min 内,通过观察窗观察油位,如有必要,在加注口补加传动油直到其到达油位观察窗的最大油量标志。

(4)传动油排放:打开液力变速箱输入端右下角放油螺塞即可排放。

(5)危险事项:若忽视如下指示,可能导致严重灼伤。

①在使用过程中液力传动装置温度会上升至 130 ℃,碰触热的传动装置部分会导致严重灼伤。在液力传动箱上执行任意操作前,注意先冷却液力传动箱。

②使用过程中传动油的油温会上升至 130 ℃,碰触热传动油会导致严重灼伤。在排放热传动油时,应注意戴上耐热手套。

(6)警告事项:若忽视如下指示,可能导致液力传动箱严重故障。

①禁止在柴油机长期停止运动后、柴油机正在运行时或车辆正在前进时立即测定油位。

②测定油位时,应在平直道上进行,即在任一方向均无坡道。

③液力传动箱传动油量不足时,应立即补充传动油。

3. 膨胀水箱冷却液液位加注、检查及排放(图 7-10)。

(1)加注方法:打开膨胀水箱盖子,加入冷却液。加注速度不宜过快,以便使管道内空气充分排尽。一般冷却液应加到膨胀水箱高度的 2/3,最低水位不低于 1/3。特别注意判别虚水位,发动机启动 5 min 后应再检查膨胀水箱水位。

(2)冷却液排放:打开散热器底部排放螺堵,即可排放。

(3)危险事项:若忽视如下指示,可能导致严重烫伤。

在发动机处于热状态时,严禁打开膨胀水箱加注口盖。

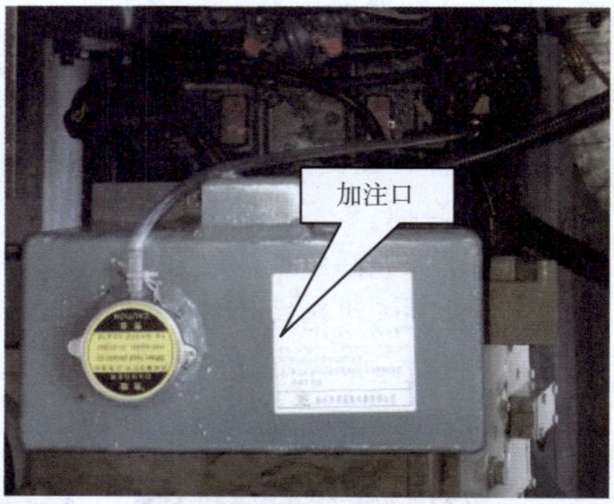

图 7-10　膨胀水箱冷却液液位加注、检查及排放

(4)警告事项:若忽视如下指示,可能会损坏发动机。

①在发动机处于热状态时,严禁加入大量的冷却液。

②膨胀水箱中只能加注防冻液,严禁在膨胀水箱中加水。

③柴油机启动前应检查膨胀水箱水位,不足时加足水,检查散热器及管路密封情况。

4. 燃油箱油量检查、加注及排放(图 7-11)。

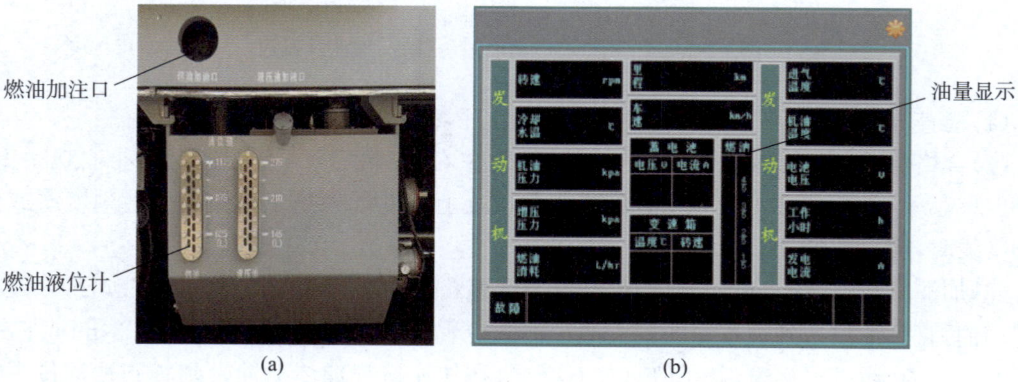

图 7-11　燃油箱油量检查、加注及排放

(1)检查方法:燃油油量可通过燃油箱上的油位镜检查,也可通过车控系统显示屏上的油量显示界面检查,如图 7-11(b)所示。

(2)合格标准:按照油箱的实际设计要求,油箱油位不得低于 125 L,不得高于 1 125 L,在该范围内的具体油量应根据实际出车要求而定。

(3)注意事项:若忽视如下指示,发动机可能无法启动。

当油箱液位低于 125 L 时,发动机将无法启动,需将燃油补足,并排除发动机供油系统中的空气后才能启动。

5. 分动箱润滑油油位检查、加注及排放(图 7-12)。

(1)检查方法:观察分动箱油位显示镜油位。

(2)合格标准:在任何时候都能看到润滑油油面,润滑油位不低于液位镜观察窗的 2/3。

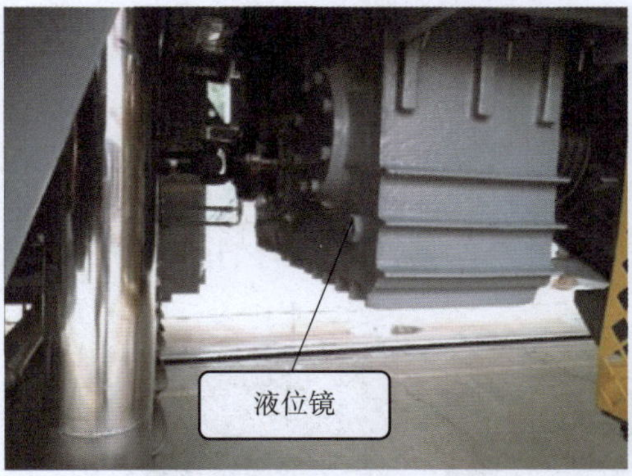

(a)

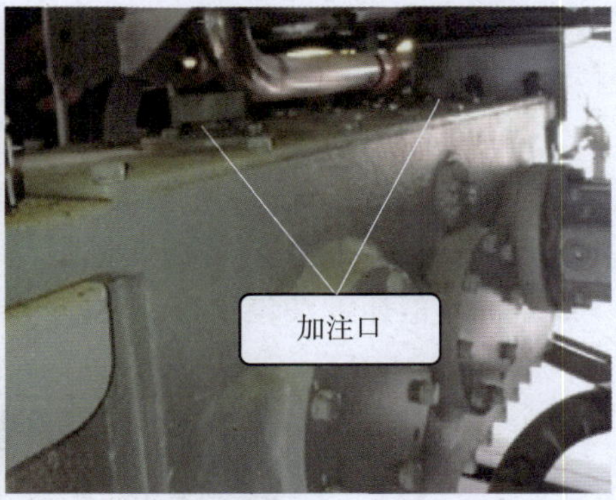

(b)

图 7-12　分动箱润滑油油位检查、加注及排放

(3)加注方法:拧开加注口盖,加入说明书推荐的润滑油即可。

(4)润滑油排放:打开分动箱底部放油螺堵即可排放。

(5)警告事项:若忽视如下指示,可能会损坏分动箱。

严禁分动箱润滑油低油位运转,低油位运转会使零部件润滑不良,加快磨损。

6. 车轴齿轮箱润滑油油位检查、加注及排放(图 7-13)。

(1)检查方法:观察车轴齿轮箱油位镜。

(2)合格标准:正常情况下能在高处的油位镜内看到油面。

(3)加注方法:打开加注口盖子,加入说明书推荐的润滑油即可。

(4)润滑油排放:打开车轴齿轮箱底部放油螺堵即可排放。

(5)警告事项:若忽视如下指示,可能会损坏车轴齿轮箱。

严禁车轴齿轮箱润滑油低油位运转,低油位运转会导致齿轮润滑不良,造成车轴齿轮箱温升超标。

7. 空压机润滑油油位检查、加注及排放(图 7-14)。

图 7-13　车轴齿轮箱润滑油油位检查、加注及排放

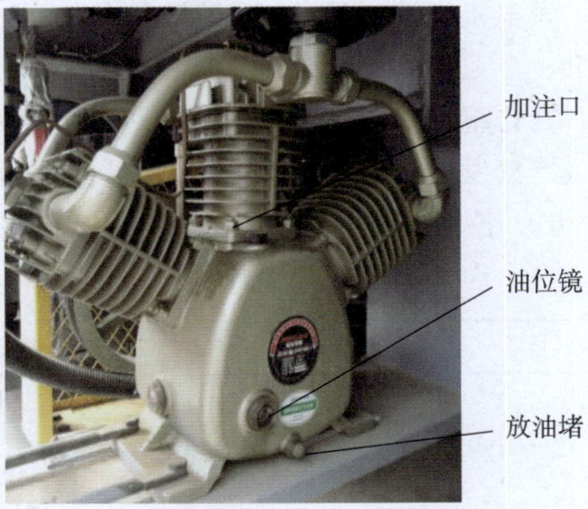

图 7-14　空压机润滑油油位检查、加注及排放

(1)检查方法:观察空压机油位显示镜。

(2)合格标准:在任何时候都能看到润滑油油面,一般润滑油油位高度占油位镜总高度的 2/3 为宜。

(3)加注方法：打开加注口螺堵，加入说明书推荐的润滑油即可。

(4)润滑油排放：打开放油螺堵即可排放。

(5)警告事项：若忽视如下指示，可能会缩短空压机寿命。

①严禁空压机润滑油低油位运转，低油位运转会使零部件润滑不良，加快磨损。

②严禁空压机加油过多，若加油过多，多余的油会从空滤器中渗出，堵塞空滤芯。

8. 液压油箱液压油油位检查、加注及排放(图 7-15)

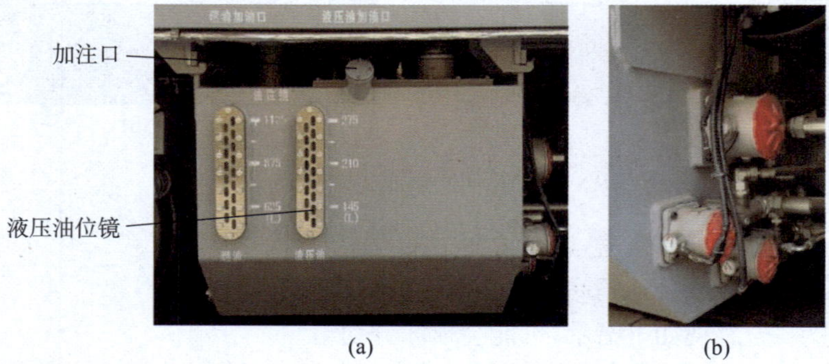

图 7-15　液压油箱液压油油位检查、加注及排放

(1)检查方法：观察液压油箱上下油位计刻度及油面高度。

(2)合格标准：在加油时，油液加到最高液位(275 L)；使用过程中，不得低于油位计最低油面刻度(145 L)。

(3)液压油排放：打开液压油箱底部放油口即可排放。

(4)警告事项：若忽视如下指示，可能会烧坏油泵。

严禁液压油箱油位低于油位计最低油位刻度，液压油箱低油位会造成油泵吸空，从而烧坏油泵。

9. 发电机组润滑油、冷却液液位检查、加注及排放。

发电机组润滑油、冷却液液位检查、加注及排放详见随机附带的发电机组使用保养说明书。

警告事项：若忽视如下指示，可能会缩发电机组寿命。

严禁发电机组润滑油、冷却液低液位运转。

10. 各部位润滑油加注表(表 7-4)。

表 7-4　各部位润滑油加注

序　号	润滑部位	推荐润滑油(脂)牌号	容　量	备　注
1	发动机油底壳	15W-40/CH-4	30 L	
2	液力变速箱	ADDINOL SGL 18	100 L	变速箱 75 L； 散热器 25 L
3	分动箱	80W/90GL-5 重负荷齿轮油	14 L	
4	车轴齿轮箱	80W/90GL-5 重负荷齿轮油	一级：15 L	
			二级：20 L	
5	空气压缩机	见发空压机使用保养说明书	2 L	

续上表

序　号	润滑部位	推荐润滑油(脂)牌号	容　　量	备　　注
6	发电机组油底壳	见发电机组使用保养说明书	6.7 L	
7	轴箱	铁道车辆滚动轴承Ⅳ型润滑脂	700～900 g	TB/T 2548
8	轴箱吊耳	ZL-3 锂基润滑脂	适量	
9	传动轴花键十字轴	ZL-3 锂基润滑脂	适量	
10	自动制动阀	ZL-3 锂基润滑脂	适量	
11	人力制动	ZL-3 锂基润滑脂	适量	
12	夹轨器	ZL-3 锂基润滑脂	适量	
13	基础制动	ZL-3 锂基润滑脂	适量	
14	车钩	ZG-3 钙基脂或二硫化钼	适量	
15	液压减振器	ZL-3 锂基润滑脂	适量	
16	空压机皮带张紧轮	ZL-3 锂基润滑脂	适量	
17	齿轮箱悬挂	ZL-3 锂基润滑脂	适量	
18	转向架拐臂	ZL-3 锂基润滑脂	适量	
19	牵引杆	ZL-3 锂基润滑脂	适量	
20	轴箱止挡	ZL-3 锂基润滑脂	适量	

11. 燃油、冷却液、液压油加注表(表 7-5)。

表 7-5　燃油、冷却液、液压油加注

序　号	加注部位	环境温度范围	推荐牌号	容　　量	备　　注
1	燃油箱	$T>0$ ℃	0 号柴油(GB252)	950 L	
		0 ℃$\geqslant T>-10$ ℃	−10 号柴油(GB252)		
		−10 ℃$\geqslant T>-30$ ℃	−30 号柴油(GB252)		
		$T\leqslant-30$ ℃	−35 号柴油(GB252)		
2	液压油箱		美孚 DTE10 超凡 32 号液压油	275 L	
3	冷却水箱	45 ℃$\geqslant T>-45$ ℃	蓝星 HEC-Ⅱ型冷却液	110 L	发动机 30 L/散热器 90 L
				4.8 L	发电机组

第八章　全面检车程序

第一节　DPT 型接触网作业车静态检查

一、检查线路与使用工具

DPT 型接触网作业车静态检查线路示意如图 8-1 所示。检查工具包括检查锤、手电筒、录音笔、手套、安全帽及棉纱若干。

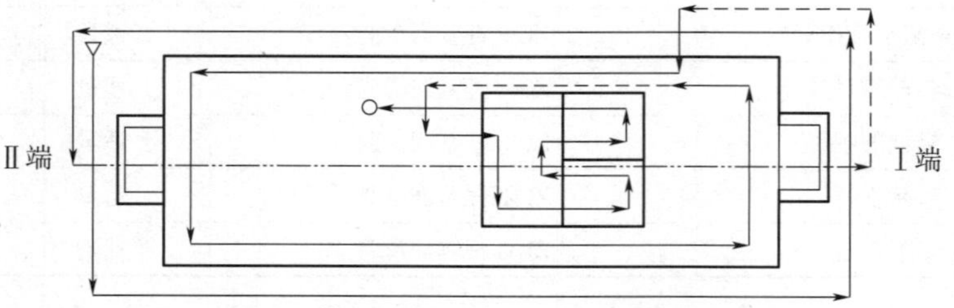

图 8-1　静态检查线路示意

二、检查方法

(一)检查原则

顺序检查，不错不漏，姿势正确，步伐不乱；

锤分轻重，目标明确，耳听目视，仔细周到；

测试工具，运用自如，手触耳闻，灵活熟练；

局部顺序，由上而下，由左向右，由内而外。

(二)检查基本方法

1. 锤检法

锤检法分为锤击、锤触、锤撬。

(1)锤击：靠检查锤敲击零部件时发出的声响及手握锤柄的振动感觉来判断螺栓的紧固程度和部件是否发生断裂，锤击适用于 14 mm 以上的各紧固螺栓、弹簧装置以及适宜用锤击判别的容易发生断裂的部件。

(2)锤触：主要用于一些较细的管子和卡子，以及一些脆弱部件，也适用于 14 mm 及以下的螺栓、螺钉。

(3)锤撬：用锤柄或锤尖拨动、撬动一些零部件，检查其跳动量、横动量及间隙等。

2. 手检法

(1)手动：对不适宜锤检的部件应用手动检查。手动包括晃、拍、握、拧，适用于较细小的螺钉、管接头、各种阀门及仪表、电器等。采用“晃动看安装，手拧看松漏”的方法，判断各油、水、风管路中阀门的正确位置，电线连接紧固情况。

(2)手触：适用于检查有关部件的温度、管路的振动、高压油管的脉冲等。

3. 目视法

在使用锤检和手检的同时也要进行目视，做到手、眼、锤、灯配合协调。对各仪表指针的位置、检查日期的确认、各紧固螺栓平垫及弹簧垫片状态、油水管路泄漏程度、各油水位的确认、电机火花等级的判定等均需要进行目视。

三、Ⅱ端(后端)检查(表 8-1)

表 8-1　Ⅱ端(后端)检查处所及方法

部位	顺序	检查部位	检查处所	检查方法	备　注
Ⅱ端	1	右半部	(1)上大灯、雨刮器、瞭望窗玻璃无破损； (2)手柄杆、下大灯完整； (3)上脚踏板焊接牢固； (4)车钩提杆作用良好； (5)标志灯良好； (6)直流电源插座外观良好，内部无烧损； (7)各附件安装牢固，螺栓无松动； (8)下脚踏板焊接牢固； (9)排障器、排障胶皮安装牢固，高度符合标准	目视；锤击	排障器底面距轨面高度为 90～130 mm，排障胶皮下缘距轨面高度为 20～25 mm
	2	车钩	(1)提钩杆作用良好，车钩开关灵活； (2)车钩外观良好，钩体、钩舌无裂纹； (3)钩舌销无弯曲，开口销作用良好，开度符合标准； (4)钩锁铁无过量磨损； (5)车钩座螺栓紧固，车钩托梁穿销、开口销齐全，作用良好； (6)车钩三态作用良好	目视；手动；锤击	车钩中心水平线距轨面高度845～890 mm；车钩开度：闭锁位 13B 型为 110～120 mm，全开位 13B 型为 218～233 mm；钩舌销与孔径向间隙 1～4 mm；每年 1 次车钩探伤检查
	3	制动软管/总风管	(1)制动软管、总风管无老化龟裂，水压试验不超期； (2)卡子无松动，胶圈完整，连接器无裂纹； (3)折角塞门、制动软管、总风管安装牢固，角度正确，无漏泄； (4)防尘堵及安全链齐全良好	目视；手动	水压试验应不超过6个月，安装角度为 45°
	4	左半部	(1)上大灯、雨刮器、瞭望窗玻璃应完整； (2)手柄杆、下大灯完整； (3)上脚踏板焊接牢固； (4)车钩提杆作用良好； (5)标志灯良好； (6)附件安装牢固，螺栓无松动； (7)下脚踏板焊接牢固； (8)排障器、排障胶皮安装牢固，高度符合标准	目视；锤击	排障器底面距轨面高度为 90～130 mm，排障胶皮下缘距轨面为 20～25 mm

四、走行部右侧检查(表 8-2)

表 8-2　走行部右侧检查处所及方法

部位	顺序	检查部位	检查处所	检查方法	备　注
走行部右侧	5	车体外观	(1)车体应平整,油漆无脱落; (2)车身无倾斜; (3)局、段标记,车号完整	目视	
	6	后端裙板内侧	(1)排障器安装牢固,螺栓无松动; (2)机车信号传感器安装螺栓无松动,高度符合标准; (3)空气干燥器安装牢固,各塞门位置正确,无漏风; (4)中继阀安装牢固,塞门位置正确,无漏风; (5)均衡、过充风缸安装螺栓无松动,排水阀作用良好; (6)发电机外接电源插座外观良好,无烧损,各空气开关位置正确	目视;锤击	机车信号传感器底面距轨面高度为(150±5)mm; 制动阀件每年校验 1 次
	7	右四动轮	(1)车轮无裂纹,踏面无剥离、碾堆、擦伤超限; (2)砂箱安装牢固,撒砂器作用良好,撒砂管距轨面高度符合标准; (3)轴箱弹簧无位移、无断裂; (4)轴箱内侧油封无漏油; (5)轴箱止挡无开焊,侧挡座安装螺栓紧固,侧挡间隙符合标准; (6)轴箱端盖安装牢固,螺栓无松动; (7)轴箱上、下拉杆及拉杆座无裂纹,状态良好; (8)油压减振器无漏油,安装牢固,穿销、开口销齐全; (9)起吊挂板安装螺栓紧固,挂钩无裂纹,无开焊; (10)轴温传感器安装牢固,接线无松脱; (11)速度传感器安装牢固,接线无松脱; (12)防倾覆装置(勾板)安装牢固,螺栓无松动	目视;锤击;手动	轮辋厚度≥23 mm。 轮缘厚度:在距离轮缘顶点 15 mm 处测量轮缘厚度不小于 23 mm。 轮轴弛缓线标记清晰,不得错位(三处,间隔 120°);踏面擦伤深度及局部凹下≤1 mm;踏面剥离长度≤40 mm;撒砂管距轨面高度不低于 25 mm;轴箱弹簧匝圈之间间隙≥5 mm;轴箱止挡间隙 4～6 mm
	8	右后制动缸	(1)制动缸安装牢固,螺栓无松动; (2)制动缸前后端盖螺栓无松动; (3)制动缸管安装牢固,无泄漏; (4)活塞行程符合标准; (5)复原弹簧作用良好,复原弹簧座及支架无开焊,安装螺栓紧固	目视;锤击	制动缸活塞行程为 70～90 mm
	9	后牵引装置/侧挡	(1)侧挡体、侧挡座安装牢固,螺栓无松动,侧挡间隙符合标准; (2)牵引座外观良好,无开焊; (3)安全连接装置勾板安装螺栓紧固无松动,挂板座无裂纹、无开焊; (4)牵引杆、牵引杆销、拐臂、拐臂销、连接杆、连接杆销及开口销、黄油嘴齐全,润滑良好,无裂纹	目视;锤击	车体侧挡与牵引座两侧间隙和不超过 24 mm
	10	后橡胶旁承	(1)旁承座无裂纹,安装螺栓紧固; (2)旁承体无老化开裂、脱胶	目视;锤击	

续上表

部位	顺序	检查部位	检查处所	检查方法	备　注
走行部右侧	11	后基础制动装置	(1)闸瓦、闸瓦托作用良好,无裂纹、偏磨,闸瓦钎、安全环齐全有效; (2)闸瓦平衡螺栓、闸瓦平衡弹簧、闸瓦平衡螺母及锁紧螺母齐全有效; (3)吊板、制动杠杆、横向连接杆各穿销、开口销齐全,作用良好; (4)前、后座体安装牢固,无开焊; (5)调整套、安全吊架安装牢固,锁紧螺母无松动	目视;锤击	闸瓦中部与车轮踏面应有1～10 mm的间隙;闸瓦剩余厚度:高磷闸瓦≥17 mm,合成闸瓦≥14 mm
	12	右三动轮	(1)车轮无裂纹,踏面无剥离、碾堆、擦伤超限; (2)砂箱安装牢固,撒砂器作用良好,撒砂管距轨面高度符合标准; (3)轴箱弹簧无位移、无断裂; (4)轴箱内侧油封无漏油; (5)轴箱止挡无开焊,侧挡座安装螺栓紧固,侧挡间隙符合标准; (6)轴箱端盖安装牢固,螺栓无松动; (7)轴箱上、下拉杆及拉杆座无裂纹,状态良好; (8)油压减振器无漏油,安装牢固,穿销、开口销齐全; (9)起吊挂板安装螺栓紧固,挂钩无裂纹、无开焊; (10)轴温传感器安装牢固,接线无松脱; (11)防倾覆装置(勾板)安装牢固,螺栓无松动	目视;锤击	轮辋厚度≥23 mm。 轮缘厚度:在距离轮缘顶点15 mm处测量轮缘厚度不小于23 mm。 轮轴弛缓线标记清晰,不得错位(三处,间隔120°);踏面擦伤深度及局部凹下≤1 mm;踏面剥离长度≤40 mm;撒砂管距轨面高度不低于25 mm;轴箱弹簧匝圈之间间隙≥5 mm;轴箱止挡间隙4～6 mm
	13	总风缸排水阀	(1)总风缸排水阀及支架安装牢固,无开焊; (2)截断塞门安装牢固,位置正确	目视;锤击	
	14	消音器	(1)消音器与排气管安装牢固,螺栓紧固; (2)消音器托架焊接良好,无裂纹、无开焊; (3)抱箍紧固,螺栓无松动	目视;锤击	
	15	传动轴	(1)安装螺栓紧固,无松动; (2)十字节总成、套管叉、锁片作用良好,黄油嘴齐全; (3)花键轴总成无弯曲; (4)油封盖无松动、无泄漏; (5)传动轴安全托架焊接牢固	目视;锤击	
	16	液力传动箱	(1)传动箱安装牢固,无漏油,放油堵无松动,油位符合标准; (2)传动箱输出联轴器无裂纹,轴向间隙符合标准,万向节作用良好,黄油嘴齐全,安全托架牢固; (3)液力回路无泄漏	目视;锤击	传动箱油位应在上刻度线与下刻度线之间并接近上刻度线为宜
	17	抓轨器	(1)抓轨器托架安装牢固,无开焊; (2)安装螺栓、开口销、β销、安全链及固定吊架齐全,作用良好; (3)抓轨器在锁定位,作用良好	目视;锤击	

续上表

部位	顺序	检查部位	检查处所	检查方法	备　注
走行部右侧	18	登车踏梯	(1)踏梯安装牢固,螺栓无松动,锁定销锁定良好; (2)防滑板作用良好; (3)登车扶手安装牢固,防滑橡胶套作用良好	目视;锤击;手动	
	19	发电机组	(1)发电机组托架安装牢固,螺栓紧固; (2)发电机组无漏油、漏水现象; (3)发电机组机油油位符合标准,油质良好; (4)发电机组冷却液充足,水箱盖齐全,锁闭良好; (5)发电机皮带无裂纹,无老化; (6)发电机组柜门锁闭良好	目视;锤击	皮带张紧度:以20～50 N的力在中间下压,挠度为10～20 mm
	20	空气滤清器	(1)空气滤清器安装牢固,作用良好; (2)各管卡无松动,锁扣锁闭良好	目视;锤击	
	21	油水分离器	(1)油水分离器安装牢固,螺栓紧固,无松脱; (2)电磁阀排污排水阀开关灵活,位置正确; (3)手动排污排水阀开关灵活,位置正确; (4)电磁阀接线盒安装牢固,接线紧固,无松脱	目视;锤击	
	22	空气压缩机	(1)空气压缩机托架安装牢固,无开焊; (2)空气压缩机安装牢固,各穿销、开口销、螺栓无松动,作用良好; (3)空气压缩机油位符合标准,油质良好,无漏油,加油口盖齐全完好; (4)空气压缩机皮带角度正确,无裂纹,松紧度符合标准; (5)张紧轮安装牢固,黄油嘴齐全,润滑良好	目视;锤击	空气压缩机油位应加到油位镜的2/3,最低油位不低于1/3; 空气压缩机皮带张紧度:以30～40 N的力在中间下压,挠度为10～15 mm; 发动机额定转速下,总风缸压力由0～(800±20) kPa的时间≤4 min
	23	燃油箱	(1)燃油箱安装螺栓无松动,安全吊架螺栓紧固,各开口销齐全; (2)燃油箱透气孔盖齐全,锁闭良好,各管系安装牢固,无泄漏; (3)燃油箱油量充足,加油口盖锁闭良好; (4)油位镜安装螺栓无松动,镜面清晰,无裂纹,无泄漏; (5)燃油滤清器安装牢固,集水器、排水螺栓齐全,作用良好; (6)滤芯专用加热器安装抱箍紧固,接线良好无松脱	目视;锤击	燃油油位不得低于250 L,不得高于1 125 L
	24	右二轮对	(1)车轮无裂纹,踏面无剥离、碾堆、擦伤超限; (2)轴箱弹簧无位移、无断裂; (3)轴箱内侧油封无漏油; (4)轴箱止挡无开焊,侧挡座安装螺栓紧固,侧挡间隙符合标准; (5)轴箱端盖安装牢固,螺栓无松动; (6)轴箱上、下拉杆及拉杆座无裂纹,状态良好; (7)油压减振器无漏油,安装牢固,穿销、开口销齐全; (8)起吊挂板安装螺栓紧固,挂钩无裂纹,无开焊; (9)轴温传感器安装牢固,接线无松脱; (10)防倾覆装置(勾板)安装牢固,螺栓无松动	目视;锤击	轮辋厚度≥23 mm。 轮缘厚度:在距离轮缘顶点15 mm处测量轮缘厚度不小于23 mm。 轮轴弛缓线标记清晰,不得错位(三处,间隔120°);踏面擦伤深度及局部凹下≤1 mm;踏面剥离长度≤40 mm;轴箱弹簧匝圈之间间隙≥5 mm;轴箱止挡间隙4～6 mm

续上表

部位	顺序	检查部位	检查处所	检查方法	备　注
走行部右侧	25	登车踏梯	(1)踏梯安装牢固,螺栓无松动,锁定销锁定良好; (2)登车扶手安装牢固,防滑橡胶套作用良好	目视;锤击;手动	
	26	前牵引装置/侧挡	(1)侧挡体、侧挡座安装牢固,螺栓无松动,侧挡间隙符合标准; (2)牵引座外观良好,无开焊; (3)安全连接装置勾板安装螺栓紧固无松动,挂板座无裂纹、无开焊; (4)牵引杆、牵引杆销、拐臂、拐臂销、连接杆、连接杆销及开口销、黄油嘴齐全,润滑良好,无裂纹	目视;锤击	车体侧挡与牵引座两侧间隙和不超过 24 mm
	27	前橡胶旁承	(1)旁承座无裂纹,安装螺栓紧固; (2)旁承体无老化开裂、脱胶	目视;锤击	
	28	前基础制动装置	(1)闸瓦、闸瓦托作用良好,无裂纹、偏磨,闸瓦钎、安全环齐全有效; (2)闸瓦平衡螺栓、闸瓦平衡弹簧、闸瓦平衡螺母及锁紧螺母齐全有效; (3)吊板、制动杠杆、横向连接杆各穿销、开口销齐全,作用良好; (4)前、后座体安装牢固,无开焊; (5)调整套、安全吊架安装牢固,锁紧螺母无松动	目视;锤击	闸瓦中部与车轮踏面应有 1～10 mm 的间隙;闸瓦剩余厚度:高磷闸瓦≥17 mm,合成闸瓦≥14 mm
	29	前右制动缸	(1)制动缸安装牢固,螺栓无松动; (2)制动缸前后端盖螺栓无松动; (3)制动缸管安装牢固,无泄漏; (4)活塞行程符合标准; (5)复原弹簧作用良好,复原弹簧座及支架无开焊,安装螺栓紧固	目视;锤击	制动缸活塞行程 70～90 mm
	30	人力制动机	(1)人力制动机支座安装螺栓紧固,转轴与支座连接良好; (2)链条、钢丝绳索具套环、钢丝绳、U 形卡子及螺栓安装牢固,可靠; (3)滑轮及固定座安装牢固,润滑良好	目视;锤击	
	31	右一轮对	(1)车轮无裂纹,踏面无剥离、碾堆、擦伤超限; (2)轴箱弹簧无位移、无断裂; (3)轴箱内侧油封无漏油; (4)轴箱止挡无开焊,侧挡座安装螺栓紧固,侧挡间隙符合标准; (5)轴箱端盖安装牢固,螺栓无松动; (6)轴箱上、下拉杆及拉杆座无裂纹,状态良好; (7)油压减振器无漏油,安装牢固,穿销、开口销齐全; (8)起吊挂板安装螺栓紧固,挂钩无裂纹,无开焊; (9)轴温传感器安装牢固,接线无松脱; (10)防倾覆装置(勾板)安装牢固,螺栓无松动	目视;锤击	轮辋厚度≥23 mm。 轮缘厚度:在距离轮缘顶点 15 mm 处测量轮缘厚度不小于 23 mm。 轮轴弛缓线标记清晰,不得错位(三处,间隔 120°);踏面擦伤深度及局部凹下≤1 mm;踏面剥离长度≤40 mm;轴箱弹簧匝圈之间间隙≥5 mm;轴箱止挡间隙 4～6 mm

续上表

部位	顺序	检查部位	检查处所	检查方法	备　注
走行部右侧	32	液压支腿	(1)安装牢固,螺栓无松动; (2)液压支腿位置正确,锁定销在锁定位,锁定良好; (3)各管系安装牢固,无泄漏; (4)黄油嘴齐全,滚轮转动灵活,润滑良好	目视;锤击	
	33	抓轨器	(1)抓轨器托架安装牢固,无开焊; (2)安装螺栓、开口销、β销、安全链及固定吊架齐全,作用良好; (3)抓轨器在锁定位,作用良好	目视;锤击	
	34	前端裙板内侧	(1)排障器安装牢固,螺栓无松动; (2)机车信号传感器安装螺栓无松动,高度符合标准	目视;锤击	机车信号传感器底面距轨面高度为(150±5)mm

五、Ⅰ端(前端)检查(表 8-3)

表 8-3　Ⅰ端(前端)检查处所及方法

部位	顺序	检查部位	检查处所	检查方法	备　注
Ⅰ端	35	左半部	(1)上大灯、雨刮器、瞭望窗玻璃无破损; (2)手柄杆、下大灯完整; (3)上脚踏板焊接牢固; (4)车钩提杆作用良好; (5)标志灯良好; (6)直流电源插座外观良好,内部无烧损; (7)激光测距仪安装牢固,螺栓无松动; (8)下脚踏板焊接牢固; (9)排障器、排障胶皮安装牢固,高度符合标准	目视;锤击	排障器底面距轨面高度为 90～130 mm,排障胶皮下缘距轨面高度为 20～25 mm
	36	车钩	(1)提钩杆作用良好,车钩开关灵活; (2)车钩外观良好,钩体、钩舌无裂纹; (3)钩舌销无弯曲,开口销作用良好,开度符合要求; (4)钩锁铁无过量磨损; (5)车钩座螺栓紧固,车钩托梁穿销、开口销齐全,作用良好; (6)车钩三态作用良好	目视;手动;锤击	车钩中心水平线距轨面高度 845～890 mm;车钩开度:闭锁位 13B 型为 110～120 mm,全开位 13B 型为 218～233 mm;钩舌销与孔径向间隙 1～4 mm;每年 1 次车钩探伤检查
	37	制动软管/总风管	(1)制动软管、总风管无老化龟裂,水压试验不超期; (2)卡子无松动,胶圈完整,连接器无裂纹; (3)折角塞门、制动软管、总风管安装牢固,角度正确,无漏泄; (4)防尘堵及安全链齐全良好	目视;手动	水压试验应不超过 6 个月,安装角度为 45°

续上表

部位	顺序	检查部位	检查处所	检查方法	备　注
Ⅰ端	38	右半部	(1)上大灯、雨刮器、瞭望窗玻璃应完整； (2)手柄杆、下大灯完整； (3)上脚踏板焊接牢固； (4)车钩提杆作用良好； (5)标志灯良好； (6)摄像机安装牢固，螺栓无松动； (7)下脚踏板焊接牢固； (8)排障器、排障胶皮安装牢固，高度符合标准	目视；锤击	排障器底面距轨面高度为 90～130 mm，排障胶皮下缘距轨面为 20～25 mm

六、走行部左侧检查(表 8-4)

表 8-4　走行部左侧检查处所及方法

部位	顺序	检查部位	检查处所	检查方法	备　注
走行部左侧	39	车体外观	(1)车体应平整，油漆无脱落； (2)车身无倾斜； (3)局、段标记，车号完整	目视	
	40	前端裙板内侧	(1)排障器安装牢固，螺栓无松动； (2)机车信号传感器安装螺栓无松动，高度符合标准； (3)空气干燥器安装牢固，各塞门位置正确，无漏风； (4)中继阀安装牢固，塞门位置正确，无漏风； (5)均衡、过充风缸安装螺栓无松动，排水阀作用良好； (6)发电机外接电源插座外观良好，无烧损，各空气开关位置正确	目视；锤击	机车信号传感器底面距轨面高度为(150±5)mm；制动阀件每年校验 1 次
	41	抓轨器	(1)抓轨器托架安装牢固，无开焊； (2)安装螺栓、开口销、β 销、安全链及固定吊架齐全，作用良好； (3)抓轨器在锁定位，作用良好	目视；锤击	
	42	液压支腿	(1)安装牢固，螺栓无松动； (2)液压支腿位置正确，锁定销在锁定位，锁定良好； (3)各管系安装牢固，无泄漏； (4)黄油嘴齐全，滚轮转动灵活，润滑良好； (5)支腿操纵阀锁闭良好，安装牢固，油管无泄漏	目视；锤击	

续上表

部位	顺序	检查部位	检查处所	检查方法	备　注
走行部左侧	43	左一轮对	(1)车轮无裂纹,踏面无剥离、碾堆、擦伤超限; (2)轴箱弹簧无位移、无断裂; (3)轴箱内侧油封无漏油; (4)轴箱止挡无开焊,侧挡座安装螺栓紧固,侧挡间隙符合标准; (5)轴箱端盖安装牢固,螺栓无松动; (6)轴箱上、下拉杆及拉杆座无裂纹,状态良好; (7)油压减振器无漏油,安装牢固,穿销、开口销齐全; (8)起吊挂板安装螺栓紧固,挂钩无裂纹,无开焊; (9)轴温传感器安装牢固,接线无松脱; (10)防倾覆装置(勾板)安装牢固,螺栓无松动	目视;锤击;手动	轮辋厚度≥23 mm。 轮缘厚度:在距离轮缘顶点15 mm处测量轮缘厚度不小于23 mm。 轮轴弛缓线标记清晰,不得错位(三处,间隔120°);踏面擦伤深度及局部凹下≤1 mm;踏面剥离长度≤40 mm;轴箱弹簧匝圈之间间隙≥5 mm;轴箱止挡间隙4～6 mm
	44	左前制动缸	(1)制动缸安装牢固,螺栓无松动; (2)制动缸前后端盖螺栓无松动; (3)制动缸管安装牢固,无泄漏; (4)活塞行程符合标准; (5)复原弹簧作用良好,复原弹簧座及支架无开焊,安装螺栓紧固	目视;锤击	制动缸活塞行程70～90 mm
	45	前牵引装置/侧挡	(1)侧挡体、侧挡座安装牢固,螺栓无松动,侧挡间隙符合标准; (2)牵引座外观良好,无开焊; (3)安全连接装置勾板安装螺栓紧固无松动,挂板座无裂纹、无开焊; (4)牵引杆、牵引杆销、拐臂、拐臂销、连接杆、连接杆销及开口销、黄油嘴齐全,润滑良好,无裂纹	目视;锤击	车体侧挡与牵引座两侧间隙和不超过24 mm
	46	前橡胶旁承	(1)旁承座无裂纹,安装螺栓紧固; (2)旁承体无老化开裂、脱胶	目视;锤击	
	47	前基础制动装置	(1)闸瓦、闸瓦托作用良好,无裂纹、偏磨,闸瓦钎、安全环齐全有效; (2)闸瓦平衡螺栓、闸瓦平衡弹簧、闸瓦平衡螺母及锁紧螺母齐全有效; (3)吊板、制动杠杆、横向连接杆各穿销、开口销齐全,作用良好; (4)前、后座体安装牢固,无开焊; (5)调整套、安全吊架安装牢固,锁紧螺母无松动	目视;锤击	闸瓦中部与车轮踏面应有1～10 mm的间隙;闸瓦剩余厚度:高磷闸瓦≥17 mm,合成闸瓦≥14 mm
	48	登车踏梯	(1)踏梯安装牢固,螺栓无松动,锁定销锁定良好; (2)登车扶手安装牢固,防滑橡胶套作用良好	目视;锤击;手动	

续上表

部位	顺序	检查部位	检查处所	检查方法	备　注
走行部左侧	49	左二轮对	(1)车轮无裂纹,踏面无剥离、碾堆、擦伤超限; (2)轴箱弹簧无位移、无断裂; (3)轴箱内侧油封无漏油; (4)轴箱止挡无开焊,侧挡座安装螺栓紧固,侧挡间隙符合标准; (5)轴箱端盖安装牢固,螺栓无松动,接地装置安装牢固,接线无松脱; (6)轴箱上、下拉杆及拉杆座无裂纹,状态良好; (7)油压减振器无漏油,安装牢固,穿销、开口销齐全; (8)起吊挂板安装螺栓紧固,挂钩无裂纹,无开焊; (9)轴温系统接线盒安装牢固,接线无松脱,轴温传感器安装牢固,接线无松脱; (10)防倾覆装置(勾板)安装牢固,螺栓无松动	目视;锤击;手动	轮辋厚度≥23 mm。 轮缘厚度:在距离轮缘顶点 15 mm 处测量轮缘厚度不小于 23 mm。 轮轴弛缓线标记清晰,不得错位(三处,间隔 120°);踏面擦伤深度及局部凹下≤1 mm;踏面剥离长度≤40 mm;轴箱弹簧匝圈之间间隙≥5 mm;轴箱止挡间隙 4～6 mm
	50	燃油箱/液压油箱	(1)油箱安装螺栓无松动,开口销齐全; (2)液压油箱透气孔盖锁闭良好; (3)油箱油量充足,加油口盖锁闭良好; (4)油位镜安装螺栓无松动,镜面清晰,无裂纹,无泄漏; (5)液压油滤清器安装牢固,接管良好,无泄漏,接线良好,无松脱,压力表压力指示正常	目视;锤击	燃油油位不得低于 250 L,不得高于 1 125 L; 液压油油位不得低于 145 L,不得高于 275 L
	51	散热器	(1)托架焊接牢固,安装螺栓紧固,开口销齐全,作用良好; (2)变矩器散热控制阀、发动机散热控制阀安装牢固,接管良好,无泄漏,电磁阀接线牢固,无松脱; (3)散热器进气格栅安装牢固,清洁无异物	目视;锤击	
	52	走行部中部	(1)发动机机油尺安装良好,机油油位符合标准,油质良好; (2)液力传动箱托架安装牢固,螺栓无松动; (3)液力传动箱接线紧固,无松脱	目视;锤击;手动	发动机机油油位应在上刻度线(H)与下刻度线(L)之间并接近上刻度线(H)为宜
	53	抓轨器	(1)抓轨器托架安装牢固,无开焊; (2)安装螺栓、开口销、β 销、安全链及固定吊架齐全,作用良好; (3)抓轨器在锁定位,作用良好	目视;锤击	
	54	登车踏梯	(1)踏梯安装牢固,螺栓无松动,锁定销锁定良好; (2)登车扶手安装牢固,防滑橡胶套作用良好	目视;锤击;手动	

续上表

部位	顺序	检查部位	检查处所	检查方法	备　注
走行部左侧	55	蓄电池箱	(1)托架安装牢固,螺栓紧固,无松脱,开口销齐全有效; (2)蓄电池箱柜门加锁,锁闭良好; (3)蓄电池清洁,各单节无泄漏,接线无松脱; (4)蓄电池透气孔畅通	目视; 锤击; 手动	
	56	左三动轮	(1)车轮无裂纹,踏面无剥离、碾堆、擦伤超限; (2)砂箱安装牢固,撒砂器作用良好,撒砂管距轨面高度符合标准; (3)轴箱弹簧无位移、无断裂; (4)轴箱内侧油封无漏油; (5)轴箱止挡无开焊,侧挡座安装螺栓紧固,侧挡间隙符合标准; (6)轴箱端盖安装牢固,螺栓无松动,接地装置安装牢固,接线无松脱; (7)轴箱上、下拉杆及拉杆座无裂纹,状态良好; (8)油压减振器无漏油,安装牢固,穿销、开口销齐全; (9)起吊挂板安装螺栓紧固,挂钩无裂纹、无开焊; (10)轴温系统接线盒安装牢固,接线无松脱,轴温传感器安装牢固,接线无松脱; (11)防倾覆装置(勾板)安装牢固,螺栓无松动	目视; 锤击	轮辋厚度≥23 mm。 轮缘厚度:在距离轮缘顶点15 mm处测量轮缘厚度不小于23 mm。 轮轴弛缓线标记清晰,不得错位(三处,间隔120°);踏面擦伤深度及局部凹下≤1 mm;踏面剥离长度≤40 mm;撒砂管距轨面高度不低于25 mm;轴箱弹簧匝圈之间间隙≥5 mm;轴箱止挡间隙4～6 mm
	57	后牵引装置/侧挡	(1)侧挡体、侧挡座安装牢固,螺栓无松动,侧挡间隙符合标准; (2)牵引座外观良好,无开焊; (3)安全连接装置勾板安装螺栓紧固无松动,挂板座无裂纹、无开焊; (4)牵引杆、牵引杆销、拐臂、拐臂销、连接杆、连接杆销及开口销、黄油嘴齐全,润滑良好,无裂纹	目视; 锤击	车体侧挡与牵引座两侧间隙和不超过24 mm
	58	后橡胶旁承	(1)旁承座无裂纹,安装螺栓紧固; (2)旁承体无老化开裂、脱胶	目视; 锤击	
	59	后基础制动装置	(1)闸瓦、闸瓦托作用良好,无裂纹、偏磨,闸瓦钎、安全环齐全有效; (2)闸瓦平衡螺栓、闸瓦平衡弹簧、闸瓦平衡螺母及锁紧螺母齐全有效; (3)吊板、制动杠杆、横向连接杆各穿销、开口销齐全,作用良好; (4)前、后座体安装牢固,无开焊; (5)调整套、安全吊架安装牢固,锁紧螺母无松动	目视; 锤击	闸瓦中部与车轮踏面应有1～10 mm的间隙;闸瓦剩余厚度:高磷闸瓦≥17 mm,合成闸瓦≥14 mm

续上表

部位	顺序	检查部位	检查处所	检查方法	备　注
走行部左侧	60	左后制动缸	(1)制动缸安装牢固,螺栓无松动; (2)制动缸前后端盖螺栓无松动; (3)制动缸管安装牢固,无泄漏; (4)活塞行程符合标准; (5)复原弹簧作用良好,复原弹簧座及支架无开焊,安装螺栓紧固	目视;锤击	制动缸活塞行程 70～90 mm
	61	左四动轮	(1)车轮无裂纹,踏面无剥离、碾堆、擦伤超限; (2)砂箱安装牢固,撒砂器作用良好,撒砂管距轨面高度符合标准; (3)轴箱弹簧无位移、无断裂; (4)轴箱内侧油封无漏油; (5)轴箱止挡无开焊,侧挡座安装螺栓紧固,侧挡间隙符合标准; (6)轴箱端盖安装牢固,螺栓无松动; (7)轴箱上、下拉杆及拉杆座无裂纹,状态良好; (8)油压减振器无漏油,安装牢固,穿销、开口销齐全; (9)起吊挂板安装螺栓紧固,挂钩无裂纹,无开焊; (10)轴温传感器安装牢固,接线无松脱; (11)速度传感器安装牢固,接线无松脱; (12)防倾覆装置(勾板)安装牢固,螺栓无松动	目视;锤击;手动	轮辋厚度≥23 mm。 轮缘厚度:在距离轮缘顶点 15 mm 处测量轮缘厚度不小于 23 mm。 轮轴弛缓线标记清晰,不得错位(三处,间隔 120°);踏面擦伤深度及局部凹下≤1 mm;踏面剥离长度≤40 mm;撒砂管距轨面高度不低于 25 mm;轴箱弹簧匝圈之间间隙≥5 mm;轴箱止挡间隙 4～6 mm
	62	作用阀	(1)作用阀安装牢固,螺栓无松动,开口销齐全; (2)各塞门位置正确; (3)各管系安装牢固,无漏风; (4)工作、作用风缸安装牢固,排水阀作用良好	目视;锤击;手动	每年校验 1 次
	63	分配阀	(1)分配阀安装牢固,螺栓无松动; (2)各塞门位置正确; (3)各管系安装牢固,无漏风; (4)无动力回送塞门位置正确,处于关闭位; (5)工作、作用风缸安装牢固,排水阀作用良好; (6)紧急、降压风缸安装牢固,排水阀作用良好	目视;锤击;手动	每年校验 1 次
	64	GYK 放风阀	(1)放风阀安装牢固,螺栓无松动; (2)塞门位置正确; (3)电磁阀安装牢固,接线无松脱	目视;锤击;手动	
	65	后端裙板内侧	(1)排障器安装牢固,螺栓无松动; (2)机车信号传感器安装螺栓无松动,高度符合标准; (3)发电机外接电源插座外观良好,无烧损,各空气开关位置正确; (4)旁路制动阀安装牢固,塞门位置正确,调压阀安装牢固,调整机构锁闭良好	目视;锤击	机车信号传感器底面距轨面高度为(150±5)mm

七、底部检查(表 8-5)

表 8-5　底部检查处所及方法

部位	顺序	检查部位	检查处所	检查方法	备　注
底部	66	后排障器内侧	(1)排障器支架安装牢固,螺栓无松动,开口销齐全; (2)排障胶皮安装牢固,距轨面高度符合标准; (3)左、右机车信号传感器安装牢固,螺栓无松动,开口销、安全钢丝绳齐全; (4)风笛安装牢固,管路无漏风; (5)电喇叭安装牢固,接线紧固,无松脱; (6)空气干燥器安装牢固,各管无松动,无漏风,接线紧固,无松脱	目视;锤击;手动	排障器底面距轨面高度为 90～130 mm,排障胶皮下缘距轨面高度为 20～25 mm
	67	车钩	(1)钩体无裂纹; (2)钩尾销无裂纹,螺栓安装牢固,开口销齐全; (3)前、后从板及从板座安装牢固,无裂纹; (4)钩尾框无裂纹,托板安装牢固,螺栓无松动,开口销齐全,作用良好	目视;锤击	车钩中心水平线距轨面高度 845～890 mm;车钩开度:闭锁位 13B 型为 110～120 mm,全开位 13B 型为 218～233 mm;钩舌销与孔径向间隙 1～4 mm;每年 1 次车钩探伤检查
	68	分配阀	(1)安装牢固,各管路无泄漏,塞门位置正确,作用良好; (2)工作、作用风缸安装牢固,排水阀作用良好; (3)紧急、降压风缸安装牢固,排水阀作用良好	目视;手动	每年校验 1 次
	69	后转向架	转向架前端梁安装牢固,无开焊,无裂纹	目视	
	70	第四轮对	(1)车轮无裂纹,踏面无剥离、碾堆、擦伤超限; (2)车轴无裂纹,弛缓线无位移; (3)车轴齿轮箱内侧油封无漏油; (4)车轴齿轮箱安装牢固,螺栓无松动,拉臂无裂纹,安装牢固,黄油嘴齐全,润滑良好,减振器橡胶无开裂,无老化; (5)车轴齿轮箱无漏油,透气孔盖、观察孔盖安装牢固,底座、放油堵、油位镜齐全,油位符合标准; (6)车轴齿轮箱传动轴联轴器(突缘)无裂纹,轴向间隙符合标准	目视;锤击;手动	轮辋厚度≥23 mm。 轮缘厚度:在距离轮缘顶点 15 mm 处测量轮缘厚度不小于 23 mm。 轮轴弛缓线标记清晰,不得错位(三处,间隔 120°);踏面擦伤深度及局部凹下≤1 mm;踏面剥离长度≤40 mm;车轴齿轮箱油位应加到油位镜的 2/3,最低油位不低于 1/3
	71	后转向架	(1)横向油压减振器安装牢固,穿销、开口销齐全,无泄漏; (2)转向架中梁、边梁无开焊,无裂纹	目视	

续上表

部位	顺序	检查部位	检查处所	检查方法	备　注
底部	72	传动轴	(1)传动轴安装螺栓紧固,无松动; (2)十字节总成、套管叉、锁片作用良好,黄油嘴齐全,润滑良好; (3)花键轴总成无弯曲; (4)油封盖无松动,无泄漏; (5)传动轴安全托架安装牢固,开口销齐全	目视;锤击	
	73	后基础制动装置	(1)闸瓦、闸瓦托作用良好,无裂纹、偏磨,闸瓦钎、安全环齐全有效; (2)闸瓦平衡螺栓、闸瓦平衡弹簧、闸瓦平衡螺母及锁紧螺母齐全有效; (3)吊板、制动杠杆、横向连接杆各穿销、开口销齐全,作用良好; (4)前、后座体安装牢固,无开焊; (5)调整套、安全吊架安装牢固,锁紧螺母无松动	目视;锤击	闸瓦中部与车轮踏面应有1～10 mm的间隙;闸瓦剩余厚度:高磷闸瓦≥17 mm,合成闸瓦≥14 mm
	74	第三轮对	(1)车轮无裂纹,踏面无剥离、碾堆、擦伤超限; (2)车轴无裂纹,弛缓线无位移; (3)车轴齿轮箱内侧油封无漏油; (4)车轴齿轮箱安装牢固,螺栓无松动,拉臂无裂纹,安装牢固,黄油嘴齐全,润滑良好,减振器橡胶无开裂,无老化; (5)车轴齿轮箱无漏油,透气孔盖、观察孔盖安装牢固,底座、放油堵、油位镜齐全,油位符合标准; (6)车轴齿轮箱传动轴联轴器(突缘)无裂纹,轴向间隙符合标准	目视;锤击;手动	轮辋厚度≥23 mm。 轮缘厚度:在距离轮缘顶点15 mm处测量轮缘厚度应不小于23 mm。 轮轴弛缓线标记清晰,不得错位(三处,间隔120°);踏面擦伤深度及局部凹下≤1 mm;踏面剥离长度≤40 mm;车轴齿轮箱油位应加到油位镜的2/3,最低油位不低于1/3
	75	后转向架	转向架后端梁安装牢固,无开焊,无裂纹	目视	
	76	总风缸	(1)总风缸安装牢固,螺栓紧固,开口销齐全,接管良好,无泄漏,安全托架无裂纹,塞门位置正确; (2)总风缸安全阀、压力调整阀齐全,锁紧螺栓紧固,作用良好	目视;手动	
	77	传动轴	(1)传动轴安装螺栓紧固,无松动; (2)十字节总成、套管叉、锁片作用良好,黄油嘴齐全,润滑良好; (3)花键轴总成无弯曲; (4)油封盖无松动,无泄漏; (5)传动轴安全托架安装牢固,开口销齐全	目视;锤击	
	78	消音器	(1)消音器与排气管安装牢固,螺栓紧固; (2)消音器托架焊接良好,无裂纹、无开焊	目视;锤击	
	79	蓄电池箱	(1)托架安装牢固,螺栓紧固,无松脱,开口销齐全有效; (2)蓄电池接地线安装牢固,螺栓无松动	目视;锤击	

续上表

部位	顺序	检查部位	检查处所	检查方法	备　注
底部	80	液力传动箱	(1)液力传动箱安装牢固,无漏油,放油堵无松动,油位符合标准; (2)滤清器安装牢固,安全托架齐全; (3)液力传动箱各管系安装牢固,无泄漏; (4)液力传动箱输出轴联轴器无裂纹,轴向间隙符合标准,万向节作用良好,黄油嘴齐全,安全托架牢固	目视;锤击;手动	传动箱油位应在上刻度线与下刻度线之间并接近上刻度线为宜
	81	发动机	(1)发动机机座螺栓安装牢固,开口销齐全完好; (2)发动机无漏水、漏油、漏气现象,ECU插接件及各传感器接线良好,无松脱; (3)起动马达安装牢固,接线紧固,无松脱; (4)涡轮增压器安装牢固,排气管卡安装牢固,无松脱; (5)发动机皮带无裂纹,无老化,皮带张紧度符合标准; (6)发动机机油滤清器、燃油滤清器和空气滤清器安装牢固,无泄漏	目视;锤击;手动	发动机皮带张紧度:两根手指用约100 N的力同时按压皮带中部,压下量为5～10 mm为宜
	82	散热器	(1)散热器各部无漏油、漏水、漏气现象; (2)散热器各管系连接良好,安装抱箍紧固,无松脱; (3)散热器风扇支架安装牢固,风扇叶片无裂纹,无缺损,接管良好,无泄漏	目视;锤击;手动	
	83	传动轴	(1)传动轴安装螺栓紧固,无松动; (2)十字节总成、套管叉、锁片作用良好,黄油嘴齐全,润滑良好; (3)花键轴总成无弯曲; (4)油封盖无松动,无泄漏; (5)传动轴安全托架安装牢固,开口销齐全	目视;锤击	
	84	分动齿轮箱	(1)分动齿轮箱安装牢固,托架螺栓紧固,开口销齐全完好; (2)各部无漏油,放油堵无松动,油位镜齐全、清晰,油位符合标准	目视;锤击	分动齿轮箱油位应加到油位镜的2/3,最低油位不低于1/3
	85	空气压缩机	(1)空气压缩机底座螺栓安装牢固,开口销齐全完好; (2)空气压缩机皮带角度正确,无裂纹,无老化,挠度符合标准; (3)空气压缩机各部无漏油,油位符合标准,加油口盖齐全完好; (4)张紧轮安装牢固,黄油嘴齐全,润滑良好	目视;锤击;手动	空气压缩机皮带张紧度:以30～40 N的力在中间下压,挠度为10～15 mm;空气压缩机油位应加到油位镜的2/3,最低油位不低于1/3
	86	燃油箱/液压油箱	(1)燃油箱各部无泄漏; (2)放油堵齐全、紧固	目视;锤击	

续上表

部位	顺序	检查部位	检查处所	检查方法	备　注
底部	87	前转向架	转向架前端梁安装牢固,无开焊,无裂纹	目视	
	88	第二轮对	(1)车轮无裂纹,踏面无剥离、碾堆、擦伤超限; (2)车轴无裂纹,弛缓线无位移	目视	轮辋厚度≥23 mm。 轮缘厚度:在距离轮缘顶点 15 mm 处测量轮缘厚度不小于 23 mm。 轮轴弛缓线标记清晰,不得错位(三处,间隔 120°);踏面擦伤深度及局部凹下≤1 mm;踏面剥离长度≤40 mm
	89	前转向架	(1)横向油压减振器安装牢固,穿销、开口销齐全,无泄漏; (2)转向架中梁、边梁无开焊,无裂纹	目视	
	90	前基础制动装置	(1)闸瓦、闸瓦托作用良好,无裂纹、偏磨,闸瓦钎、安全环齐全有效; (2)闸瓦平衡螺栓、闸瓦平衡弹簧、闸瓦平衡螺母及锁紧螺母齐全有效; (3)吊板、制动杠杆、横向连接杆各穿销、开口销齐全,作用良好; (4)前、后座体安装牢固,无开焊; (5)调整套、安全吊架安装牢固,锁紧螺母无松动	目视;锤击	闸瓦中部与车轮踏面应有 1～10 mm 的间隙;闸瓦剩余厚度:高磷闸瓦≥17 mm,合成闸瓦≥14 mm
	91	第一轮对	(1)车轮无裂纹,踏面无剥离、碾堆、擦伤超限; (2)车轴无裂纹,弛缓线无位移	目视	轮辋厚度≥23 mm。 轮缘厚度:在距离轮缘顶点 15 mm 处测量轮缘厚度不小于 23 mm。 轮轴弛缓线标记清晰,不得错位(三处,间隔 120°);踏面擦伤深度及局部凹下≤1 mm;踏面剥离长度≤40 mm
	92	前转向架	转向架后端梁安装牢固,无开焊,无裂纹	目视	
	93	车钩	(1)钩体无裂纹; (2)钩尾销无裂纹,螺栓安装牢固,开口销齐全; (3)前、后从板及从板座安装牢固,无裂纹; (4)钩尾框无裂纹,托板安装牢固,螺栓无松动,开口销齐全,作用良好	目视;锤击	车钩中心水平线距轨面高度 845～890 mm;车钩开度:闭锁位 13B 型为 110～120 mm,全开位 13B 型为 218～233 mm;钩舌销与孔径向间隙 1～4 mm;每年1次车钩探伤检查

续上表

部位	顺序	检查部位	检查处所	检查方法	备　注
底部	94	液压支腿	(1)液压支腿安装牢固,螺栓无松动; (2)各液压阀件、管系安装牢固,无泄漏; (3)滚轮转动灵活,润滑良好	目视;锤击	
	95	前排障器内侧	(1)排障器支架安装牢固,螺栓无松动,开口销齐全; (2)排障胶皮安装牢固,距轨面高度符合标准; (3)左、右机车信号传感器安装牢固,螺栓无松动,开口销、安全钢丝绳齐全; (4)风笛安装牢固,管路无漏风; (5)电喇叭安装牢固,接线紧固无松脱	目视;锤击;手动	排障器底面距轨面高度为 90～130 mm,排障胶皮下缘距轨面高度为 20～25 mm

八、上部检查(表 8-6)

表 8-6　上部检查处所及方法

部位	顺序	检查部位	检查处所	检查方法	备　注
司机室外部	96	作业平台左侧	(1)副平台机械锁定开关锁定位置,锁定良好,锁定传感器安装牢固,接线良好; (2)安全栏杆锁闭良好; (3)立柱调平装置安装牢固; (4)各油缸安装牢固,无泄漏	目视;手动	
	97	升降梯	(1)升降梯安装牢固,各部螺栓紧固,无松脱; (2)脚踏板锁闭良好; (3)扶手杆无开焊	目视;手动	
	98	空调外机	(1)空调外机保护罩安装牢固,螺栓紧固,无松脱; (2)各部焊接良好,无开焊; (3)接管良好,无泄漏	目视;锤击;手动	
	99	门灯	(1)门灯安装牢固; (2)接线良好,无松脱	目视;手动	
Ⅱ端司机室内部	100	司机室门窗	司机室门窗完整,无破损,开关灵活	目视;手动	
	101	备品柜	(1)常用工具、备品齐全; (2)灭火器铅封良好,容量符合规定,压力符合标准,检验合格证不超期	目视;手动	灭火器检验有效期 1 年;水基型灭火器和 ABC 干粉灭火器各 1 个
	102	铁鞋箱	(1)安装牢固,锁扣良好; (2)铁鞋齐全,作用良好; (3)铁鞋箱面板指示灯、按钮、报警指示灯及各按钮开关齐全完好	目视;手动	

续上表

部位	顺序	检查部位	检查处所	检查方法	备　注
Ⅱ端司机室内部	103	电取暖器	(1)电取暖器安装牢固； (2)防护罩齐全，无异物覆盖； (3)断路器位置正确	目视；手动	
	104	Ⅱ端司机操作台	(1)操作台外观整洁，各柜门锁闭良好，各断路器开关位置正确； (2)挡风玻璃无破损、雨刮器、风扇安装牢固； (3)车速里程表、制动风压表安装牢固； (4)各行车安全装置、电气设备显示正常、安装牢固； (5)各操纵开关、按钮安装牢固，位置正确； (6)操作台下方风笛、撒砂脚踏阀完好，电加热玻璃、低速走行、空气管路加热、手动电源、监控电源、网络选择各开关位置正确	目视；手动	
	105	电气控制柜	(1)控制柜各接线柱接线无松动，无烧损变色； (2)各断路器位置正确	目视；手动	
	106	制动阀柜	(1)玻璃水箱、GYK 保压阀安装牢固，接管良好，无泄漏，各塞门位置正确； (2)手动紧急制动阀安装牢固，铅封良好	目视；手动	
	107	设备柜	各行车安全装备主机安装牢固，接线紧固，无松脱	目视；手动	
	108	备品柜	(1)安全防护备品齐全有效，检验日期符合规定； (2)常用工具、备品齐全	目视；手动	防护用品的检验有效期为 1 年
司机室外部	109	作业装置控制柜	(1)控制柜面板按钮安装牢固； (2)控制柜电磁阀安装牢固，接管良好，无泄漏，电磁阀接线良好，无松脱	目视；手动	
	110	发动机水箱	(1)膨胀水箱液位镜清晰，水质良好，水量符合标准，无泄漏； (2)接管良好，各部无泄漏，水箱盖锁闭良好，安全链齐全	目视；手动	冷却液应加到膨胀水箱高度的 2/3，最低水位不低于 1/3，特别注意判别虚水位，发动机启动 5 min 后应再检查膨胀水箱水位
	111	作业平台手动泵	(1)作业平台手动泵安装牢固，防护罩齐全； (2)手动泵位置正确	目视；手动	

续上表

部位	顺序	检查部位	检查处所	检查方法	备　注
司机室外部	112	作业平台右侧	(1)主平台机械锁定开关锁定位置，锁定良好，锁定传感器安装牢固，接线良好； (2)各油缸安装牢固，接管良好，无泄漏； (3)副平台机械锁定开关锁定位置，锁定良好，锁定传感器安装牢固，接线良好	目视；手动	
	113	作业平台调平装置	(1)控制柜面板各开关位置正确，压力表完好； (2)控制柜各接线柱接线牢固，无松脱； (3)控制柜各阀件安装牢固，接管良好，各部无泄漏； (4)立柱调平装置安装牢固； (5)调平油缸安装牢固，无泄漏； (6)锁定油缸安装牢固，锁定良好，无泄漏	目视；手动	最大调平外轨超高200 mm，最小工作曲线半径 90 m，最大调平阻力矩 90 kN · m，最大承载载荷 6 000 kg，调平精度±1°，液压系统额定压力 20 MPa
	114	空调外机	(1)空调外机保护罩安装牢固，螺栓紧固，无松脱； (2)各部焊接良好，无开焊； (3)接管良好，无泄漏	目视；锤击；手动	
	115	门灯	(1)门灯安装牢固； (2)接线良好，无松脱	目视；手动	
后端司机室内部	116	司机室门窗	司机室门窗完整，无破损，开关灵活	目视；手动	
	117	人力制动机	(1)人力制动机安装牢固，操作手柄转动灵活； (2)人力制动机安全锁锁闭良好	目视；手动	
	118	灭火器	灭火器铅封良好，容量符合规定，压力符合标准，检验合格证不超期	目视；手动	灭火器检验有效期 1 年；水基型灭火器和 ABC 干粉灭火器各 1 个
	119	发电机组控制柜	(1)发电机组控制面板开关、断路器安装牢固，位置正确； (2)电压表、交流插座安装牢固	目视；手动	
	120	Ⅰ端司机操作台	(1)操作台外观整洁，各柜门锁闭良好，各断路器开关位置正确； (2)挡风玻璃无破损、雨刮器、风扇安装牢固； (3)车速里程表、制动风压表安装牢固； (4)各行车安全装备、电气设备安装牢固，显示正确； (5)各操纵开关、按钮安装牢固，位置正确； (6)操作台下方风笛、撒砂脚踏阀完好，电加热玻璃、低速走行、空气管路加热、手动电源、监控电源、网络选择各开关位置正确	目视；手动	

续上表

部位	顺序	检查部位	检查处所	检查方法	备　注
顶部	121	电气控制柜	(1)控制柜各接线柱接线无松动，无烧损变色； (2)各断路器位置正确	目视；手动	
	122	制动阀柜	(1)玻璃水箱、GYK保压阀安装牢固，接管良好，无泄漏，各塞门位置正确； (2)手动紧急制动阀安装牢固，铅封良好	目视；手动	
	123	复轨器	(1)各部件齐全； (2)油箱油位符合标准，油泵、油管无泄漏	目视；手动	
	124	前端车顶	(1)固定登梯安装牢固，各部无开焊； (2)抬拨线装置安装牢固，控制柜各开关位置正确，手动控制阀安装牢固，各部无泄漏； (3)各管系连接良好，各部完好，无泄漏； (4)警灯、摄像头安装牢固	目视；手动	抬拨线装置：最大拨线力 3 500 N；最大起升高度 8 200 mm
	125	作业平台	(1)栏杆门锁闭灵活； (2)主平台控制柜各开关、按钮位置正确，对讲设备完好，手动控制阀、紧急复位阀安装牢固，各部无泄漏，照明灯、插座安装牢固，接线无松脱； (3)右侧副平台控制柜各开关、按钮位置正确，对讲设备完好，手动控制阀、安装牢固，各部无泄漏，机械锁定销及β销齐全，作用良好，照明灯、插座安装牢固，接线无松脱； (4)左侧副平台控制柜各开关、按钮位置正确，对讲设备完好，手动控制阀、安装牢固，各部无泄漏，机械锁定销及β销齐全，作用良好，照明灯、插座安装牢固，接线无松脱	目视；手动	主平台底面距轨面最大高度 4 780 mm；额定载重 500 kg。 副平台最大水平外伸量：距轨道中心左右 4 225 mm。 副平台底面距轨面最大高度：7 600 mm；额定载重 250 kg
	126	后端车顶	(1)遥控灯安装牢固，复位良好； (2)摄像头、CIR天线、警灯安装牢固	目视	

九、检查注意事项

1. 进行车辆检查作业前，必须先确认车辆已制动（无风时使用人力制动机及止轮器），做好安全防护、防溜工作。

2. 检查中严禁跳越地沟。

3. 进行各项性能试验时，必须与相关人员充分联系，紧密配合，保证人身安全。

4. 各部件检查完毕后，必须恢复至正常状态和原位置。

第二节　DPT 型接触网作业车动态检查

一、检查线路与使用工具

DPT 型接触网作业车动态检查线路示意如图 8-2 所示(前端为Ⅰ端)。检查工具包括检查锤、手电筒、录音笔、安全帽、安全带及棉纱若干。

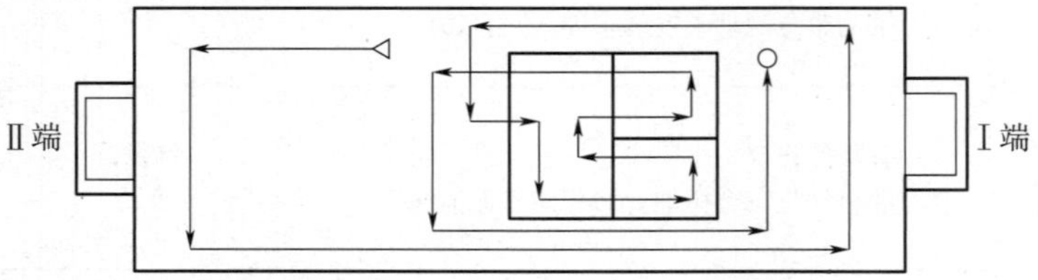

△—始点；○—终点；——→—检查线。

图 8-2　动态检查线路示意

二、检查方法

局部顺序:由上而下、由左向右、由内而外。

三、Ⅱ端检查

(一)启动发动机

1. 将液力传动箱工作开关置于关闭位,操纵手柄置于中位,打开"本端操作"开关后,扭动点火钥匙进行启动,如 10 s 内不能启动,应松开重新进行第二次启动。每次启动间隙时间不少于 2 min,如连续 3 次仍无法启动,则应检查故障原因并进行排除。冬季启动发电机组还应先扭动点火钥匙至预热挡,此时预热指示灯亮起,待预热指示灯熄灭后,再扭动点火钥匙至启动挡进行启动。

2. 发动机启动后密切注视微机控制显示器各参数数值及变化,重点查看机油压力应不小于 0.1 MPa。发动机运行稳定后,开启 GYK 进行自检,并输入相关参数。

3. 待发动机工作一定时间后,操纵手油门控制手柄提高发动机转速至 1 500 r/min,提升空气压缩机的打风速度,检查灯光照明、仪表、撒砂、雨刮器、风笛、风扇作用良好,观察总风缸风压逐渐上升到(800±20)kPa 后,进行制动机性能试验。

4. 制动机试验完毕后,操纵操作手柄进行发动机中、高转速试验,监听发动机声音,查看发动机烟色是否正常,检查旁路制动、急停按钮作用良好。

(二)JZ-7G 型制动机性能试验

为保证空气制动机具有良好的作用性能及安全可靠性,每次出车前均应进行制动机性能试验,制动机性能试验分七步闸试验或五步闸试验。

1."五步闸"检查方法

JZ-7G 型制动机"五步闸"检查方法见表 8-7。

表 8-7　JZ-7G 型制动机“五步闸”检查方法

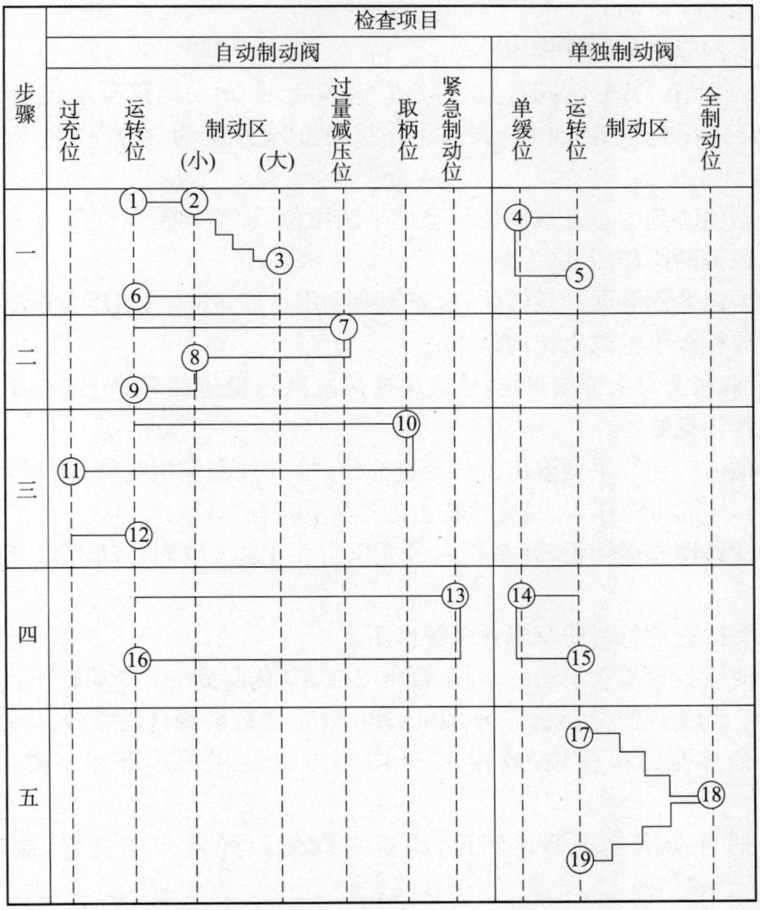

第一步：主要检查各表指示压力，阶段制动、单独缓解作用。

(1)确认风表指示压力：

①总风缸压力：(800±20)kPa；

②均衡风缸压力：500 kPa；

③列车管压力：500 kPa；

④制动缸压力：0。

(2)自阀手柄由①到②移至最小减压位，均衡风缸、列车管减压 50 kPa，制动缸压力上升为 125 kPa 左右，保压 1 min，列车管漏泄量每分钟不超过 20 kPa，新造及大修出厂车每分钟不超过 10 kPa。

(3)自阀手柄由②到③在制动区分 3～4 次阶段移动到最大减压位，检查阶段制动作用是否稳定。列车管减压量与制动缸压力上升的比例是否正确(1 : 2.5)。到最大减压时，列车管减压量为 140 kPa，制动缸压力为 340～360 kPa。

(4)单阀手柄移至④单缓位，检查单独缓解作用良好，制动缸压力应能缓解到 0。

(5)当制动缸压力缓解到 0 后，松开手柄，手柄由④到⑤应能自动恢复到运转位，检查单阀复原弹簧作用良好。

(6)自阀手柄由③到⑥移回运转位，检查自阀缓解作用良好，均衡风缸及列车管压力应恢复定压，制动缸压力下降为 0。

第二步：主要检查过量减压作用。

(1)间隔 10 s 以上，待分配阀各缸、各室充满风后，自阀手柄移至⑦过量减压位，检查均衡风缸及列车管减压量应在 240～260 kPa，制动缸压力应为 340～360 kPa，不应起紧急制动。

(2)自阀手柄由⑦到⑧过量减压位移至最小减压位，检查均衡风缸压力上升，而列车管压力保持不变，总风遮断阀作用良好。

(3)自阀手柄由⑧到⑨回到运转位，检查缓解作用良好，各压力表压力恢复正常。

第三步：主要检查手柄取出位的作用。

(1) 自阀手柄移至⑩手柄取出位，检查均衡风缸减压量应在 240～260 kPa。列车管不减压，中继阀自锁作用良好。

(2)自阀手柄由⑩到⑪手柄取出位移至过充位，检查过充作用良好，列车管应得到比规定压力高 30～40 kPa 的过充压力，过充风缸上的排气孔应排气。

(3)自阀手柄移回⑫运转位，列车管内过充压力在 120 s 内能自动消除，作业车不应起自然制动。

第四步：主要检查紧急制动及单独缓解作用。

(1)自阀手柄移至⑬紧急制动位，列车管压力在 3 s 内降到 0。制动缸压力应在 5～7 s 内上升到 450 kPa。均衡风缸减压量应为 240～260 kPa，撒砂装置自动撒砂。

(2)单阀手柄移至⑭单缓位，放置 12～15 s，制动缸压力应开始下降，并能逐渐缓解到 0。

(3)单阀手柄自动恢复至⑮运转位，检查单阀复原弹簧作用良好，制动缸压力不应回升。

(4)自阀手柄移回⑯运转位，检查缓解作用良好，各压力表恢复正常压值。总风缸压力降到 700 kPa 时空气压缩机开始泵风，总风缸压力升到(800±20)kPa 时空气压缩机停止泵风。

第五步：主要检查单阀阶段制动、阶段缓解作用。

(1)单阀手柄移至⑰制动区，检查单独制动作用良好，制动缸压力应上升。

(2)单阀手柄由⑰到⑱在制动区分 2～3 次阶段移至全制动位，检查单阀阶段制动作用良好，制动缸压力应上升至 300 kPa。

(3)单阀手柄由⑱到⑲在全制动位分 2～3 次阶段移至运转位，检查单阀阶段缓解作用良好。

2.“七步闸”检查方法

新造、大修出厂或车辆调拨验收时，JZ-7G 型制动机应按“七步闸”要求进行试验，方法见表 8-8。试验前，应确认各塞门均处于工作位置，“客/货车”转换阀固定在“货车位”，检查各管路、风缸无泄漏，各部位调整压力正确，空气压缩机正常工作，自、单阀均在运转位，列车管压力达到 500 kPa，制动缸压力为 0。发动机转速 1 800 r/min 时，总风缸压力自 0 升至(800±20)kPa 的时间，不超过 4 min。

表 8-8　JZ-7G 型制动机“七步闸”检查方法

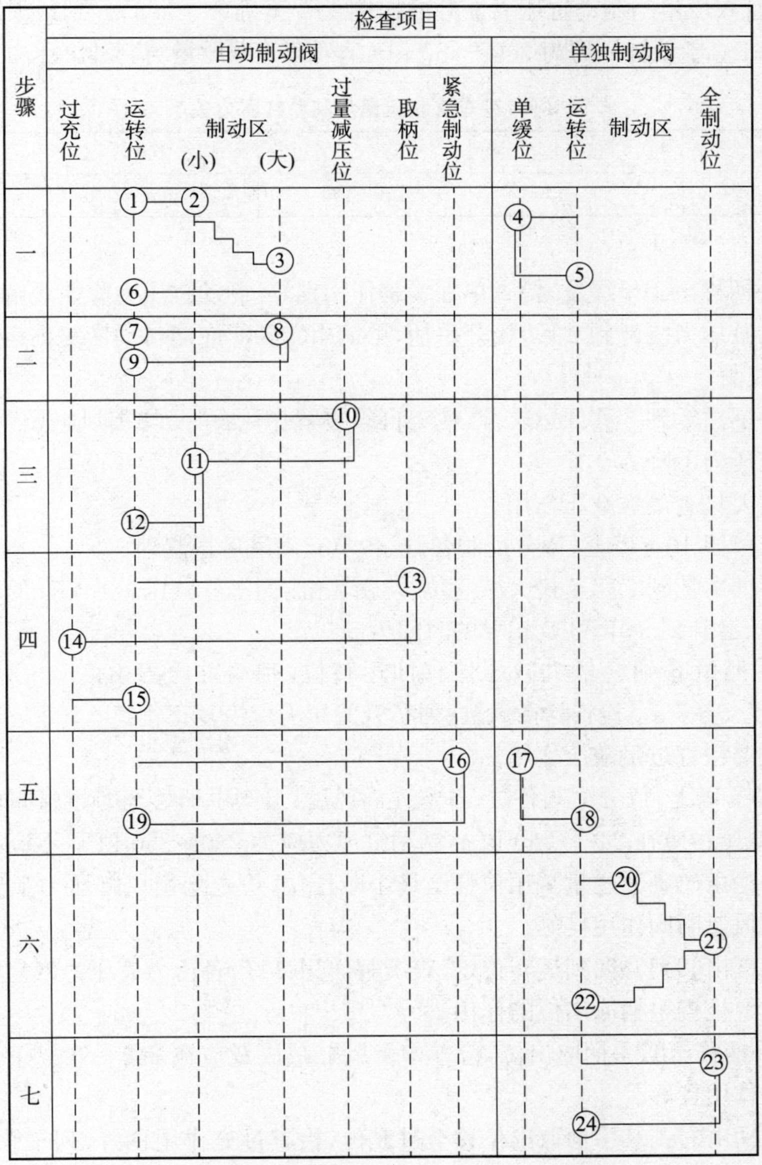

第一步：主要检查各表指示压力，阶段制动、单独缓解作用。

(1)确认风表指示压力：

①总风缸压力：(800±20)kPa；

②均衡风缸压力：500 kPa；

③列车管压力：500 kPa；

④制动缸压力：0。

(2)自阀手柄由①到②移至最小减压位，均衡风缸、列车管减压 50 kPa，制动缸压力上升为 125 kPa 左右，保压 1 min，列车管漏泄量每分钟不超过 20 kPa，新造及大修出厂车每分钟不超过 10 kPa。

(3)自阀手柄由②到③在制动区分 3～4 次阶段移动到最大减压位，检查阶段制动作用是否稳定。列车管减压量与制动缸压力上升的比例是否正确(1∶2.5)。到最大减压时，列车管减压量为 140 kPa，制动缸压力为 340～360 kPa。列车管减压量与制动缸压力关系见表 8-9。

表 8-9　列车管减压量与制动缸压力关系

减压量/kPa	45～55	70	100	140
制动缸压力/kPa	80～140	150～180	230～260	340～360

注：列车管定压 500 kPa。

(4)单阀手柄移至④单缓位，检查单独缓解作用良好，制动缸压力应能缓解到 0。

(5)当制动缸压力缓解到 0 后，松开手柄，手柄由④到⑤应能自动恢复到运转位，检查单阀复原弹簧作用良好。

(6)自阀手柄由③到⑥移回运转位，检查自阀缓解作用良好，均衡风缸及列车管压力应恢复定压，制动缸压力下降为 0。

第二步：主要检查最大减压作用。

(1)运转位停留 10 s 以上，待分配阀各缸、各室充满风后再制动。

(2)自阀手柄由⑦到⑧移至最大减压位，均衡风缸、列车管减压 140 kPa 的时间为 5～7 s，制动缸压力由 0 上升到 340～360 kPa 的时间为 5～7 s。

(3)自阀手柄由⑧到⑨最大减压位移回运转位，制动缸压力由 340～360 kPa 下降到 35 kPa 的时间为 5～7 s。检查均衡风缸、列车管的压力应恢复正常。

第三步：主要检查过量减压作用。

(1)间隔 10 s 以上，待分配阀各缸、各室充满风后，自阀手柄移至⑩过量减压位，检查均衡风缸及列车管减压量应在 240～260 kPa，制动缸压力应为 340～360 kPa，不应起紧急制动。

(2)自阀手柄由⑩到⑪过量减压位移至最小减压位，检查均衡风缸压力上升，而列车管压力保持不变，总风遮断阀作用良好。

(3)自阀手柄由⑪到⑫回到运转位，检查缓解作用良好，各压力表压力恢复正常。

第四步：主要检查手柄取出位的作用。

(1) 自阀手柄移至⑬手柄取出位，检查均衡风缸减压量应在 240～260 kPa。列车管不减压，中继阀自锁作用良好。

(2)自阀手柄由⑬到⑭手柄取出位移至过充位，检查过充作用良好，列车管应得到比规定压力高 30～40 kPa 的过充压力，过充风缸上的排气孔应排气。

(3)自阀手柄移回⑮运转位，列车管内过充压力在 120 s 内能自动消除，作业车不应起自然制动。

第五步：主要检查紧急制动及单独缓解作用。

(1)自阀手柄移至⑯紧急制动位，列车管压力在 3 s 内降到 0。制动缸压力应在 5～7 s 内上升到 450 kPa。均衡风缸减压量应为 240～260 kPa，撒砂装置自动撒砂。

(2)单阀手柄移至⑰单缓位，放置 12～15 s，制动缸压力应开始下降，并能逐渐缓解到 0。

(3)单阀手柄自动恢复至⑱运转位，检查单阀复原弹簧作用良好，制动缸压力不应回升。

(4)自阀手柄移回⑲运转位，检查缓解作用良好，各压力表恢复正常压值。总风缸压力降到 700 kPa 时空气压缩机开始泵风，总风缸压力升到(800±20)kPa 时空气压缩机停止泵风。

第六步：主要检查单阀阶段制动、阶段缓解作用。

（1）单阀手柄移至⑳制动区，检查单独制动作用良好，制动缸压力应上升。

（2）单阀手柄由⑳到㉑在制动区分2～3次阶段移至全制动位，检查单阀阶段制动作用良好，制动缸压力应上升至300 kPa。

（3）单阀手柄由㉑到㉒在全制动位分2～3次阶段移至运转位，检查单阀阶段缓解作用良好。

第七步：主要检查单阀全制动作用和一次缓解作用。

（1）单阀手柄移至㉓全制动位，制动缸压力由0上升到280 kPa的时间应在3 s以内。检查制动缸活塞行程应符合规定。

（2）单阀手柄由㉓到㉔移回运转位，制动缸压力由300 kPa下降至35 kPa的时间应在4 s以内。

（三）行车安全装备性能试验

1. 轨道车运行监控装置（GYK）试验

出库前性能试验：

确认合格证在有效期内，确认当前GYK数据版本与前往作业区域相适应。

GYK具有设备自检功能，可以进行信号自检、常用自检、紧急自检、试风自检、键盘自检。按【查询】键出现"查询操作"界面。选择"设备自检"，按【确认】键：进入"设备自检操作"界面。

（1）信号自检

选择"信号自检"，按【确认】键，即开始信号自检，信号自检时信号机依次点亮顺序为"L5-LU-U-U2-HU-UU-H-L-B"，同时播报语音；若自检正常，语音提示"自检正常"；若自检错误，语音提示"自检故障"，界面下方提示故障发生的单元。

（2）常用自检

将大闸手柄置运转位，观察列车管风压达到500 kPa左右，同时制动缸风压应为0。选择"常用自检"，按【确认】键，GYK输出常用制动信号，语音提示"常用制动"两遍，屏幕左上角显示"常用自检"，状态栏"常用"灯点亮。GYK控制常用制动阀排风，同时关闭列车管充风管路，观察列车管压力指示逐步降至380 kPa以下并保压，观察制动缸压力上升至250 kPa以上。DMI语音提示"自检正常"。

试验完成后，按【缓解】键，语音提示"缓解成功"，列车管进风打开，观察列车管风压应上升到500 kPa，同时制动缸风压应降为0。

注：常用自检列车管压力未下降到380 kPa以下，按【缓解】键无效，可通过制动机减压至380 kPa以下按【缓解】键或重启GYK解决。

（3）紧急自检

将大闸手柄置运转位，观察列车管风压达到500 kPa左右，同时制动缸风压为0。选择"紧急自检"，按【确认】键，GYK输出紧急制动、熄火信号，语音提示"紧急制动"两遍，屏幕左上角显示"紧急自检"，状态栏"紧急""熄火"灯点亮。GYK控制紧急制动阀排风，同时关闭列车管进风管路，观察列车管压力指示应迅速降到0，观察制动缸压力应上升到420 kPa以上，发动机熄火。

试验完成后，按【缓解】键，语音提示"缓解成功"，紧急阀关闭，列车管进风打开，观察列车管风压应上升到500 kPa，同时制动缸风压应降为0。

注：①紧急自检列车管压力未下降到 50 kPa 以下，按【缓解】键无效，可通过制动机减压至 50 kPa 以下按【缓解】键或重启 GYK 解决。

②隔离装置上的熄火控制开关应放置在熄火控制位，紧急自检时才会熄火；放在直通位，紧急自检时不熄火。

(4)键盘自检

选择“键盘检测”，按【确认】键，弹出“键盘自检”界面。在键盘自检界面，针对每个按键，都有相应位置的按键显示，每按一个键，相应的按键会有颜色变化显示，以回应按键有效。如果需要退出键盘自检界面，按【确认】键，弹出“注意”窗口出现“请确认退出键盘自检?”界面，把光标移动到“确定”按钮上，按【确认】键，退出键盘自检，语音提示“自检故障”。

2. 列车综合无线通信设备(CIR)试验

选择好所运行区段的 CIR(GSM-R 手持终端)频率，进行通话试验，通话声音应保持响亮、清晰。

四、Ⅰ端检查

1. 启动发动机(检查方法与Ⅱ端相同)。
2. JZ-7G 型制动机性能试验(检查方法与Ⅱ端相同)。
3. 行车安全装备性能试验(检查方法与Ⅱ端相同)。
4. 启动发电机组：

扭动点火钥匙进行启动，如 10 s 内不能启动，应松开重新进行第二次启动。每次启动间隙时间不少于 2 min，如连续 3 次仍无法启动，则应检查故障原因并进行排除。冬季启动发电机组还应先扭动点火钥匙至预热挡，此时预热指示灯亮起，待预热指示灯熄灭后，再扭动点火钥匙至启动挡进行启动。发电机组启动后，观察各报警灯熄灭，电压表电压显示正常，计时器工作正常，待电压稳定后再按下发电机组电源按钮，合上空调、电取暖器断路器，试验空调、电取暖器应工作正常。

五、作业机构性能试验

(一)作业平台性能试验

1. 司机室内操作

控制作业车停于无电区或非接触网区，操纵发动机油门控制手柄，保持发动机转速到 700 r/min，打开“作业供电”钥匙开关。带上平台操作钥匙。

2. 司机室外操作

按下外平台作业系统控制柜面板上“三平台启动”按钮，绿色指示灯亮；打开两个副平台立柱旁栏杆的防护挡杆；将主平台机械锁定手柄从锁定位移至解锁位；确认无接触网或接触网停电并接地后，用钥匙打开防爬楼梯，车梯踏板向下翻转 90°，可以登上主平台。

3. 作业平台上操作

登上作业平台前需要戴好安全帽，系好安全带。试验主平台前需要确认两个副平台到位指示灯亮绿灯，各平台动作区域内安全，无异常情况；操作“主平台升降按钮”，实现主平台和副平台同步升降；试验副平台前需要确认此副平台一侧的线路已封锁，确认无接触网或接触网停电并接地后方可将此副平台机械锁定机构移至解锁位；操作副平台外伸、缩回、上升、下降。

操作副平台外伸超出限界(副平台外伸离开车体中心线 500 mm)时，副平台将自动停止，同时“副平台外伸警示灯”亮起，确认安全后应使用右手操纵“副平台继续外伸控制开关”向右旋转，不要松开，然后用左手操作“副平台伸缩控制按钮”继续外伸至所需要的工作位，副平台到位后方可松开“副平台伸缩控制按钮”和“副平台继续外伸控制开关”，实现副平台的外伸。需要副平台缩回时，只需操作“副平台伸缩控制按钮”将平台缩回即可。任何操作都会伴随着声光报警器报警。

若副平台已离位，需要操作主平台上升、下降时，则需要离位的副平台按下“允许主平台升降带指示灯确认按钮”，方可操作“主平台升降控制按钮”控制主平台的上升、下降。当该指示灯熄灭时，操作“主平台升降控制按钮”无效。作业平台不得超载，主平台额定载重不大于 500 kg(3 人)，两个副平台各自额定载重不大于 250 kg(2 人)。

试验主、副平台的急停按钮、旁路制动按钮、通信装置、交流探照灯、平台及控制台照明灯作用良好。

4. 复位操作

将主、副作业平台降至运输位，操作两个副平台机械锁定机构至锁定位并加锁良好；关闭作业平台上各操作开关，各钥匙取出，各柜门锁闭，栏杆门锁闭，平台防爬楼梯锁闭，操作主平台机械锁定机构至锁定位，确认作业平台到位指示灯亮绿灯，将两个副平台立柱旁栏杆的防护挡杆复位。关闭外平台作业系统控制柜面板上“三平台启动” 按钮，绿色指示灯灭，关闭“作业供电”钥匙开关。

(二)液压支腿性能试验

1. 司机室内操作

打开“作业供电”钥匙开关。

2. 司机室外操作

将车下两侧液压支腿两个机械锁定销从锁定位扳至解锁位，下车操作注意邻线来车；将外平台作业系统控制柜面板上“支腿工作/平台调平” 开关扳至支腿工作位，确认两侧支腿的机械锁定已解锁后，分别操纵左右两侧液压支腿操纵阀手柄向外拉将支腿降下，待左右两侧液压支腿降下至钢轨面上后，松开支腿操纵阀手柄，支腿停止下降；液压支腿上升时，分别操纵左右两侧液压支腿操纵阀手柄向内推将支腿上升，待左右两侧液压支腿全部上升到位后，松开支腿操纵阀手柄，支腿停止动作。

3. 复位操作

确认左右两侧支腿回收至运输位后，操作左右两侧机械锁定销至锁定位，关闭外平台作业系统控制柜面板上“调平/支腿” 按钮，绿色指示灯灭，关闭“作业供电”钥匙开关，确认作业机构到位指示灯亮绿灯。

(三)调平装置性能试验

1. 解锁前操作

打开“作业供电”钥匙开关。将外平台作业系统控制柜面板上“支腿工作/平台调平” 开关扳至平台调平位，将调平控制柜内进线断路器“1Q1”合上，将控制面板“电源开关”旋钮打开，此时电源指示灯亮，系统可以开始工作。

2. 解锁操作

目测确认立柱平台上升至安全高度后，将“锁定/解锁”旋钮扳至解锁位，此时锁定油缸开始动作，目测安全锁定销收缩到位，完成解锁操作。此时锁定指示灯灭。

3. 调平操作

手动调平操作：将“手动/自动”旋钮扳至手动位，此时手动指示灯亮，根据需要，扳动“左升/右升”旋钮完成左升或右升操作，停止操作时，将旋钮扳至中间位置。

自动调平操作：将“手动/自动”旋钮扳至自动位，将“自动调平”旋钮扳至作业位，系统开始自动调平操作，调平指示灯亮，调平油缸根据平台倾斜姿态动作，使平台保持相对水平。停止作业时，将“自动调平”旋钮扳至关闭位，关闭自动调平，调平指示熄灭。

4. 复位操作

手动复位操作：将“手动/自动”旋钮扳至手动位，操作“左升/右升”旋钮，调整调平油缸左升或者右升，将作业平台和车底架调整到一致角度进行复位。

自动复位操作：将“手动/自动”旋钮扳至自动位，将“自动复位”旋钮扳至作业位，系统开始自动复位操作，调平油缸根据平台倾斜姿态动作，使平台与车底架保持平行。将“自动复位”旋钮扳至关闭位，关闭自动复位。

5. 锁定操作

目测确认锁定油缸的安全锁定销可以进入锁定孔后，将“锁定/解锁”旋钮扳至锁定位，此时锁定油缸开始动作，目测安全锁定销锁定到位，完成锁定操作。

试验急停开关及各指示灯作用良好。

（四）抬拨线装置性能试验（选装）

抬拨线装置主要用于检修作业时将承力索和接触导线拨至预期位置。抬拨线装置具有无线控制和手动控制两种控制方式。正常情况下使用无线控制，当无线装置出现故障时可使用手动控制。

1. 司机室内操作

控制作业车停于无电区或非接触网区，操纵发动机油门控制手柄，保持发动机转速到700 r/min，打开“作业供电”钥匙开关。带上抬拨线装置控制钥匙和遥控器。

2. 遥控器操作

登上Ⅰ端车顶，登顶前戴好安全帽，系好安全带；抬拨线装置控制柜上插入钥匙，选择遥控器控制模式；按下遥控器上启动按钮，红色指示灯亮，遥控器启动，遥控器可无线遥控；一只手常按住左、右下角任一“T”按钮，另一只手操作各功能手柄，抬拨线装置实现各种动作，按照先抬臂（离开限位装置），再移动，后伸臂的顺序进行操作；操作手柄宜轻柔，切忌猛推，以免造成液压冲击，机具振动。作业完毕，收回机具，按照先收臂，再移动，后落位顺序进行操作，确认机具落到位，压住行程开关摆臂。

3. 手动操作

登上Ⅰ端车顶，登顶前戴好安全帽，系好安全带；抬拨线装置控制柜上插入钥匙，选择手动控制模式；操作各功能手柄，实现抬拨线装置各种动作，按照先抬臂（离开限位装置），再移动，后伸臂的顺序进行操作；操作手柄宜轻柔，切忌猛推，以免造成液压冲击，机具振动。作业完毕，收回机具，按照先收臂，再移动，后落位顺序进行操作，确认机具落到位，压住行程开关摆臂。

4. 复位操作

司机确认操作台“抬拨线到位”指示灯亮，关闭外平台作业系统控制柜面板上“抬拨线装置启动"按钮,绿色指示灯灭,关闭"作业供电"钥匙开关。

六、检查注意事项

1. 进行各项性能试验时,必须与相关人员充分联系,紧密配合,保证人身安全。

2. 进行电气性能试验时,应严格遵守试验程序。

3. 进行作业机构性能试验时,必须在无电区或非接触网区进行,防止触电,不得侵入邻线限界,防止事故发生。

4. 各部件检查完毕后,必须恢复至正常状态和原位置。